FILLE DE LA COLÈRE

DU MÊME AUTEUR

Grand prix de la Société des gens de lettres et prix Alexandre-Dumas pour l'ensemble de son œuvre

Paradis entre quatre murs, Laffont.
Le Bal des ribauds, Laffont ; France-Loisirs.
Les Lions d'Aquitaine, Laffont, prix Limousin-Périgord.
Divine Cléopâtre, Laffont, collection « Couleurs du temps passé ».
Dieu m'attend à Médina, Laffont, collection « Couleurs du temps passé ».
L'Aigle des deux royaumes, Laffont, collection « Couleurs du temps passé » et Lucien Souny, Limoges.
Les Dieux de plume, Presses de la Cité, prix des Vikings.
Les Cendrillons de Monaco, Laffont, collection « L'amour et la Couronne ».
La Caverne magique (La Fille des grandes plaines), Laffont, prix de l'académie du Périgord ; France-Loisirs.
Le Retable, Laffont et Lucien Souny, Limoges.
Le Chevalier de Paradis, Casterman, collection « Palme d'or » ; Lucien Souny, Limoges.
L'Œil arraché, Laffont.
Le Limousin, Solar ; Solarama.
L'Auberge de la mort, Pygmalion.
L'Auberge rouge, Pygmalion, réédition en 2001.
La Passion cathare :
1. *Les Fils de l'orgueil*, Laffont.
2. *Les Citadelles ardentes*, Laffont.

La Lumière et la Boue :
1. *Quand surgira l'étoile Absinthe*, Laffont ; Livre de Poche.
2. *Les Roses de fer*, Laffont, prix de la Ville de Bordeaux ; Livre de Poche.

L'Orange de Noël, Laffont, prix du Salon du livre de Beauchamp ; Livre de Poche, France-Loisirs et Presses Pocket.
Le Printemps des pierres, Laffont ; Livre de Poche.
Les Empires de cendre :
1. *Les Portes de Gergovie*, Laffont ; Presses Pocket et France-Loisirs.
2. *La Chair et le Bronze*, Laffont.
3. *La Porte noire*, Laffont.

La Division maudite, Laffont.
La Passion Béatrice, Laffont ; France-Loisirs et Presses Pocket.
Les Dames de Marsanges :
1. *Les Dames de Marsanges*, Laffont.
2. *La Montagne terrible*, Laffont.
3. *Demain après l'orage*, Laffont.

Napoléon :
1. *L'Étoile Bonaparte*, Laffont.
2. *L'Aigle et la Foudre*, Laffont.

Les Flammes du Paradis, Laffont ; Presses Pocket et France-Loisirs.
Les Tambours sauvages, Presses de la Cité ; France-Loisirs et Presses Pocket.

(voir suite en fin de volume)

Michel Peyramaure

Fille de la colère

Le roman de Louise Michel

ROBERT LAFFONT

ISBN : 2-221-09855-2

1

« JE SUIS CE QU'ON APPELLE UNE BÂTARDE »

Vroncourt (Haute-Marne)
Juin 1842

On avait installé l'échafaud sur un petit tertre dominant le ruisseau : une structure sommaire, faite de deux montants mal équarris terminés en fourche, soutenant une traverse au milieu de laquelle était accroché un couperet taillé en biseau par le forgeron dans un fond de marmite et maintenu dans son attente tragique par une cordelette nouée à l'un des montants. Il n'y manquait ni la planche où coucher le corps de la victime, ni la lunette, ni la corbeille destinée à recevoir la tête tranchée. Cette sorte de portique dépourvu de battant ouvrait sur un horizon sans limites, qui respirait le grand large des côtes bleuâtres et la liberté.

— Bourreau ! lança une voix aiguë, qu'on amène le criminel… Faites battre le tambour ! Silence dans la foule !

Le condamné, conduit au pied de la butte dans une brouette, portait une chemise à grosses rayures, trouée aux coudes et une couronne de carton. Indifférent aux préliminaires de son exécution, aux roulements du tambour emprunté au crieur de nouvelles, à la silhouette menaçante de la guillotine qui se profilait sur les toitures du village, il ne broncha pas davantage lorsque, pris aux aisselles, il fut hissé sur l'échafaud. La foule muette attendait une de ces phrases prêtées aux condamnés dans les livres d'histoire : « Mon sang rejaillira sur vous ! » ou : « Bourreau, tu montreras ma tête au peuple, elle en vaut la peine ! » Rien ne vint, après le dernier roulement de tambour. Le condamné bâillait lamentablement et le bourreau, revêtu d'une défroque rouge taillée dans une ancienne tapisserie, restait les bras ballants, dans l'attente de l'acte d'accusation. Les regards se portèrent sur Louise ; elle déplia un parchemin et lança en gonflant sa voix :

— Ci-devant marquis de Carabas, le tribunal du peuple vous a jugé et condamné. Pour châtiment de vos crimes, vous aurez la tête tranchée. Bourreau, accomplis ta mission !

— Non ! lança une petite voix, pitié !

— Il n'y a pas de pitié pour les ennemis de la Révolution ! s'écria Louise. Il faut répondre à la tyrannie par le sang !

Un mouvement de foule enveloppa la malheureuse qui venait de perdre connaissance. On lui tapota les joues, on lui fit avaler quelques gorgées d'eau, on la secoua. Reprenant conscience, elle fondit en larmes.

— Une telle faiblesse, lança Louise, est indigne de toi, citoyenne. Bourreau, fais ton travail !

La main de la justice tâtonnait sur le nœud de la cordelette, après qu'elle eut fait basculer la planche sur laquelle était étendu le condamné.

— Ça résiste ! bougonna-t-il. J'y peux rien, moi…

— Ton couteau, dit Louise. Sers-toi de ton couteau !

Le couperet descendit, non pas raide comme la justice mais en accrochant les reliefs des montants. Il parvint néanmoins à faire son office, et la tête tomba dans la panière, sans le jet de sang que l'on attendait, mais avec un suintement de lymphe blanchâtre.

— Justice est faite ! s'exclama Louise. Peuple, tu es vengé !

Elle plongea les deux mains dans la panière, montra à la foule l'extrémité de la grosse betterave qui, au dernier moment, avait remplacé le chef du condamné, lequel se releva, bombant le torse et saluant l'assistance dans un dernier roulement de tambour.

— *La Marseillaise* ! ordonna Louise. *Allons, enfants de la patrie-ie…*

Elle fit sauter le bouchon de la bouteille de vin volée à la cave du château, et tous burent à la régalade pour fêter le triomphe de la justice populaire, avant de se lancer dans une ronde effrénée autour de l'échafaud.

La cloche de l'église sonna quatre heures : le moment de la

collation. Le bourreau demanda ce qu'on allait faire du cadavre : on le donnerait aux cochons. Quant à la guillotine, elle resterait en place : le tribunal populaire avait prévu d'autres exécutions capitales.

— Et maintenant, s'écria Louise, tous au château ! Hippolyte, tu prends le drapeau et tu me suis. Toi, Aubin, en tête avec le tambour. On va chanter *La Carmagnole* : *Dansons la Carmagnole ! Vive le son du canon...*

Le peuple juvénile de Vroncourt, longeant le ru d'Invilliers, montait au pas de charge en direction du château du marquis Charles Demahis, lorsqu'une longue silhouette grisâtre arrêta son élan. L'homme décrocha de sa bouche sa pipe en terre et replaça dans sa ceinture le livre qu'il était en train de lire. Il dit d'un air faussement sévère :

— Alors, garnements, vous représentez la justice populaire, semble-t-il ? Vous n'y allez pas de main morte ; une exécution capitale, diable ! Vous vous trompez d'époque et sachez que les chants révolutionnaires sont interdits. Vous avez de la chance que les argousins de Bourmont n'aient pas rôdé dans les parages, sinon, votre compte était bon : la prison !

— Ce n'était qu'un jeu, monsieur le marquis, protesta Marguerite Michalon, l'aînée du groupe.

— Ma fille, il est des jeux interdits par la loi ! Si Sa Majesté Louis-Philippe était informée de ceux que vous pratiquez, je ne donnerais pas cher de votre peau. À présent, dispersez-vous et tâchez de vous livrer à des distractions de votre âge. Si vous comptez mettre le feu au château, attendez d'être adultes ! Du vent !

Louise s'avança vers le châtelain, l'air penaud.

— Père, dit-elle, je suis seule responsable. Ce jeu, c'est moi qui l'ai improvisé, et...

— Crois-tu que je l'ignore ? Ce genre de provocation est bien dans ta manière. Tu ne seras pas punie pour cette fois, mais gare ! Suis-moi au château. On t'attend pour le goûter...

À Vroncourt, tout est de dimensions modestes : l'église ? guère plus vaste qu'une chapelle ; l'école ? une masure ; les maisons ? des taudis lézardés ; le château ? un banal manoir à moitié en ruine. Entre le ru d'Invilliers qui sinue, nonchalant, sous les saulaies, et le chemin des Sabbats qui file vers la crête de la colline, le village semble s'accrocher à la pente. Il sue la précarité et la misère, dans une odeur de bouse et de fumier. Une quinzaine d'enfants, garçons et filles, fréquentent l'école, sous la férule du vieux maître qui vient chaque jour d'Ozières : M. Laumont.

Parlant de la demeure des Demahis, on dit couramment « le château », mais, d'un château, cette bâtisse sans âge et sans grâce n'a guère que le nom. Aveugle côté sud, il ouvre côté nord sur des immensités de plaines barrées de lourdes côtes couvertes de forêts. Il est précédé d'une sorte de barbacane, ou de bastion, planté de robiniers, lieu de promenade et de repos pour les occupants.

La famille Demahis a acquis cette masure au temps où les biens nationaux permettaient aux bourgeois d'ajouter une particule à leur nom et de jouer les seigneurs. Les propriétaires du château de Vroncourt ne sont pas des bourgeois mais des gens de petite noblesse qui font illusion avec leur titre de marquis *in partibus*, comme on dit des évêques. La retraite venue, Charles Demahis, ancien avocat au parlement de Paris, en a fait sa résidence. Au fil du temps, sa famille s'est dispersée : la fille, Agathe, est allée vivre sa vie dans la capitale ; Laurent, qu'on appelle « le chevalier », a poursuivi ses études au chef-lieu avant de prendre à son tour son envol pour Paris. Le marquis Charles Demahis est demeuré seul à Vroncourt, en compagnie de sa femme, Charlotte, et de leur servante, Marianne Michel.

Le maître des lieux a deux passions : lecture et musique. Ce beau vieillard sec et droit, confit dans une philosophie plus proche de Voltaire que de Rousseau, a trouvé dans sa bibliothèque et dans son salon de musique l'exil volontaire dont il a toujours rêvé. Il ne quitte ses livres que pour des récitals improvisés : Charlotte au piano, lui à la guitare. Quelques biens, sous forme de métairies, suffisent à la subsistance de la famille.

Cette quiétude cache un mystère.

Quand Marianne Michel prit son service au château, elle était dans tout l'éclat de sa jeunesse et de sa beauté : belle et blonde comme dans les romans. Douce, soumise, courageuse, elle n'a pas eu affaire à des ingrats : les Demahis ont considéré qu'elle faisait partie de la famille, avec, en plus, de la part du marquis et de son fils, des attentions flatteuses jamais sollicitées mais auxquelles elle s'est abandonnée sans réticences.

Là commence le mystère.

Marianne accoucha d'une fille qu'on appela Louise. Sur l'identité du géniteur, le doute naquit et s'incrusta. Sagement, on décida de n'en jamais parler qu'à mots couverts. Louise devint la fille du château : une Demahis, et fut traitée comme telle, sans que jamais le mot de « bâtarde » ne fût prononcé. S'il y eut des conflits entre le père et le fils, les murs de la bâtisse en gardèrent le secret.

La tradition d'Ancien Régime eût voulu que la servante-maîtresse fût renvoyée à sa famille, avec ou sans pécule. Il n'en fut pas question. Mme Demahis, corsetée d'une foi chrétienne et d'opinions légitimistes assez lâches, accepta cette naissance, en se disant que le seul responsable ne pouvait être que son fils. Il était pardonné d'avance.

Alors que la révolution de 1830 emportait le roi Charles X et plaçait sur le trône un souverain bourgeois, Louis-Philippe, M. Demahis père tressait autour de la petite Louise, à laquelle on avait décidé de donner le nom de ses parents adoptifs, une atmosphère dépourvue d'âpreté.

Louise grandit entre les murs du château, dans les odeurs de lait frais, de soupe chaude et de fumée de bois : celles de toutes les fermes. Elle hasarda ses premiers pas sur les dalles de la cuisine, dans un monde livré aux chiens, aux chats et à la volaille ; elle s'endormait dans la rumeur des veillées, les hurlements des loups qui descendaient en hiver de la forêt de Suzerin, le ronflement du vent dans les salles hautes aux fenêtres veuves de vitrage ; elle s'éveillait parfois dans la musique d'un duo pour piano et guitare, le hennissement de la jument Biche et de son poulain Zéphyr, les reniflements, au bord du berceau, de la chienne Presta et du chien Médor. Les grandes flambées matinales animaient un ballet d'ombres sur les murs nus.

Dans ce monde d'odeurs franches, celle du papier se faisait présente mais discrète ; elle venait par bouffées légères de la sentine exiguë faisant office de cabinet de travail et de bibliothèque. M. Demahis s'y terrait comme dans une caverne, entre quatre murs tapissés de tout ce que le siècle des Lumières avait engendré de génies : Voltaire, Rousseau, Diderot… Lamennais jouissait d'un régime de faveur : il polarisait ce qui restait en Charles Demahis d'une religiosité battue en brèche par la raison. Il passait dans cet antre les heures volées à ses promenades solitaires, le plus souvent à cheval sur sa jument, sa pipe au bec, un livre à la main.

La sérénité qui régnait dans la famille ne se bornait pas aux récitals et à la gérance du modeste domaine composé de pacages et de vignobles. Le marquis et son épouse faisaient assaut de poésie, traduisant en odes et en élégies les menus événements du quotidien et les émotions nées du spectacle de la nature. Le *carpe diem* des Demahis était fait de bonheurs simples mais savamment élaborés en forme d'alexandrins.

Rien, dans la condition de Marianne Michel, n'aurait pu donner l'idée d'une quelconque servitude, encore que ses gages ne lui fussent versés qu'avec retard ou pas du tout. Elle était pauvre dans une famille qui l'était aussi. Elle se livrait aux soins du ménage et de la cuisine sans contrainte et même avec un dévouement qui la rendait indispensable à des maîtres plus attachés à leur confort moral qu'aux biens terrestres. Le temps ne semblait pas avoir prise sur elle ; si quelques traces de cendres altéraient sa chevelure blonde, elle avait gardé les attraits de la jeunesse.

Un matin de printemps, alors que la petite Louise, à quelque temps de son quatrième anniversaire, jouait sur le perron avec ses chats, un tilbury pénétra dans la cour du château. Laurent Demahis en descendit, accompagné d'une matrone harnachée comme une fille de banquier.

— Mon épouse…, se contenta de dire le fils. Elle s'appelle Élise. Nous venons de nous marier.

Élise s'avança, écartant de la pointe de son ombrelle Louise et les chats. Les présentations furent vite expédiées. Marianne chassa la volaille qui encombrait la cuisine, le couple de chiens qui somnolait, le nez dans la cendre, et fit à Louise un brin de toilette. Élise avait fait de la propreté et de l'hygiène une sorte de religion, avec comme corollaire la sainte horreur des animaux, à quelque espèce qu'ils appartinssent, ce qu'elle manifesta sans ambages :

— Vous faites bien d'écarter ces bestioles ! dit-elle. J'ai les chiens et les chats en horreur. Ils sont couverts de puces, de gale, porteurs de toutes sortes de maladies. Et cette odeur, mon Dieu…

Le supplice que son époux lui infligeait fut de courte durée ; elle accepta de rester une journée, pas une heure de plus. Laurent baissa pavillon, prétextant une tâche urgente. L'escarpin sur le marchepied du tilbury, elle lança au marquis :

— Comment pouvez-vous, monsieur, supporter la présence de cette garce et de sa bâtarde dans votre famille ? Dans la mienne, elle aurait été chassée sans références. Je ne saurais trop vous suggérer de faire de même. Songez-y, si vous souhaitez que nous entretenions de bons rapports.

Charles Demahis le prit de haut.

— Madame, j'aurais accepté cette suggestion venant de mon fils. Pas de vous. Serviteur…

Élise n'eut pas d'autre occasion de manifester sa réprobation : elle ne daigna jamais remettre les pieds à Vroncourt.

La sœur de Laurent, Mlle Agathe, était d'une nature différente, sinon opposée. Ce n'est pas en tilbury qu'elle arriva au château, à quelque temps de là, mais à pied, et sans en éprouver la moindre gêne. Elle était descendue de la diligence de Paris à Chaumont pour emprunter une carriole d'épicier qui l'avait laissée devant l'église.

La capitale avait fait de cette fille de noblesse décavée une manière de bourgeoise teintée d'une élégance de lorette. Fraîche, délurée, jolie malgré son nez proéminent hérité des Demahis, elle avait gardé de ses origines une simplicité de bon aloi. Elle dit en jetant son ombrelle sur la table de la cuisine et en s'asseyant dans le fauteuil du maître, jambes écartées, jupon relevé aux genoux :

— Je constate avec plaisir que rien n'a changé dans cette maison. C'est très bien ainsi, puisque cela semble vous convenir. Je vous confie que cette simplicité, ce naturel me manquent à Paris. Ce décor, ces odeurs, ce feu de bois…

Elle se fit servir ce qui restait dans la marmite de la soupe de midi et lui fit honneur. Elle tailla allègrement dans la tourte et le jambon, se versa un plein verre de vin qu'elle vida cul sec, avec une expression de bonheur.

— Je suis heureuse, dit-elle en s'essuyant les lèvres d'un revers de poignet, de me retrouver parmi vous. À vrai dire, c'est la petite Louise que j'avais envie de revoir. La dernière fois, c'était encore un nourrisson. Où cachez-vous ce trésor ?

— Dans le berceau, dit Mme Demahis. Elle dort dans la pièce voisine.

— Eh bien, nous allons la réveiller !

Elle se pencha sur le berceau, écarta le voile de tulle qui protégeait des mouches, posa une main sur sa bouche en murmurant :

— Mon Dieu, qu'elle est laide !

— Tu n'étais pas très belle non plus à son âge, dit M. Demahis, mais tu exagères. Elle a le nez un peu prononcé, la bouche grande, mais ce sont les particularités de la famille. Louise ne fera pas tourner la tête des hommes, j'en suis convaincu, mais elle est vive et futée. Un petit démon, mais nous lui sommes très attachés.

Agathe souleva Louise, fit claquer deux baisers sur ses joues, lui mordilla une oreille pour la faire rire.

— Ce berceau, dit-elle, est devenu trop étroit pour elle. À quatre ans, il lui faut une autre couche.

— Nous y avons songé, dit Mme Demahis. D'ici peu elle couchera dans un berceau à sa taille : le tien, qui est dans le grenier.

De tout le temps qu'Agathe resta à Vroncourt – une pleine semaine – elle parcourut à cheval sur Biche, avec parfois Louise en croupe, le pays où se prélassait un tiède soleil d'arrière-saison qui sentait la vendange. Elle poussa jusqu'à Audeloncourt, Maisoncelles, Clefmont, s'arrêtant, lorsque la faim ou la soif l'y incitait, à la table des paysans qui n'avaient rien à refuser à cette fille du château : Agathe avait gardé ses manières simples.

Au retour d'une de ces promenades, elle dit à sa mère :

— Je ne puis vous cacher plus longtemps la véritable raison de ma visite. Je souffre d'un mal de poitrine qui m'incite à croire que je ne ferai pas de vieux os. La vie que je mène à Paris y est pour quelque chose. Quelques « protecteurs », de vieux messieurs fortunés pour la plupart, depuis mon divorce, me permettent de mener une vie facile mais qui me ronge : trop de repas, de fêtes, de nuits blanches... Tout cela me mine, à la longue. Ne soyez pas surprise si je vous demande de m'accueillir, quelques semaines ou quelques mois, histoire de me refaire une santé.

Elle parcourut du regard les murs du salon de musique, les lambeaux de papier peint illustrés d'anciennes bergeries, la tapisserie flamande verdâtre et délavée. Elle ajouta :

— J'aimerais arracher un morceau de ce papier peint et le faire encadrer au-dessus de mon lit, pour me rappeler les bonnes heures que j'ai passées là, à regarder ces paysans de fantaisie. Cela doit vous paraître ridicule, mère, mais vous savez mieux que quiconque que j'ai parfois des idées singulières. Paris n'a fait que les confirmer. Parfois je me dis que je deviens folle. Peut-être est-ce l'effet des remèdes. Peut-être, pour une part, de l'hérédité. Avouez, mère, que le comportement de votre époux est incompatible avec sa condition : il est plus proche de ses métayers que des gens de sa classe et joue, avec conviction et talent, la comédie rustique. Il voue une sorte d'adoration à Louise, alors qu'il n'a manifesté à ses enfants légitimes qu'une attention distante. Il la traite comme s'il se reconnaissait en elle, alors que…

Mme Demahis l'interrompit sèchement :

— N'en dis pas plus, Agathe. Il est des problèmes dont ton père et moi refuserons toujours de discuter… L'épouse de Laurent souhaitait que nous nous séparions de Marianne et de sa fille. C'est non ! Louise est du sang des Demahis. Elle restera au château, quoi qu'il arrive. Devenue adulte, elle choisira elle-même sa voie.

Mme Demahis pointe son aiguille à tricoter sur le texte que Louise est en train de rédiger sous sa dictée.

— Tu as oublié la barre des « t ». Ton « a » ressemble à un « o ». Il va falloir reprendre ton alphabet, lettre par lettre. Après, nous passerons à l'orthographe. Elle laisse à désirer elle aussi. Quant aux problèmes…

— Je n'y arrive pas !

— Il le faudra bien, pourtant. Le calcul te sera aussi utile que l'écriture. Plus, peut-être. Tu verras, lorsqu'il te faudra vendre ou acheter du bétail !

M. Demahis se lève lourdement, rallume sa pipe à un tison. Il prend sa femme par le bras, la tire à l'écart.

— Charlotte, je vous en conjure, cessez de faire croire à notre Louise qu'elle va jouer les maquignons ! N'avez-vous pas compris que sa vie se fera ailleurs qu'à Vroncourt ? Je commence à déceler sa vocation : elle ne la portera pas vers les choses de la terre. Elle a le goût de la lecture et il ne faut pas la décourager. Celui de l'écriture de même, aussi étrange que cela paraisse pour une enfant de dix ans. Lisez donc ceci…

Il sort de sa poche un feuillet qu'il tend à sa femme.

— Vous vous souvenez, dit-il, de cette promenade que nous avons faite à Bourmont, il y a un mois, et de notre visite au chaos de Cona, ce site étrange ? Louise en a ramené de fortes émotions et ces quelques vers que voici…

— Un poème de Louise ?

— Un poème, oui, ma chère, et en vers réguliers, à part quelques fautes de prosodie. Étonnant, n'est-ce pas ?

Mme Demahis chausse ses besicles, s'assied au coin de la cheminée. Le poème raconte une histoire de brigands réfugiés dans les anfractuosités du Cona, d'ermite, d'animaux fabuleux...

— Étrange, en effet, dit-elle. Ne croyez-vous pas qu'elle aurait pu copier ce poème dans un almanach ou un journal ? Ne l'auriez-vous pas aidée ?

— Nullement ! Me croyez-vous capable d'une telle supercherie ? Et dans quel but ? Il y a dans cette œuvrette une fraîcheur juvénile qui ne trompe pas. Je me contente de lui ouvrir ma bibliothèque et de la laisser grappiller dans mes livres. Elle a une passion pour Victor Hugo et pour Voltaire, figurez-vous !

— Voltaire, Seigneur ! Ce mécréant... Vous voulez donc faire une révolutionnaire de notre Louise ?

— Rassurez-vous, ma bonne : elle n'a lu que *Zadig* et *Candide*. Rien qui puisse dénaturer sa sensibilité et dévoyer son esprit.

— N'empêche ! Ce ne sont pas des lectures de son âge. Laisser une enfant de dix ans lire Voltaire, c'est risquer d'en faire... d'en faire un monstre...

Les robiniers du bastion ont revêtu leur parure printanière : une robe de mariée, qui embaume dans l'air tiède. Le soleil baigne la vallée, éclate en pétales de lumière que le léger vent d'ouest disperse sur les dalles jointoyées de pissenlits. Louise s'adosse à la murette, entre de petites galaxies d'étoiles : violettes et pervenches. Les yeux clos, elle respire ce printemps de ses douze ans tout embrumé de poésie. Sur ses genoux, un livre de poèmes : *Les Feuilles d'automne*, de Victor Hugo. Sur la couverture, gravée par Johannot, figurent deux silhouettes de jeunes hommes pensifs, drapés de sombre, debout sur une colline dominant un paysage de crépuscule et de cimetière. L'édition est datée de 1831. Louise avait un an.

Elle n'est pas seule : Presta est venue la rejoindre, le souffle rauque, ses mamelles rosâtres traînant sur les dalles ; elle se couche à côté de sa maîtresse avec un gémissement d'aise. La queue de la couleuvre, hôtesse de ces lieux, pend comme un collier sur la crête du mur opposé. Dans la prairie, en contrebas, devant la rangée de peupliers et de saules bordant le ru d'Invilliers, paissent, mêlés au bétail, la jument Biche et le cheval Zéphyr.

Peu importe à Louise que les poèmes de Hugo lui parlent de l'automne au cœur du printemps. Elle ouvre le recueil au hasard, lit une strophe ou deux, le referme, le rouvre, y pénètre comme dans une prairie d'herbe haute pleine de criquets et de grillons, se laisse inonder par cette marée de mots, par le rythme magique de l'alexandrin. Elle songe : qui est donc ce Hugo, ce dispensateur de joies subtiles, qui fouille dans votre âme, y sème des graines, y déploie des racines profondes ? Ce poète, est-il concevable qu'on puisse le rencontrer, lui tendre la main, l'embrasser, entendre sa voix ? Ce moderne Orphée, comment l'imaginer dans la vie courante ? Ressemble-t-il à ces deux garçons qui se dessinent en ombre sur la couverture ? Chante-t-il en s'accompagnant de la lyre, comme les poètes de la Grèce antique ?

Une lyre ? Louise s'en est fabriqué une. Elle n'est pas faite dans du bois des îles, décorée de motifs de couleur : c'est une simple planchette de bois sur laquelle elle a tendu des cordes empruntées à une antique épinette découverte au grenier. Elle en tire des grincements de porte plus que des musiques célestes, mais, parfois, une note étrange sourd de cet instrument rudimentaire, pure comme un vers de Hugo…

Le temps des veillées au coin du feu est revenu avec la première neige.

Chaque soir ou presque, des gens viennent au château : la famille du métayer Bertrand, M. Laumont, l'instituteur, quelques voisins, jamais le curé qui entretient des rapports difficiles avec le châtelain apôtre de Voltaire et de Diderot. Parfois les invités apportent une bouteille de vin ou une pâtisserie rustique.

À certaines veillées, on fait de la musique et l'on chante ; à d'autres on écoute M. Demahis raconter les faits héroïques des guerres de la Révolution : la Vendée, l'exécution de Danton, la mort de Robespierre et celle de Marat… Il en parle avec une telle chaleur qu'on pourrait supposer qu'il fut témoin de ces événements.

Louise ne perd rien de l'épopée. Les fils du métayer dorment dans un coin de la cheminée ; elle veille. Les mots dansent dans sa tête avec un mouvement de vagues et une rumeur de tempête ; elle en compose des chants et des symphonies, barbouille les murs délabrés d'images héroïques, fait de la poésie avec cette histoire.

— Louise, dit Mme Demahis, monte dans ta chambre. Tu as assez veillé.

Elle fait semblant de se retirer, se tapit dans la soupente, sous l'escalier, écoute jusqu'à ce que M. Laumont se lève pour partir : Ozières n'est pas très éloigné de Vroncourt, mais, avec cette neige et ces loups... On rallume aux braises les lanternes et Louise regagne sa chambre comme une ombre. Elle entendra les coups de feu que M. Demahis tire du seuil pour effrayer les loups. En attendant que sa mère vienne la rejoindre, elle lira quelques poèmes de Hugo ou quelques lignes de Lamennais, saluera la chouette perchée sur une solive, et le sommeil viendra la prendre.

Lamennais a été pour elle plus qu'une découverte : une révélation. Venant de ce prêtre, les *Paroles d'un croyant* l'ont bouleversée. Elle ne comprend pas toujours à la première lecture le sens de ce texte difficile pour ses douze ans, mais elle y baigne comme dans une rivière qui l'emporterait. Elle trouve surprenant que cet homme de foi se soit dressé contre l'Église et la bourgeoisie de son temps, qu'on l'ait envoyé en prison méditer sur ses idées subversives, qu'on l'ait contraint à l'exil, sans parvenir à ébranler ses convictions. Victor Hugo fait pleurer Louise ; Lamennais sème en elle des graines de révolte. Hugo parle à son âme ; Lamennais à son esprit.

Louise venait d'entrer dans ses treize ans lorsque M. Demahis lui dit au saut du lit :

— Mon enfant, nous avons perdu une grande amie : Biche est morte cette nuit. Nous venons, Bertrand et moi, de creuser sa fosse sous le bastion. Elle est encore dans l'écurie. Si tu veux la voir une dernière fois...

Ce premier chagrin d'enfance, Louise l'assuma avec courage. Elle sécha une larme, aida à charger le lourd cadavre sur la charrette et à le faire basculer dans la fosse, la tête enveloppée d'un linge.

— Nous lui devons cette marque de respect, dit le châtelain. Ainsi, la tête de Biche ne sera pas au contact de la terre…

Nanette et Joséphine se tenaient sur le perron, bras croisés sur un album du *Magasin pittoresque* qu'elles venaient rendre à Louise. Mme Demahis les invita à entrer ; elles refusèrent : c'est Louise qu'elles voulaient voir, pour une affaire urgente. Elle se tenait dans sa tourelle, occupée à lire ou à écrire ; on l'appela ; elle descendit.

— Faut que tu nous suives, dit Nanette.

— Prends un fouet, ajouta Joséphine.

— Pour aller où ? demanda Louise.

— Près de la mare. On t'expliquera.

Un groupe de garçons et de filles s'était rassemblé là. Il en montait un concert de glapissements et de rires. Des garnements avaient pêché des grenouilles. Pour s'en divertir, ils leur tranchaient les cuisses sur une pierre plate et regardaient les bestioles gratter le sol de leurs pattes antérieures comme pour s'y abriter.

— Arrêtez ! s'écria Louise. Reculez tous et rejetez ces pauvres bêtes dans la mare !

— C'est que des grenouilles ! protesta Marguerite. Ça souffre pas comme nous, et c'est rigolo de les voir gigoter.

Arsène s'avança vers Louise d'un air bravache.

— Toi, la châtelaine, on t'a pas appelée ! Mêle-toi de ce qui te regarde…

— … et fous-nous la paix ! ajouta Aubin.

Un cinglon de fouet leur sabra les jambes et les fit reculer.

— Premier avertissement, dit tranquillement Louise. Vous deux, ôtez votre chemise et votre culotte. Exécution ! L'heure du châtiment a sonné.

Ce ton emphatique et la menace du fouet firent impression. Le groupe recula, tandis qu'Arsène et Aubin s'exécutaient en ricanant. Ils restèrent debout, immobiles, les mains sur le bas-ventre.

— Et maintenant, dit Louise, je vais vous offrir une baignade. L'eau est un peu froide mais elle vous rafraîchira les idées. Toi, Marguerite, toi, Anaïs, poussez-les dans la mare !

Les filles s'exécutèrent mollement, regardèrent, en étouffant un rire derrière leurs mains, les deux garçons pataugeant dans l'eau boueuse, s'empêtrer dans les herbes en cherchant leur équilibre.

— Bien ! proclama Louise. Le châtiment a assez duré. Vous pouvez ressortir, mais gare ! Si je vous y reprends...

Cet exploit fit perdre à Louise la considération de quelques familles et l'amitié de certains de ses compagnons et de ses compagnes ; il lui attira en revanche le respect de ceux qui découvraient que la « fille du château » ne manquait pas de caractère. Elle savait qu'elle aurait désormais à se méfier en traversant le village : des paysans lui lançaient des quolibets, des insultes et des menaces ; un jour, alors qu'elle se promenait dans une prairie appartenant aux parents d'Arsène, un coup de feu la manqua de peu. Elle se vengea en jetant dans leur chambre, par une fenêtre, un crapaud qu'elle venait de capturer.

L'incident de la baignade eut un côté bénéfique : il lui avait appris la révolte contre la sottise et la cruauté. Elle avait pardonné aux jeunes tortionnaires (« plus bêtes que méchants », se disait-elle), mais il avait laissé en elle une défiance croissante envers l'inculture et la bêtise. M. Demahis approuva son comportement ; Mme Demahis s'en offusqua, persuadée que cet acte de violence, dénoncé en chaire par le curé, enlèverait à la famille le crédit dont elle jouissait auprès de la population.

— Ma fille, lui dit-elle, on ne riposte pas à la cruauté par la violence. Dieu te pardonnera si tu fais ton acte de contrition.

— Madame, répondit Louise, ce que j'ai fait, je devais le faire. Je ne regrette rien !

— Il faudra bien, pourtant, que tu confesses ce péché. J'exige que tu me suives à l'église.

— Pardonnez-moi, madame. Je m'y refuse...

Les leçons que Louise recevait de Mme Demahis alternaient avec l'enseignement de l'école primaire du bourg et avec celui, plus discret, que lui prodiguait celui qu'elle appelait son père. Celles de musique se déroulaient dans une communion sans réserve, sinon dans un esprit pédagogique rigoureux. Louise avait renoncé sans regret à sa lyre pour le piano et, grâce à l'intercession de Mme Demahis auprès du curé, pour l'harmonium de l'église. Chaque jour, au château, on passait une heure ou deux au clavier et M. Demahis à la guitare ou à la contrebasse, dont il jouait avec un égal talent.

Un événement troubla la sérénité de la famille, alors que Louise allait sur ses quatorze ans.

M. Demahis venait de constater qu'il manquait dix francs dans sa cassette. C'était une somme importante. Qui soupçonner ? Il fit part de sa perplexité à son épouse. Ils interrogèrent discrètement Marianne, bien qu'ils l'eussent jugée incapable d'un tel acte. Le métayer ou l'un de ses fils ? improbable : ils n'auraient pu entrer dans la bibliothèque sans se faire remarquer. Louise, peut-être ? mais qu'eût-elle fait de cette somme ? Ils l'interrogèrent néanmoins. Elle ne fit aucune difficulté pour avouer : oui, elle avait pris cet argent ; elle en avait fait don à un couple de métayers contraints de quitter le village, pauvres comme Joseph et Marie sur la route de Bethléem. Elle se défendit en racontant qu'elle n'avait fait que répondre à l'appel du curé, lequel avait demandé pour ces malheureux le secours de la communauté. Comme elle n'avait pas d'argent en propre, elle l'avait pris où il se trouvait : dans la cassette du maître.

— Mon Dieu ! gémit Marianne, ma fille, une voleuse…

— Ce n'est pas du vol, mère, protesta Louise. Je n'ai rien gardé de cet argent. Je n'ai agi que par charité.

— Je te pardonne, dit M. Demahis, mais la moindre des choses eût été de nous demander ce secours. Nous ne te l'aurions pas refusé, encore que dix francs… Évite de recommencer, sinon je devrai sévir.

Louise reçut la semonce tête basse. Elle eut beau creuser le dilemme dans lequel le maître l'enfermait : les limites à définir en matière de charité. Elle ne trouvait ni satisfaction ni regret de son acte. Mme Demahis lui fit comprendre que recueillir des animaux blessés, abandonnés, sauver les grenouilles de la mare, était une chose et transformer la cassette de la famille en caisse de secours public en était une autre.

Une nouvelle visite de Mlle Agathe mit de l'animation au château. Elle était accompagnée de Jules. Ce fils, né de ses amours mercenaires, avait l'âge de Louise et venait pour la première fois à Vroncourt.

Les deux adolescents restèrent une journée à s'observer comme chien et chat, sans hostilité mais sans aménité. Elle le trouvait guindé et prétentieux, avec son visage rond, coloré, la coupe de grand tailleur de ses vêtements, qu'il portait avec ostentation ; il la jugeait laide, abrupte, peu soigneuse de sa personne avec son jupon rapiécé et ses allures de sauvageonne.

Il ne leur fallut pas deux jours pour se libérer de ces préventions et se trouver des goûts et des idées proches.

Pour distraire la famille, ils jouèrent la comédie en se déguisant de vieilles défroques extraites des malles du grenier ; ils échangèrent des souvenirs de lectures et des événements de leur vie scolaire ; montés sur Zéphyr, ils parcoururent les alentours, jusqu'au château d'Audeloncourt, transformé en prison. Il lui montra un portrait de Victor Hugo et lui fit lire *Les Orientales* dans l'odeur des robiniers en fleur ; elle lui fit rencontrer la doyenne du village, Marie Verdet, qui les régala de son répertoire de contes à dormir debout sur les lavandières de la nuit, les dames blanches, les feux follets et autres balivernes.

Ils prirent une habitude singulière : ils échangeaient des idées et se lisaient des poèmes, juchés chacun dans un vieux pommier, en compagnie des mésanges et des merles. Un jour, alors qu'ils venaient de descendre de leur perchoir, il la prit dans ses bras et tenta de l'embrasser ; elle ne lui opposa qu'une résistance de pure forme, mais refusa de pousser plus avant cette première expérience amoureuse. Il en prit son parti et se contenta de soupirer :

— Je te comprends, va ! Tu réserves ta virginité pour le borgne.

Elle lui demanda en riant de quel borgne il s'agissait. Il refusa de lui en dire plus. Elle songea que cette histoire devait être une réminiscence de ses lectures romanesques ou le produit de son imagination.

Agathe et son fils restèrent à Vroncourt une quinzaine. La jeune femme mit à profit ce séjour pour se refaire une santé : arrivée pâle comme un linceul, elle repartit avec le rose aux joues. M. Demahis attela Zéphir à la carriole, conduisit ses visiteurs à Bourmont où ils prendraient la diligence pour Chaumont et Paris.

Le moment de la séparation venu, Jules confia à Louise qu'il la quittait avec regret, qu'il reviendrait sûrement, mais qu'il comptait bien la revoir si, d'ici là...

— Le borgne..., soupira-t-il. Attends-toi à recevoir sa visite sous peu, à ce que j'ai compris.

— Mais enfin, s'écria-t-elle, qu'est-ce que cette histoire stupide ?

— Tu ne tarderas guère à l'apprendre, dit-il d'un air ironique. Je te souhaite beaucoup de bonheur...

La première neige venait de faire son apparition lorsqu'une voiture pénétra dans la cour du château. Il en descendit un personnage d'allure austère, vêtu de noir comme un ordonnateur de pompes funèbres. Il balaya d'un revers de gants le siège qu'on lui proposait et marmonna :

— Belle bâtisse, en vérité. Avec quelques travaux et des aménagements nous pourrions en faire une demeure très convenable.

Il repoussa du pied, avec une mine de dégoût, le chien qui venait renifler ses bottines à sous-pieds et accepta le vin chaud et le pain grillé que lui proposait Mme Demahis.

— Je ne vois pas votre petite Louise, dit-il. Serait-elle absente ?

Marianne le rassura :

— Louise est dans sa tourelle, en compagnie de sa chouette et de ses chats. Elle est un peu sauvage, monsieur.

Mme Demahis protesta :

— Louise, sauvage ? Ce n'est pas le mot qui convient. Je dirais plutôt qu'elle aime étudier dans la solitude, écrire ou lire des poèmes.

— Tiens, tiens..., fit le visiteur. Vous abritez une poétesse sous votre toit. Si jeune...

Marianne demanda à sa patronne si Monsieur resterait dîner.

— Cela va de soi, dit Mme Demahis. Nous ferez-vous cet honneur, monsieur Gaillard ? À moins que des affaires urgentes...

— J'accepte avec joie, madame. J'ai pris ma journée.

M. Demahis guida son visiteur jusqu'à la bibliothèque où ils s'enfermèrent. Lorsqu'ils en ressortirent, une heure plus tard, M. Gaillard affichait une mine réjouie et M. Demahis un air morose. Le visiteur souhaita qu'on lui présentât la fille de la maison. Elle l'attendait devant la cheminée, dans sa robe des dimanches.

— Ma petite Louise, dit M. Demahis, je te présente M. Aristide Gaillard, clerc de notaire principal à Bourmont. M. Gaillard a des biens en terres dans les parages. Il a entendu parler de toi dans les meilleurs termes et souhaite t'épouser. Pour ce qui nous concerne, nous sommes d'accord. Ton départ nous attristera, mais nous aurons souvent l'occasion de nous retrouver. Il va sans dire que nous ne déciderons rien sans ton accord. Te marier contre ta volonté serait contraire à mes principes.

Tourné vers M. Gaillard, il ajouta :

— Comme vous le savez, notre Louise vient d'avoir seize ans. Bien jeune, direz-vous, mais c'est une femme déjà, robuste et jouissant d'une excellente santé. Elle peut vous paraître réservée, mais cela est naturel : vous êtes le premier parti à lui être présenté.

— Eh bien, Louise, ajouta Mme Demahis, fais donc une

révérence à ton prétendant. Dis-lui quelques mots pour le remercier de sa visite et de l'attention qu'il te témoigne.

Choquée qu'on ne l'eût pas prévenue de cette démarche, Louise resta de glace. Elle sentait le sol se dérober sous ses pas et la tête lui tourner.

— Nous voulions te réserver la surprise ! lança étourdiment Mme Demahis. Ce projet, j'en conviens, mérite réflexion. M. Gaillard pourrait être ton père. Il est veuf, sans enfant, et comprendra que tu veuilles réfléchir, car il n'est pas pressé. N'est-ce pas, monsieur Gaillard ?

— Mon Dieu, madame, bredouilla le clerc, je ne le suis guère, en effet. Pourtant, la réponse ne devra pas trop tarder. À mon âge, vous comprenez… Certes, je ne suis pas un barbon, et mon expérience m'a appris qu'il ne faut pas brusquer les décisions dans ce domaine… délicat. Le temps arrangera les choses, n'est-ce pas, mon enfant ?

Louise lâcha d'un ton plein d'âpreté :

— Je n'ai pas envisagé de mariage avant quelques années, monsieur, et je crains que le temps n'arrange rien…

— Soit…, soupira le prétendant. On m'a prévenu que vous aviez du caractère, ce qui n'est pas pour me déplaire. J'attendrai donc un mois ou deux votre réponse. Permettez-moi, madame Demahis, de prendre congé. Je viens de me souvenir qu'on m'attend à l'étude pour un acte.

Louise lui décocha un regard ironique : elle venait de constater, au mouvement de son regard, qu'il était borgne. Elle lâcha :

— Je vous demande pardon, monsieur, mais, de vos yeux, lequel est en verre ?

Le caractère d'Agathe ne s'était pas amélioré depuis qu'elle vivait à Paris. Marianne avait été témoin de scènes violentes qui l'avaient opposée à ses parents : elle en gardait le souvenir d'éclats de voix, de chocs d'ombrelle sur la table de la cuisine et de sanglots bruyants de Mme Demahis.

La dernière querelle, qui n'avait pas été la moins brutale, mais qu'on avait étouffée, remontait à deux ans, lorsque Agathe était venue présenter Jules à ses grands-parents. Elle s'était libérée d'une vieille rancœur : elle ne tolérait pas que l'on s'obstinât à lui cacher l'origine de Louise. Elle avait réclamé la vérité avec âpreté :

— Allez-vous enfin me dire, père, de qui est ce *petit monstre* ? De vous ou de mon frère Laurent ? Mais peut-être l'ignorez-vous ? Quant à vous, mère, je m'étonne que vous acceptiez cette situation, comme si vous en étiez *complice* !

— Complice, moi ? avait gémi Mme Demahis. Comment peux-tu...

— Prenez cela comme vous voudrez. Je n'ai rien contre Louise, la pauvre petite, mais j'ai le droit de connaître la vérité.

M. Demahis garda le silence. Il faillit répondre qu'il aurait bien aimé, de son côté, connaître le nom du géniteur de son petit-fils. Il se maîtrisa pour ne pas envenimer le débat.

Agathe, qui était dans un mauvais jour, ne s'en tint pas là. Elle reprocha avec aigreur à son père de passer plus de temps dans sa bibliothèque que dans ses métairies. Les métayers en prenaient à leur aise. Quant au château, il menaçait ruine ! Un bel héritage qu'on allait lui laisser...

Elle brandit un jour le cahier dans lequel sa mère, âme sensible, égrenait des poèmes, et s'écria :

— Des poèmes ! Ma mère se prend pour Marceline Desbordes-Valmore ! La toiture fuit de toutes parts, la vigne est quasiment en friche, et mes parents écrivent des poèmes et font de la musique !

Au comble de la fureur, elle s'en prit à Marianne qui, tassée dans le creux de la cheminée, couvait son angoisse, et hurla :

— Quant à toi, la bonniche, la Marie-couche-toi-là, tu n'as rien à faire dans cette maison ! Tu peux t'estimer heureuse qu'on ait daigné vous garder, toi et ta bâtarde !

— Je t'ordonne de te taire ! s'écria M. Demahis. Ces propos sont indignes de toi.

Agathe se précipita dehors, fit au pas de course le tour du château, revint, rassérénée, des larmes aux joues.

— Pardonnez-moi, dit-elle. Je ne sais ce qui m'a pris. Oubliez tout ce que je vous ai dit. Si vous saviez...

Ce qu'ils ne savaient pas, c'est que l'existence parisienne d'Agathe périclitait et lui gâtait le caractère. Le tabac, l'alcool, les nuits passées avec ses amants attitrés et quelques autres de rencontre en avaient fait une loque. La moindre contrariété la hérissait et lui faisait perdre le sens commun.

À la suite de cette scène, elle resta des mois sans donner de ses nouvelles. Dans la première lettre qu'elle écrivit à ses parents après ce long silence, elle annonçait un événement rassurant : elle venait de rencontrer un médecin renommé, le docteur Pelletan, et l'avait épousé.

L'ère des prétendants n'était pas close pour Louise. Marianne lui révéla ce qu'on lui avait prudemment caché jusqu'alors, tant cette démarche était indécente : M. Demahis venait de recevoir pour elle une nouvelle proposition de mariage.

Un jour de ses dix-sept ans, elle vit débarquer dans une calèche à deux chevaux un homme d'âge mûr, ventripotent, qui, tout en parlant, faisait tourner autour de son index sa chaîne de montre.

— Mon épouse, dit-il, est décédée il y a quelques mois en me laissant seul. Je souhaite prendre femme. Un de mes fermiers m'a informé que vous abritiez dans votre famille une servante et sa fille. Alors, j'ai pensé…

— Ma foi, répondit M. Demahis, je ne puis m'opposer à votre requête. Marianne vous donnera toute satisfaction. Nous n'avons qu'à nous louer de ses services. Elle sera pour vous une excellente épouse.

— Vous m'avez mal compris, dit le bonhomme. Ce n'est pas votre servante que je souhaite épouser, mais sa fille.

— Dans ce cas, monsieur, il faudra chercher ailleurs. Avec tous les biens que vous possédez vous ne tarderez pas à trouver chaussure à votre pied.

Louise était présente lorsque le troisième prétendant, succédant au borgne et au rustre, avait précisé sa demande.

M. Leroy, épicier en gros, de Langres, avait de la famille dans les parages de Vroncourt où son commis effectuait des tournées. Il était de piètre apparence : mince comme un jonc, une barbe de vieux bouc, l'œil glacé, la cinquantaine… Avant même d'avoir formulé sa demande, il avait fait le tour du domaine à cheval, notant sur son carnet l'importance et la qualité des parcelles, jaugeant l'état du château. Il surgit dans la cour, confia son cheval à Marianne et, d'un ton très militaire, demanda qu'on lui présentât la petite. Il sembla surpris en la voyant paraître, une plume de chouette dans les cheveux, la mine rogue. Il murmura en se caressant la barbe, comme s'il examinait un arrivage de harengs en caque :

— Joli lot, mazette… oui, joli lot… Encore que, pour ce qui est du visage… mais bon, à mon âge on ne saurait se montrer trop exigeant, du moins sur ce chapitre…

Il tourna autour de Louise, lui tâta les bras, évalua du regard la dimension de la poitrine et de la croupe, lui demanda de montrer sa denture, ce qu'elle refusa tout net.

— Mon enfant, dit-il, je suis venu vous demander en mariage.

J'ai du bien au soleil, de la religion et une clientèle importante à Langres. Vous pourriez vous occuper du comptoir le jour et de votre serviteur la nuit. Vous pourriez de même…

Louise, interrompant ces perspectives affriolantes, lui montra du doigt le massacre de cerf doté de bois majestueux qui ornait le manteau de la cheminée.

— Monsieur, lui dit-elle, je ne vous connais pas et vous ne m'inspirez aucune sympathie. Voyez-vous ces bois de cerf ? Eh bien, si j'accédais à votre demande, il vous en pousserait d'identiques sur le front…

Blême de colère, l'épicier se rengorgea dignement, coiffa son chapeau, sauta sur son cheval et disparut sans un mot.

À quelque temps de là, Charles Demahis voyagea de compagnie au retour de Bourmont, avec un propriétaire de Longchamp, localité proche de Vroncourt. Le bonhomme, fort pieux, se signait à chaque croix de carrefour. Comme on approchait du château, il pointa sa canne vers la bâtisse, disant :

— Voyez-vous, monsieur, ce nid à rats ? Le propriétaire est un vieux mécréant qui vit dans le péché, ne se rend jamais à la messe et partage sa vie entre son épouse et sa servante dont il a une fille, une garce assez délurée à ce qu'on dit. Une honte, monsieur !

Lorsque la voiture fit halte devant le château, M. Demahis dit en mettant pied à terre :

— Je suis arrivé, monsieur. Le *vieux mécréant* vous salue bien…

Un soir de novembre, alors que la neige tombait dru, M. Demahis revint, fourbu et grelottant de fièvre, d'une coupe de bois. Il s'alita sans souper et but la tisane préparée par Marianne. Le lendemain, la fièvre étant montée, Mme Demahis fit prévenir le médecin qui rappliqua dare-dare sur sa jument. Il diagnostiqua une pleurésie et ordonna, avec quelques remèdes, un repos complet.

— Faites-le boire beaucoup, dit-il. Des tisanes de coquelicot, de bourrache et de tilleul. Du vin chaud, deux ou trois fois par jour. Veillez-le constamment. Son état m'inspire de l'inquiétude.

M. Demahis lutta contre la fièvre une semaine, puis le cœur, comprimé par l'inflammation des poumons, cessa de battre. Lorsque Louise vit les longues mains sèches se crisper sur le drap comme de grosses araignées, elle sut que la dernière heure était venue. Elle appela sa mère et Mme Demahis, qui somnolaient dans un fauteuil.

— Je crois que c'est la fin, dit-elle.

— C'est la fin, dit Marianne en se penchant sur le lit. Notre maître est mort.

— Mon Dieu, gémit Mme Demahis, il faut appeler le curé. Mon mari ne peut partir comme un mécréant.

— C'est trop tard, dit Marianne. Nous lui mettrons un chapelet entre les mains quand nous aurons fait sa toilette. Louise m'aidera.

On ne pouvait compter sur la maîtresse. Enfoncée de nouveau dans le fauteuil qu'elle venait de quitter, gémissant comme un chiot affamé, elle gesticulait par à-coups, comme pour lutter contre une fatalité inexorable.

Les voisines arrivèrent aux premières lueurs du jour, lentes, silencieuses comme des spectres sous leurs pèlerines. Tandis que s'organisait le concert des pleureuses, Louise chercha refuge dans sa tourelle, face au paysage enneigé qu'elle semblait découvrir pour la première fois dans son ampleur et sa tristesse poignante. Elle s'étonnait de ne ressentir en elle, à la place d'un chagrin, qu'une détresse profonde : l'impression que doit éprouver le passager d'un navire privé d'équipage au milieu d'une mer hostile. Elle aimait cet homme dont elle ne savait s'il était son père ou son grand-père, mais qui avait été pour elle plus qu'un géniteur : un guide, un conseiller attentif, un mentor indulgent à ses excès et à ses maladresses.

Et ce matin-là, soudain, les larmes lui vinrent aux yeux.

Il fallut bien, pour les obsèques, en passer par la volonté de la veuve et faire au marquis Charles Étienne Demahis un service funèbre entouré des pompes de cette Église qu'il détestait.

Laurent et Agathe arrivèrent quelques jours après l'inhumation.

Il fit mine d'ignorer la servante et sa bâtarde ; elle pleura sur l'épaule de Marianne et de sa mère.

— Ma petite, dit Marianne, qu'allons-nous devenir ? Monsieur Laurent m'a fait comprendre que nous ne pouvions plus demeurer au château. Madame Agathe, elle, souhaite que nous restions.

— Nous resterons, dit Louise. La maîtresse a besoin de nous. Seule, elle est incapable de s'occuper du domaine et d'elle-même. D'ailleurs, je crains qu'elle ne survive pas longtemps au choc qu'elle a subi. Elle n'a pas dit un mot depuis des jours et il faut la forcer à se nourrir.

Mme Demahis avait trouvé refuge dans la bibliothèque. Assise dans le fauteuil de son époux, elle contemplait inlassablement les rayonnages caressés par le blême soleil d'hiver et la clarté de la neige. Il fallait lui servir là sa soupe et son vin, veiller à la tenir propre, car elle était devenue incontinente. Elle si active d'ordinaire, attentive aux soins du ménage, toujours prête à se mettre au clavier pour interpréter une fugue de Bach, était devenue, en l'espace de quelques jours, une créature débile, inerte, absente au reste du monde, cloîtrée dans ses souvenirs.

Mme Demahis s'éteignit au temps de Pâques, alors que Louise allait sur ses vingt ans. Un matin, elle s'était arrachée à son fauteuil, avait revêtu avec l'aide de Louise le costume qu'elle portait pour ses promenades et, sans dire un mot, avait quitté le village par le chemin des Sabbats. Partie à sa rencontre, Louise la retrouva une heure plus tard adossée à une murette, sous un sureau fleuri à blanc. Morte.

Elle tenait encore entre ses mains le bouquet de violettes qu'elle venait de cueillir.

2

L’ÉCOLE CHAMPÊTRE

Le moment était venu pour Louise de quitter Vroncourt.

Une vocation l'attirait irrésistiblement : enseigner. Elle la partageait avec une fille de son âge, Julie Longchamp, qu'elle avait rencontrée sur les marchés et les foires des environs, et avec laquelle elle échangeait des idées et des poèmes dans l'odeur de la bouse et du crottin.

Louise était laide ; Julie agréable à regarder sans être vraiment belle. Louise, avant même d'y avoir fait ses preuves, menait sa carrière d'enseignante tambour battant ; Julie peinait à suivre.

— Nous avons toutes deux de bonnes notes et la volonté de réussir. Je ne vois aucune raison de s'inquiéter, disait Louise.

— J'en conviens, soupirait Julie en triturant l'extrémité de ses nattes, attachées par des bouts de ficelle. Il n'empêche, nous allons avoir des obstacles à surmonter. Ces examens…

Un matin de septembre qui sentait la pomme blette, Julie rejoignit Louise dans sa tourelle, comme elle le faisait une fois ou deux par semaine. Elle trouva sa compagne en train de remplir de livres et de paperasses une panière d'osier. De temps en temps Louise se penchait à la petite fenêtre grillagée ouvrant sur les côtes de Bourmont, par-dessus le paysage déjà effleuré par l'automne, comme si elle luttait contre elle-même pour s'arracher à ce spectacle quotidien.

— Rien ne sera comme avant, dit-elle avec un air de

résignation sereine. J'étais propriétaire de cette tourelle ; je ne serai plus qu'une visiteuse.

Elle effleura de la main la mâchoire de mammouth offerte par M. Laumont, archéologue à ses heures, les silex taillés glanés dans les champs, un bouquet de fleurs séchées, une vieille poupée, autant d'images et de souvenirs qui allaient s'estomper puis disparaître. Elle fit jaillir quelques miaulements de sa vieille lyre, émit un sifflement léger pour réveiller la chouette qui somnolait sur la solive, sous le dais funèbre d'une douzaine de chauves-souris.

— J'aime bien ces bestioles, dit-elle. Elles me tenaient compagnie. Le soir, je leur servais du lait dans une soucoupe, et elles venaient le boire sans redouter ma présence.

— Qui va s'en occuper, dorénavant ?

— Ma mère, tant qu'elle restera au château. Mais rien ne dit qu'Agathe ou Laurent ne vont pas la chasser.

— Et alors, que deviendra-t-elle ?

— Ce sera à moi de m'en occuper. J'ignore comment je me débrouillerai, mais il le faudra bien.

Elle s'ébroua et lança d'une voix ferme :

— Finie la nostalgie. J'ai décidé de me battre et je me battrai.

Il fallut affronter les hommes de loi, notamment le notaire de Bourmont et son clerc, l'homme à l'œil de verre. Il fut convenu entre les héritiers que Marianne et sa fille garderaient durant quelques années la jouissance du château, l'exploitation du domaine étant confiée dans sa totalité à Bertrand, à qui la famille avait conservé sa confiance et qui s'attachait à la mériter.

M. Demahis n'avait pas oublié dans son testament la servante et sa fille : elles héritaient de peu, mais ce peu était beaucoup pour elles qui n'avaient en propre que les économies issues de gages misérables et aléatoires. Ce don du maître consistait en quelques biens faciles à négocier en cas de besoin ; aucune somme d'argent à espérer : il n'y en avait jamais eu chez les châtelains, sauf pour les dépenses ordinaires, qui se montaient à peu de chose.

— Mère, dit Louise, vos vœux se réalisent enfin : vous voilà devenue propriétaire. C'est une certitude que personne ne peut contester. Ça figure sur les registres du notaire : *Madame Marianne Michel, pro-prié-tai-re.* C'est une belle revanche sur la vie que vous avez menée jusque-là : quasiment celle d'une esclave.

— J'en remercie Dieu.

— Dieu n'y est pour rien, mère, à moins qu'il n'ait revêtu l'apparence de M. Demahis...

Marianne ne tirait de sa nouvelle condition aucune fierté et qu'une satisfaction modérée. C'est une simple curiosité qui la poussa à faire une nouvelle visite à son bien, sa main dans celle de sa fille. Elle vit d'un autre œil le petit bois de peupliers plantés sur le bord du ru d'Invilliers lors de la naissance de Louise, le modeste vignoble de la Côte, la parcelle ensemencée en blé dans les parages d'Ozières, autant de biens dont le métayer avait la charge.

L'année de ses vingt et un ans, Louise prit ses premières vacances, en compagnie de sa mère, qui n'avait jamais voyagé autant de toute sa vie, dans les parages de Lagny, à une trentaine de kilomètres de Paris, chez des cousins. Entre une journée dans la capitale et quelques promenades avec sa mère sur le bord de la Marne, elle passa son temps à préparer ses examens et à correspondre avec Julie, qui faisait de même.

La petite ville médiévale, paisible, lui plaisait. Pour ne pas rester à la charge des parents qui vivaient une existence étriquée entre des murs qui l'étaient aussi, elle entra comme pensionnaire chez Mme Duval. Cette dame possédait dans le centre de Lagny une maison bourgeoise datant du siècle précédent, avec un grand jardin dominé par un perron majestueux.

Louise resta là trois mois à préparer ses examens. Elle écrivit à Julie :

Dans cette maison, on VIT *les livres. Je veux dire que le monde réel s'arrête sur le seuil, que l'on se passionne pour des parcelles de science qui s'émiettent devant les institutrices. Tout juste assez pour donner soif du reste. Ce reste-là, on n'a jamais le temps de s'en occuper... On est aux prises, avant le diplôme, avec un programme que l'on grossit outre mesure, et, après, avec le même programme dégonflé, vous laissant voir que vous ne savez rien !* [1]

L'examen fut un échec : Louise fut recalée pour des notes insuffisantes en travaux d'aiguille, instruction religieuse, écriture. Julie, elle, l'avait passé brillamment.

Retour à Vroncourt. Nouvelle lettre à Julie :

Ma chérie, je me suis remise sérieusement au travail car, tu le sais, je veux réussir à mon brevet. Je suis importunée de temps à autre par des gens intéressés par le château. La plupart renoncent : trop de travaux à entreprendre pour rendre cette bicoque simplement habitable. J'ai beau leur dire qu'elle a appartenu aux ducs de Guise, ils s'en moquent ! Moi aussi, d'ailleurs. Je n'ai aucun intérêt, tu le sais, dans la vente de cette ruine, qui m'est chère, pourtant, de tous les souvenirs des bons et des mauvais jours que j'y ai vécus. J'ai retrouvé ma chouette et mes chauves-souris. Pas mes chiens et mes chats qui ont dû émigrer chez le métayer, à moins qu'il ne s'en soit débarrassé de la manière que tu imagines...

Julie rend visite à sa compagne au début du printemps. Assises au soleil, entre les framboisiers plantés par Mme Demahis, une bouteille de vin dont elles boivent à même le goulot, elles bavardent, les yeux mi-clos.

— Je lui ai écrit, dit Louise, et il m'a répondu.

— De qui veux-tu parler ?

— De Victor Hugo, tu le sais bien. Il est en exil à Bruxelles, mais le courrier lui parvient. Il a aimé mes poèmes. Il m'encourage à poursuivre.

— Tu me montreras sa lettre ?

— Non, Julie. Je le regrette. Personne d'autre que moi ne peut la lire. C'est ce que je me suis juré. C'est trop… intime.

— Me montreras-tu ta réponse ?

— Peut-être. Je ne peux rien te promettre. Tu es mon amie la plus chère, Julie, mais comprends qu'il y a des sentiments que l'on ne peut partager sans risquer d'en être en partie dépossédé. Cette

1. *Mémoires* de Louise Michel.

lettre n'est pas écrite, mais les mots dansent déjà dans ma tête, s'y bousculent, et ils sont fragiles, les mots. Il faut les manier avec précaution pour qu'ils ne risquent pas de dénaturer les sentiments ou les idées qu'ils expriment.

— Je te comprends et je t'envie, dit Julie. Une lettre de Victor Hugo…

Louise avale une gorgée de vin, prend la main de Julie dans la sienne. Les dernières brumes du matin se nouent autour des saulaies. Un vol de corbeaux tournoie au-dessus de la vigne de la Côte qui ne va pas tarder à mettre des bourgeons. La main de Louise se crispe à petits coups dans celle de Julie. Elle murmure :

— Une idée saugrenue m'est venue : aller rejoindre Hugo dans son exil.

— Louise… tu es folle ! Tu n'oserais pas…

— C'est vrai que je suis folle. Tant de gens le disent que je finis par le croire. Ma mère elle-même… Alors, oui, c'est une folie, mais je te rassure : je résisterai à la tentation. J'éprouve pour Hugo un sentiment étrange : l'impression qu'il est en train de prendre dans mon esprit et dans mon cœur la place que Dieu a laissée vacante… Je suis comme ces femmes de l'Antiquité, amoureuses d'Orphée, amoureuses d'un mythe. Hugo n'est pas un mythe, puisqu'il m'a écrit.

Julie arrache sa main à celle de Louise ; elle dit d'une voix sèche :

— Tout cela n'est pas bon pour toi. J'espérais que tu me parlerais de ton travail et c'est de *ton* Hugo que tu m'entretiens, comme s'il avait plus d'importance que le brevet ! Si tu échoues une fois de plus à ton examen, il ne faudra t'en prendre qu'à toi. Tu me déçois, Louise… Tu négliges ton écriture, tu n'as fait aucun progrès, au point que j'ai eu du mal à déchiffrer ta dernière lettre. Si tu fais preuve de la même négligence avec ton poète, je doute qu'il lise entièrement ce que tu lui as écrit. S'agissait-il d'une lettre ou d'un simple billet ?

— D'une lettre de plusieurs pages et d'un long poème.

— Tu perds ton temps, je le crains. Qu'est-ce que ce grand poète, cet Orphée, comme tu dis, aurait à faire d'une obscure poétesse de province ? Il faut l'oublier, Louise, et travailler sérieusement. J'ai songé à notre avenir commun. Lorsque tu auras réussi à ton examen – si tu réussis ! – nous pourrons créer une école libre à Chaumont ou, pourquoi pas ? à Paris.

Petit rire de Louise. Elle avale une rasade généreuse.

— Tu rêves, toi aussi, ma Julie, mais ton projet n'est pas déraisonnable. Je vais y penser et suivre ton conseil : travailler…

Ce qu'elle ne lui avoue pas c'est sa dernière lubie : le projet d'un opéra fantastique dont elle écrira la musique et le livret. Elle en parlera à Hugo, et seulement à lui ; elle lui détaillera son œuvre, acte par acte ; elle lui dira ces mots qui, ce matin, bourdonnaient dans sa tête :

Après la fin du monde, Dieu, ayant mis les bons à sa droite et les méchants à sa gauche, donne l'empire de la terre aux démons, et le soleil se lève, rouge, sur les débris du monde…

Aimera-t-il cette introduction ? Trouvera-t-il de bon goût qu'elle convoque pêle-mêle Dieu et Satan, Jeanne d'Arc et Torquemada, don Juan et le Claude Frollo de *Notre-Dame de Paris* ? Des idées de musique lui sont déjà venues, qu'elle a jouées au piano et notées. Le titre de l'opéra, elle l'a trouvé hier : *Rêve de sabbats*. Plaira-t-il à Hugo ?

Julie mâche un brin d'herbe et, un peu ivre, fredonne un air à la mode. Ses rêves à elle n'ont rien d'un sabbat : elle veut être institutrice et elle sait qu'elle le sera : à cette bête à concours, l'avenir ouvre grandes ses portes. Quant à Louise, Julie songe qu'elle devra frapper très fort pour se faire admettre dans le petit univers exigeant de l'enseignement.

Ce qui, en apparence, les sépare, en fait les unit. Elles ont réalisé avec leurs disparités un équilibre à base d'échange : les rêves de Louise contre la sagesse de Julie. Le chemin de Louise est tortueux mais plein d'attraits ; celui de Julie est une belle ligne droite.

Le soir, Julie n'est pas retournée à son domicile. Il était tard et la pluie s'était mise à tomber. Elle a dormi dans le lit de Louise, et elles ont poursuivi leur bavardage jusqu'au milieu de la nuit. Louise parlait dans son sommeil. Elle récitait des poèmes de Hugo.

Louise avait échoué à Lagny ; elle réussit à Versailles, l'année suivante : en 1852. Elle eût pu dédier ce succès au demi-siècle de vie de son idole.

Le projet de Julie avait pris corps. Elle ouvrit avec Louise, à Audeloncourt, localité voisine de Vroncourt, une de ces écoles dites libres, qui ne devaient rien aux subsides du gouvernement impérial. La proximité du château lui aurait permis de demeurer chez sa mère, si elle n'avait trouvé à se loger dans le village, au milieu d'une parentèle plus proche que celle de Lagny : sa grand-mère, Marguerite, et ses grands-oncles, des colosses barbus et roux comme des Teutons, qui s'étaient constitué une bibliothèque abondante, dans laquelle Louise ne se faisait pas faute de puiser.

Exercer son apostolat en prêtant serment de respecter les lois de l'Empire, Louise s'y était refusée, et Julie, bon gré, mal gré, l'avait imitée pour ne pas se séparer de sa compagne. Elle se disait que son grand homme, son *Olympio*, comme elle l'appelait, ne le lui aurait pas pardonné, lui qui avait préféré l'exil à la soumission.

Elle donnait une certaine liberté à son enseignement, en dépit des critiques de quelques familles bigotes : elle avait remplacé les prières par *La Marseillaise*, ce qui était jugé indécent et révolutionnaire. Elle s'en moquait car ses élèves l'adoraient, ceux du village et ceux des hameaux lointains, qu'elle avait placés comme pensionnaires, pour le repas de midi, chez l'habitant. Elle faisait une large place aux classes de nature, emmenait ses élèves en promenade, persuadée que cette graine de paysans trouverait son compte à cet apprentissage sur le terrain. Il lui arrivait de faire ses cours en pleine nature, sous un arbre, dans le murmure du ruisseau des Prés, qui coulait sous les murs du château abritant des détenus.

La cohabitation avec sa parentèle, dans une maison basse et sombre, proche de la grande croix de pierre occupant le centre du village, lui devint vite pénible. Elle rêva de quitter Audeloncourt pour Paris et en parla à sa compagne.

— Paris..., répondit Julie. J'y ai pensé moi aussi, mais je

crains que nous n'ayons pas la possibilité d'y créer une école. L'enseignement y est plus surveillé que dans nos campagnes, et la vie y est hors de nos moyens.

— J'en parlerai à Hugo. Je suis persuadée qu'il m'y encouragera. Ses conseils pourront nous être utiles.

Hugo ne l'avait pas oubliée : il lui parlait des poèmes qu'elle continuait à lui faire parvenir. Quelque temps plus tard, quand il lui adressa sa photo, prise sur un rocher de Guernesey, d'où, disait-il, il découvrait les côtes de France, Louise fondit de bonheur.

Les dénonciations au rectorat d'une confrérie de bigotes contraignirent Louise à quitter Audeloncourt.

Ce n'est pas vers Paris qu'elle se dirigea, consciente que les réticences de Julie étaient inspirées par la sagesse : elles étaient encore trop jeunes et trop inexpérimentées pour hasarder un vol loin du nid. Elle choisit de créer une école à Clefmont puis, devant la réprobation de quelques familles, émigra à Millières où son enseignement reçut le même accueil.

Ces deux communes étant proches de Vroncourt, elle se rendait de temps à autre au château, qui n'avait toujours pas changé de propriétaire ; l'état de la toiture avait empiré ; une végétation sauvage avait envahi la cour, le bastion et les abords. La ruine irrémédiable était proche.

Elle se dit que sa carrière d'institutrice était menacée lorsqu'elle reçut une double convocation à se rendre à Chaumont, chef-lieu de la Haute-Marne.

La première émanait du recteur, M. Fayet. Elle prévoyait une semonce ; elle reçut un accueil paternel. On l'attendait au coin du feu, près d'une table chargée d'une collation. On la fit asseoir dans un fauteuil en lui laissant entendre qu'elle ne se trouvait pas dans la salle d'audience d'un tribunal. Ses craintes s'évanouirent lorsqu'elle entendit M. Fayet, petit homme barbichu, nerveux, qui fumait un cigare en évoluant avec des allures de député, lui dire sans animosité :

— Mademoiselle Michel, vous me mettez dans l'embarras. Mes fonctions m'obligent à une certaine sévérité envers les enseignants, quels qu'ils soient. Vous, vous me désarmez. Est-ce bien raisonnable de faire chanter *La Marseillaise* à vos élèves, alors que ce chant est tenu pour révolutionnaire et prohibé, du moins dans les écoles ? Leur demander de refuser d'assister à une messe en l'honneur de l'Empereur, c'est de la provocation. Je devrais vous infliger un blâme…

Il arrêta sa circumnavigation face à Louise et lâcha avec un sourire :

— Je devrais, mais je ne le ferai pas, et cela pour une simple raison : vos méthodes d'enseignement me plaisent. Elles rompent avec la routine. Prendrez-vous un verre de porto et un biscuit, mademoiselle ?

Tandis que Mme Fayet emplissait leurs verres, il s'assit en soupirant :

— Oui, vraiment, vous me mettez dans l'embarras. Enfin, chaque profession a ses aléas. Les seuls conseils que je puis vous donner sont : primo, de renoncer à exprimer vos opinions dans vos écoles ; secundo, de foutre le camp, pour parler franc. Allez enseigner dans une grande ville : Reims, Troyes ou, pourquoi pas ? Paris. Et cessez, je vous prie, où que vous enseigniez, de parler de Victor Hugo et d'apprendre ses poèmes à vos élèves. C'est aller trop loin, mademoiselle, et chercher des bâtons pour se faire battre. Vous avez ma sympathie, mais je ne puis la traduire autrement que par ces conseils de prudence.

Il ajouta en se levant, un moment plus tard :

— Revenez donc me voir, si vous restez quelques jours à Chaumont. J'aimerais poursuivre notre *bavardage*.

Au cours de l'entretien qui suivit, il lui dit d'un ton badin :

— Mademoiselle Michel, je crois que vous avez manqué votre véritable vocation. Vous auriez dû entrer en religion. Votre énergie, la conviction qui vous anime auraient fait de vous un soldat du Christ, à une époque et dans un pays où l'on assiste à la dégradation de la foi. Je vous sens habitée par une passion digne des premiers chrétiens.

Il ajouta :

— Avez-vous réfléchi à mes conseils ? Qu'avez-vous

choisi ? La prudence dans votre enseignement ou votre installation à Paris ?

— Ce sera Paris, monsieur le recteur. L'ambiance de cette province devient suffocante. Là-bas, je rencontrerai des gens qui partagent mes idées politiques.

— Vos idées politiques, dites-vous ?

— Des idées républicaines, monsieur le recteur. À vous, j'ose le confier.

— Cela ne me choque pas, mademoiselle, et cette confidence ne sortira pas d'ici. Pour ne rien vous cacher, moi-même... Bref : je suis persuadé que vous avez fait le bon choix, mais difficile. Si je puis vous être utile...

— Mademoiselle Michel, dit Mme Fayet en l'embrassant, donnez-nous de vos nouvelles. Mon mari et moi serions heureux de votre réussite.

Revenue à son hôtel, Louise écrivit à Hugo :

Assise, comme au château de Vroncourt, dans les cendres de l'âtre, chez le recteur, je me suis expliquée, disant que j'étais républicaine et que je souhaitais me rendre à Paris. Le recteur m'a regardée longtemps, en silence. Sa femme prenait mon parti en souriant, tandis que des colombes en liberté voletaient dans la pièce pleine de soleil. Cela sentait le printemps chez eux...

L'entrevue avec le préfet de Haute-Marne se déroula dans une atmosphère moins printanière et peu cordiale : bureau de ministre, murs lambrissés, portrait de l'Empereur... M. de Froidefond n'était pas d'une humeur portée à la clémence. Son visage taillé dans le marbre s'ornait de favoris grisâtres qui lui donnaient, l'embonpoint en moins, une allure louis-philipparde. Il feuilletait distraitement des feuilles locales.

— Mademoiselle Michel, lui dit-il, vous avez, dans la gazette que voici, insulté Sa Majesté l'Empereur. Comment avez-vous osé le comparer à Domitien ?

— Est-ce vraiment une insulte, monsieur le préfet ?

— J'ai étudié, comme vous, l'histoire romaine, et je puis vous en remontrer, sans vouloir me flatter.

— Domitien, monsieur le préfet, a été un réformateur. Il a apporté à Rome la prospérité, l'ordre, et de nouvelles conquêtes...

— J'en conviens ! Mais il est devenu sur la fin de son règne un tyran. Il se prenait pour un dieu et se faisait appeler *Dominus* et *Deus*. Auquel de ces deux visages de Domitien faisiez-vous allusion dans votre article ?

— Sa Majesté l'Empereur Napoléon n'est pas, que je sache, à la fin de son règne.

Le préfet manifesta son embarras en bougeant lourdement dans son fauteuil et en peignant ses favoris à coups d'ongles.

— Certes... Il n'empêche... Votre seule excuse est votre jeunesse. Sinon, mademoiselle, nous vous aurions envoyée finir vos jours à Cayenne !

— Monsieur le préfet, ceux qui reconnaissent M. Bonaparte en Domitien l'insultent tout autant ! Quant à m'envoyer à Cayenne, j'en serais d'accord si l'on m'offrait le voyage. Il doit y avoir dans cette colonie beaucoup à enseigner...

Elle ajouta que sa vocation avait toujours été de faire sortir le peuple de son ignorance et de sa misère.

— La misère surtout, monsieur le préfet. Elle est la plaie de notre société. Je connais les moyens de la combattre : en fondant des bureaux de bienfaisance, des ateliers publics, des chantiers. Faute de travail, c'est le pain qui manque et, lorsque le peuple est au bord de la famine, il n'a d'autre recours que la révolte...

Le préfet l'avait écoutée en silence, tantôt fronçant les sourcils, tantôt souriant. Il murmura :

— Des bureaux de bienfaisance, des ateliers... Ma foi, je conviens que l'idée est à considérer. Il faudra que j'en parle à mon épouse : elle s'intéresse beaucoup au sort des ouvriers. Revenez me voir, mademoiselle, nous reparlerons de tout cela. En attendant, je vous conjure de mettre un frein à vos convictions séditieuses, sinon vous me contraindriez à sévir, ce que je ne ferais pas de bon cœur.

Une semaine plus tard, Louise trouva dans son courrier une lettre de M. de Froidefond. Il la convoquait à la préfecture.

Cette fois-ci, ce n'est pas une semonce qui attendait Louise. Le préfet se leva pour l'accueillir, l'invita aimablement à s'asseoir.

— L'idée que vous m'avez soumise lors de notre première entrevue est en cours de réalisation, dit-il d'un ton jovial. Elle était excellente. Mon épouse a pris les premiers contacts pour la création d'un bureau de bienfaisance, et je m'occupe des ateliers de travail. Comment n'y avais-je pas pensé plus tôt ? Mademoiselle Michel, c'est le Ciel qui vous a inspirée ! Pouvons-nous compter sur votre aide ?

— Monsieur le préfet, répondit Louise, elle vous est acquise.

Elle ouvrit son sac, en sortit un billet de cent francs qu'elle déposa sur le bureau.

— Ma participation…, dit-elle.

Elle destinait cet argent au paiement d'une dette faite chez le libraire. Elle décida qu'il attendrait…

3

LA MARSEILLAISE NOIRE

Louise fit signe au grand Pierre de venir au tableau, d'effacer la leçon de la veille et d'inscrire la date du jour, tout en haut.

— Écris, Pierre : *30 juin 1856.* Mes enfants, c'est aujourd'hui notre dernier jour de classe. Je vais devoir vous quitter pour enseigner à Paris. Je regretterai votre village de Millières comme je vous regretterai tous.

Un murmure de consternation parcourut les pupitres. Des visages se crispèrent. La petite Rose leva le doigt.

— Mademoiselle, vous reviendrez nous voir ?

— Si je le peux, oui, mais Paris est bien loin. Nous allons chanter une dernière fois *La Marseillaise*, le couplet des enfants : *Nous entrerons dans la carrière, quand nos aînés n'y seront plus...*

La voix de la maîtresse s'enroua au terme du refrain ; les derniers mots lui restèrent dans la gorge. Elle s'éclaircit la voix et s'écria joyeusement :

— Mes enfants, pas de leçon pour aujourd'hui. Nous allons bavarder, si vous le voulez bien. Dites-moi ce que vous comptez faire durant vos vacances. Toi, Rose...

Rose aiderait aux moissons puis elle irait passer quelques jours chez des parents, à Langres. Elle était la préférée de Louise : une élève d'une précocité surprenante, une brunette, qu'on surnommait la « Petite Taupe ».

— Et vous, mademoiselle ? demanda Estelle, une longue fille mincillote, gracieuse comme une bergère de Florian.

— Oh, moi… mes vacances seront brèves. Je dois préparer mon séjour à Paris où j'exercerai les fonctions de sous-maîtresse dans un collège.

— Mademoiselle, dit Aricie, une boiteuse mince comme une sauterelle, nous ne vous oublierons pas.

Le lendemain matin, alors qu'elle préparait son bagage, Louise découvrit devant sa porte un bouquet de fleurs des champs avec un mot d'amitié signé par toute la classe. Elle garda précieusement ce billet où chaque prénom évoquait un élève. Comment oublier Rose, la surdouée, Pierre, le cancre affecté au tableau, Eudoxie, morte de la variole au cours de l'hiver ?

— Mère, dit Louise, il va falloir que nous nous séparions pour quelque temps. Je vais devoir organiser ma vie dans la capitale. Julie m'accompagnera. À nous deux nous nous tirerons mieux d'affaire. Plus tard, quand nous serons installées, vous viendrez nous rejoindre.

Marianne resterait à Vroncourt, non au château qui consommait une ruine inéluctable, mais pour loger dans une maison appartenant aux Demahis, au bas de la côte, près du cimetière où se trouvait leur tombe. Ni Laurent ni Agathe ne feraient de difficulté pour lui abandonner cette masure, moyennant son entretien et peut-être un loyer modeste. Elle était entourée d'un jardin potager, d'un poulailler que Bertrand remettrait en état. Marianne ne manquerait pas de compagnie ; elle pourrait prêter la main aux travaux des champs, car elle jouissait encore d'une santé robuste ; du banc proche du seuil, elle aurait vue sur l'église, le château et, au loin, sur les collines bleues des côtes de Bourmont. Rien ne changerait dans son horizon familier ; elle ne pouvait espérer mieux.

Louise partit seule pour Paris où Julie la rejoindrait avant la rentrée. M. Fayet n'avait pas failli à sa promesse : c'est à lui qu'elle devait leur nouveau poste, rue du Château-d'Eau, dans le Xe arrondissement, non loin des boulevards et de la place du même nom [1].

1. Actuelle place de la République.

La directrice du collège, Mme Vollier, avait l'âge de sa grand-mère Marguerite. Elle portait avec élégance une robe de barège rayée, à tournure, qui lui donnait l'aspect d'une pouliche, coiffait en pâtisson un visage rond, sans rides, fardé de rouge géranium, et se parfumait au patchouli.

Elle se prit d'emblée de sympathie pour cette nouvelle sous-maîtresse que lui envoyait son ami, M. Fayet.

— Je ne pouvais plus tenir seule ce collège, dit-elle, et mon autorité sur mes élèves s'en serait ressentie. Je tiens à vous dire que je ne dirige ni une prison ni un couvent. Après les classes, vous serez libres, vous et votre amie. Cependant toute visite masculine vous sera interdite et je tiens qu'à l'extérieur vous ne donniez pas une mauvaise image de notre maison. Vous devrez, cela va sans dire, renoncer à vos méthodes d'éducation habituelles, dont M. Fayet m'a informée. Il vous serait difficile de trouver dans Paris de quoi observer la faune et la flore de nos campagnes…

Une pièce de modestes dimensions, située à l'étage, fut affectée à Louise. Rien n'y manquait, pas même la cuvette destinée aux ablutions intimes, « en crapaud » ; la fenêtre ouvrait sur un jardinet à véranda, un bassin d'eau glauque habité par trois carpes rouges ; la rumeur des boulevards ne parvenait que par bouffées discrètes. Elle acheta pour quelques sous, chez un brocanteur, des étagères pour ses livres et une petite vitrine pour ses souvenirs de Vroncourt : le portrait à la sanguine qu'elle avait fait de sa mère, un présentoir pour les silex taillés, un squelette de chat et un petit herbier.

Pour la provinciale qu'elle était, habituée à un confort des plus sommaires, ce logis, s'il n'était pas un palais, suffirait à ses ambitions : transmettre son savoir et lutter contre l'Empire.

L'Empire était à son apogée.

Le traité de Paris venait de mettre un terme à la guerre de Crimée qui avait fait près de cent mille victimes et portait Bonaparte au pinacle. La naissance du prince impérial lui accordait la faveur du peuple et assurait la pérennité du règne. Un artiste,

Winterhalter, venait de peindre l'impératrice couronnée de fleurs sur fond de verdure, entourée d'un parterre de dames vaporeuses : un portrait qui faisait se pâmer la capitale. La Russie à genoux après les sanglants combats de Crimée, les armées de France et d'Angleterre s'apprêtaient à traîner leurs canons vers des contrées plus lointaines, d'Afrique et d'Asie, pour asseoir la domination occidentale sur des hécatombes d'indigènes plus ou moins sauvages. La petite France rêvait d'un Empire colonial ; l'Empereur allait lui faire ce cadeau. M. de Lesseps dressait les plans du canal de Suez. Grosse de ses victoires, la France prenait du ventre.

Julie Longchamp arriva à Paris peu avant l'ouverture de l'année scolaire.

— Ma petite, lui dit Louise, finies les vacances ! Il va falloir te remuer. Le moment est venu de proclamer, comme Rastignac : *À nous deux, Paris !*

Elle l'aida à compléter le mobilier de sa chambre, attenante à la sienne, lui fit effectuer des promenades initiatiques, lui révéla les meilleurs cafés et les restaurants les plus avantageux des boulevards.

— Il faudra te méfier, dit-elle. Il y a un loup dans la bergerie. Je veux parler du fils de la directrice, Octave. En apparence, tout miel et tout sucre, un bon toutou soumis à sa mémère. Mais gare ! à la première occasion, ce jean-jean te mettra la main sous la jupe. Si tu cèdes à ses avances, la maman en sera informée, et tu risqueras de te retrouver à la rue.

— Il t'a déjà agressée ?

— Agressée n'est pas le mot juste. Il opère en douceur, à petits pas, cherche à t'endormir par des confidences sur sa solitude, sa vocation artistique qui n'est qu'invention, sa quête de l'âme sœur… S'il ne constate pas de réticences, il pousse plus loin son avantage, hasarde une prospection dans la lingerie intime. Moi, j'ai flairé le piège. Il n'a pas insisté, après que je l'eus rabroué. Il est vrai qu'avec ma tête l'idylle aurait été brève.

— En as-tu parlé à sa mère ?

— Je m'en suis bien gardée ! Cela aurait causé un scandale

dont j'aurais été seule à subir les conséquences. J'ai simplement fait comprendre à M. Octave qu'il perdait son temps. Il n'a pas insisté.

Octave n'avait rien d'un don Juan : la quarantaine passée, une élégance frelatée, des cheveux plats graissés de pommade orientale, un cou de dindon flottant dans le col de sa chemise…

À peine Julie eut-elle posé son bagage, il tourna autour d'elle en roucoulant sa chanson, dans le salon envahi de plantes vertes jouxtant le cabinet de travail de Mme Vollier. Il l'invita à fumer sa première cigarette, lui offrit du porto, s'ouvrit à elle avec une nonchalance étudiée.

— Louise, dit Julie, tu t'es montrée trop sévère avec M. Octave. Moi, je le trouve à mon goût. Il m'a invitée au restaurant, et…

— Nous y voilà ! s'écria Louise. La manœuvre de séduction a produit son effet. Petite dinde ! Tu as un pied dans le piège. Un faux pas et tu es perdue…

Mme Vollier insista pour que ses sous-maîtresses adoptent la même tenue : robe sombre tombant à mi-mollets, bottines lacées, pas d'autre bijou qu'une simple croix en sautoir. De même taille, elles ne différaient guère que par le visage : maigre et ingrat chez Louise, poupin et gracieux chez Julie. Des parents les prenaient pour deux sœurs et les appelaient les « demoiselles Vollier ».

Cours terminés et copies corrigées, elles allaient flâner sur les boulevards où, avec la tombée du jour, la circulation se faisait intense. Lorsque le temps le permettait, elles s'attablaient à la terrasse d'un café pour siroter une orangeade. Des loustics, la casquette sur l'oreille, sifflaient en les regardant ; de vieux marcheurs portant une fleur à la boutonnière les saluaient et leur faisaient un brin de conduite. L'air de cette fin d'été sentait le crottin, l'égout et la verdure fatiguée. Des mouvements s'opéraient dans la clientèle masculine lorsque des cocottes fardées à outrance promenaient leur robe à tournure entre les tables.

— Des prostituées…, dit Louise. Les boulevards sont leur terrain de chasse. On les appelle des lorettes, des biches, des pierreuses, des filles de noces, et j'en passe ! C'est dans ce milieu que finissent beaucoup de filles de la province. Elles se laissent embobiner par un beau parleur qui les abandonne après quelques coucheries.

— Je sais à quoi tu fais allusion, dit Julie, mais je saurai me garder. Je suis moins naïve et plus forte que tu ne crois.

Le bruit courait à Vroncourt que cette pauvre Louise menait à Paris une vie de bohème, dépensait plus qu'elle ne gagnait et fréquentait les mauvais lieux. Dans les lettres qu'elle dictait à une voisine, sa mère lui rapportait ces ragots de village, ajoutant qu'elle n'en croyait rien.

L'année scolaire achevée, Mme Vollier, satisfaite de ses sous-maîtresses, leur proposa une association. Elles n'eurent garde de refuser. Ce n'était pas le pactole mais l'assurance de survivre aux tourmentes sociales et politiques qui agitaient le peuple, derrière le paravent spécieux du régime impérial.

Moins crédule que ne le pensait Louise, Julie n'était pas tombée dans le piège que lui tendait M. Octave ; c'est lui qui s'y trouva pris. Devenu amoureux fou de la sous-maîtresse, il faillit se laisser conduire par le bout du nez, avec la bénédiction de Mme Vollier, devant le maire et le curé. Julie, prudente, ne lui avait accordé que quelques privautés sans conséquence. Elle n'avait pas tardé à deviner le fruit sec sous la gousse prometteuse et l'avait évincé.

Louise s'intéressait autant à la personnalité de ses élèves qu'à leurs performances. Elle avait adopté une curieuse méthode d'appréciation, en fonction de leur physique, et les notait sur un registre :

Les filles de haute taille : Léonie, Aline, Léopoldine... Les blondes : deux au large front, aux yeux d'un bleu d'acier : Héloïse et Gabrielle... Un groupe aux yeux noirs : Alphonsine et les deux sœurs L...

Son registre scolaire prenait l'aspect d'un répertoire de portraitiste. Cette classification insolite avait son utilité : elle lui permettait de s'y retrouver dans ce troupeau d'oies blanches qui entonnaient avec ardeur les louanges de l'Empereur et de son épouse dans le *Domine salvum fac Napoleonem.*

Louise se décida à faire venir sa mère à Paris. Elle l'attendait à la gare Saint-Lazare et la rassura : elle n'avait rien à redouter du remue-ménage infernal de la capitale. Marianne s'affola lorsque sa fille, ayant retenu un fiacre, lui fit parcourir les rues populeuses et les boulevards ; elle gémissait lorsque le cheval prenait le trot, s'indignait lorsque des garnements les apostrophaient ou que des cochers échangeaient des insultes...

— Comment peux-tu vivre dans cet enfer ? dit-elle à Louise. Je ne resterai pas longtemps, crois-moi !

— Ne soyez pas effrayée, mère ! C'est ce que j'ai moi-même ressenti en débarquant à Paris, lorsque j'étais en vacances à Lagny. Et vous voyez, je me suis habituée...

Elle s'étonnait que sa fille n'eût pas songé à se marier, alors que des hommes la saluaient comme s'ils la connaissaient, l'invitaient à s'asseoir et à prendre un verre. Louise haussait les épaules.

— Mère, je vous l'ai dit souvent : je ne me marierai jamais. Quel homme voudrait de la pomme de canne que je suis ? Quelques-uns des hommes qui me saluent sont des connaissances, mais il n'est venu à l'esprit d'aucun d'entre eux de me demander en mariage. J'aurais d'ailleurs refusé. Ma liberté m'est précieuse : c'est mon seul luxe. Je ne deviendrai jamais l'esclave d'un césar, le potage d'un homme...

— Le potage d'un homme ? Ça veut dire quoi, ce charabia ?

— Ça veut dire, mère, que je ne veux pas être servie chaque soir à un mari, comme son potage.

— Et moi qui économisais pour te constituer une dot ! J'avais même songé – tu vas rire ! – que tu pourrais, une fois mariée et à condition que ton mari ait des sous, acheter le château et t'y installer. La vie aurait pu reprendre comme avant...

— Cessez de rêver, mère, et gardez vos économies pour vous. Je gagne moins qu'une cuisinière mais ça me suffit. Quant à me marier, il faudrait que j'éprouve de l'amour pour un homme et que cet amour prime sur mon travail et mes idées, ce que je ne puis envisager. Mère, le mariage sans amour, c'est de la prostitution.

Avant que la voiture ne s'engageât dans la rue où se situait le collège, Louise fit arrêter le cocher place du Château-d'Eau, devant le café où elle allait parfois, sans sa compagne, assister à des réunions de jeunes révolutionnaires, qui se tenaient dans une arrière-salle. Elles s'attablèrent à la terrasse ombragée d'un platane envahi par une colonie de pigeons. Louise commanda un bock pour elle et une limonade pour sa mère. La chaleur amorçait sa décrue ; le ciel fondait comme du métal dans un bleu barbouillé de gris par les fumées des conserveries et des restaurants, qui faisaient une sorte de brume au-dessus des toits.

Le garçon venait de la servir quand Louise posa sa main sur le bras de sa mère et lui glissa à l'oreille :

— Mère, voyez-vous ce garçon qui vient d'arriver, celui qui porte une casquette au ras des yeux et un foulard rouge autour du cou ? Je le connais bien. Ce n'est encore qu'un gamin, mais déjà intéressé par la politique, et qui partage mes idées. Il s'appelle Théophile Ferré. La jeune fille qui l'accompagne est sa sœur : Marie. Je m'entends très bien avec elle aussi.

— Le pauvre garçon… Il est laid comme un pou !

— Sur ce plan-là aussi, nous nous ressemblons.

Louise expliqua qu'elle avait connu Ferré l'année précédente, chez la romancière George Sand, qui souhaitait trouver une préceptrice pour sa fille, Solange. Sollicitée, Louise avait hésité puis renoncé, consciente, malgré la perspective alléchante de vivre dans l'ambiance de l'intelligentsia parisienne, qu'elle ne pouvait réserver son savoir à une seule personne, mais devait en faire don à ses élèves.

— Tu as bien fait ! approuva Marianne. J'ai appris des choses sur cette femme et la mauvaise vie qu'elle mène. Elle manque de religion. On dit même que c'est une socialiste, mais je ne sais pas ce que ça veut dire.

Le seul souvenir agréable que Louise eût ramené de cette soirée chez l'écrivain était la présence de Ferré, ses saillies pertinentes contre la société bourgeoise, l'Église, le régime. Ces opinions, qu'il exposait sans prudence, en toutes circonstances, avaient attiré sur lui l'attention de la Préfecture de police : elle le faisait suivre et surveiller par ses argousins.

Ferré n'avait rien, quant au physique, du révolutionnaire Saint-Just, auquel on le comparait : il était de petite taille, doté d'un nez qui partait de traviole, d'yeux en boutons de bottine, d'une voix qui, dans ses colères, pouvait accéder au contre-*ut*. On l'appelait « le Polichinelle », un sobriquet qu'il acceptait volontiers, peu soucieux qu'il était de son apparence. Il travaillait comme saute-ruisseau dans une étude de notaire, mais, à ses moments de loisir, cet adolescent ambitieux fréquentait les salles de rédaction de feuilles d'opposition et les clubs clandestins, plus que ses collègues de travail.

À peine les avait-on présentés l'un à l'autre, Louise s'était dit que ce garçon allait prendre dans sa vie une place qu'il lui faudrait voler à Julie. Ils s'étaient revus en diverses occasions pour communier dans la même haine du régime impérial.

— Au moins, dit Marianne, j'espère que tu n'as pas, avec ce garçon, des rapports… je veux dire…

— Rassurez-vous, mère. Il est vrai que j'aime ce garçon, mais il a déjà une maîtresse : la révolution.

L'association contractée entre Mme Vollier et ses deux sous-maîtresses n'avait pas tardé à voler en éclats.

Débarrassée de M. Octave et en possession d'un héritage qui arrangeait bien ses affaires, Julie Longchamp avait choisi d'aller installer un externat pour son propre compte dans un quartier populaire proche du faubourg Saint-Antoine. Elle abandonnait sa part à ses deux associées et gardait son amitié intacte pour sa compagne.

Louise avait dû se résoudre, afin d'avoir sa mère auprès d'elle, à déménager du collège pour se replier sur un logement moins exigu, situé à proximité.

L'envie la hantait de temps à autre de retourner à Vroncourt pour y prendre quelques jours de repos, la petite demeure du bas de la côte, proche du cimetière et de l'église, étant inoccupée depuis le départ de Marianne. Son travail au collège l'accablait ; après sa journée de classe, elle donnait des cours du soir, piano et chant. Les journées étaient longues, pénibles et, le plus souvent, elle ne retournait à son domicile que pour s'allonger et dormir. Lorsque sa mère la pressait de prendre du repos, Louise lui répondait :

— Ce n'est pas possible, mère. Il faut que je me contente des dimanches, des jours fériés et de mes vacances ordinaires. Prendre davantage de repos serait risquer de perdre les élèves des leçons particulières, et nous ne pouvons nous le permettre : nous joignons à peine les deux bouts...

— Puisque nous sommes dans la gêne, cesse d'acheter des

livres ! Tu en rapportes chaque jour ou presque ! Quand prends-tu le temps de lire tout ça ? Pas durant les récréations… Je t'ai observée : tu joues avec les élèves comme une gamine !

Une fois ou deux par semaine, Louise passait la Seine et se rendait au Quartier latin, rue Hautefeuille, pour suivre les cours d'instruction populaire donnés par un avocat républicain, le député Jules Favre, que l'on disait raide et pompeux, mais qui tenait à son public un langage efficace. Elle fréquentait de même l'école professionnelle gratuite de la rue Thévenot, proche de son domicile ; elle y donnait des cours, fraternisait avec des adeptes des droits de la femme. C'est dans cette officine semi-clandestine qu'elle rencontra des femmes qui allaient prendre une large place dans sa vie : Mme Léo, femme de lettres qui militait dans la Libre Pensée et avait choisi de masculiniser son prénom en André ; Maria Deraismes, épouse du député Jules Simon qui avait refusé de prêter serment à l'Empire et avait pris au Parlement la tête de l'opposition… Elle avait trouvé dans ce milieu d'intellectuels et de politiques l'occasion de développer sa révolte féministe et sa haine de l'Empire.

C'est Théophile Ferré qui l'avait entraînée rue Hautefeuille où il prenait des cours de sténographie. Ils devinrent très vite les meilleurs amis du monde. Louise l'entretint de l'ouvrage qu'elle composait sur les soins à apporter aux enfants anormaux, sous le titre : *Lueurs dans l'ombre : plus d'idiots ni de fous*. Il lui fit part de la haine qu'il manifestait à Bonaparte, « l'Homme du 2 décembre », date de son coup d'État ; il évoqua les groupes clandestins qu'il fréquentait. Louise lui parla de sa passion pour Hugo ; il fit la moue, répondit :

— Hugo a du talent, certains disent même du génie et, de plus, il a eu une attitude courageuse, quoique un peu théâtrale. Je crois à la sincérité de ses convictions républicaines, mais il faudra le voir à l'œuvre, lorsque le régime aura fait son temps et qu'il descendra de son rocher de Guernesey. Il a écrit *Les Châtiments*, certes, et c'est un beau livre, mais à sa gloire plus qu'à celle de la révolution…

— Tu es trop sévère, Ferré. Je ne cesserai de le défendre dans mes poèmes.

— Tes poèmes ? J'aimerais les lire.

— J'en porte un dans mon sac. Je comptais le terminer ce soir, au café. Tiens, le voici…

Il déplia le feuillet qu'elle lui tendait et lut à mi-voix :

Entendez vous tonner l'airain
Arrière celui qui balance
Le lâche trahira demain
Sur les monts et sur la falaise
Allons semant la liberté…

— Bien…, fit-il. Costaud… La suite… ben, je peux pas la lire. Du gribouillage ! Qui t'a appris l'écriture ? Où sont les majuscules, la ponctuation ? Perdues en route… Tu vas envoyer ce poème à Hugo tel qu'il est ?

— Oui, comme tous les précédents.

— Eh bien, tu as intérêt à le relire et à le réécrire.

— Je ne le fais jamais. Il lira et il répondra. Il le fait toujours.

Louise ne se contenta pas d'envoyer ce poème, qu'elle intitula *La Marseillaise noire*, à l'exilé de Guernesey : elle le glissa dans la boîte aux lettres du guichet de l'Échelle, à l'intention de « Madame Bonaparte ».

Un soir, elle parla à Ferré de l'opéra auquel elle s'attachait depuis des années : *Rêves de sabbats*. Elle en chantait des morceaux en s'accompagnant au piano de Mme Vollier, s'enivrait de son propre lyrisme, des rumeurs d'imprécations et de batailles.

Alors qu'elle venait, à une soirée, d'interpréter quelques récitatifs devant une assemblée de dames, parentes d'élèves, l'une d'elles lui dit :

— Ce que vous appelez un opéra est une *monstruosité* ! Ne prenez pas ce qualificatif en mauvaise part. Je veux dire qu'il faudrait, pour le représenter, le théâtre de Delphes, une baie du Nouveau Monde, et un millier d'exécutants et d'artistes ! Tant que vous ne serez pas riche et connue, aucun mécène ne s'intéressera à votre œuvre…

— Je n'ai pas une telle prétention, madame. Je n'ai écrit cet opéra que pour l'instruction de mes élèves et de mes amis. Ce n'est rien d'autre qu'un rêve jeté sur le papier.

— Et votre cœur, mademoiselle, à qui le jetterez-vous ?

— À la révolution, madame. L'opéra, c'est dans la rue qu'il se jouera…

Louise était possédée de ce qu'elle appelait la « rage de savoir ».

Pour rien au monde elle n'eût renoncé aux séances des cours du soir où elle rencontrait des gens de sa condition et de ses opinions. Elle pouvait prendre la parole et ne s'en privait pas. Elle retrouvait dans ces réunions une ambiance détendue, joyeuse sans cesser d'être laborieuse. Elle s'y passionna pour une nouvelle méthode de notation musicale, dite de Danel, qui consistait à substituer aux notes des lettres en se passant de la portée.

Ces soirées se terminaient souvent fort tard. Comme on ne trouvait plus d'omnibus à cette heure-là et que les fiacres coûtaient cher, elle revenait à pied, le plus souvent seule, au risque de se faire aborder par un marcheur de la nuit. L'un d'eux lui avait emboîté le pas en lui glissant à l'oreille des propositions grivoises. Elle lui avait fait face hardiment et avait pris sa plus grosse voix pour lui lancer la gamme de Danel. Il avait dû la prendre pour une folle car il s'était fondu dans la nuit.

Mme Vollier la sermonnait :

— Ma petite Louise, vous êtes imprudente de rentrer si tard, et seule. Il y a tant de rôdeurs dans Paris.

— Il m'arrive en effet d'être suivie, madame, mais il suffit que je me retourne pour décourager mon suiveur. C'est l'avantage d'être laide…

La santé de Mme Vollier déclinait à vue d'œil. Malade du cœur depuis des années, elle peinait pour monter les étages et faire ses courses. Le médecin avait beau lui demander de prendre du repos, elle s'y refusait. Un matin, au cours d'une leçon de mathématiques, elle s'affaissa sur son bureau et l'on ne put la ranimer. Louise, tout en procédant aux préparatifs des obsèques, gardait un œil sur M. Octave : il menaçait de se jeter dans la Seine, comme lorsque Julie l'avait abandonné.

À quelques jours des obsèques, Louise dit à Ferré :

— J'étais heureuse dans ce collège. Si heureuse que je sentais bien que cela ne durerait pas. Mme Vollier était pour moi comme une seconde mère, plus compréhensive que la première. Jamais nous n'avons eu à nous plaindre l'une de l'autre. Jamais elle ne m'a reproché mes fréquentations. L'eût-elle fait, je l'aurais quittée. Ferré, j'ai perdu à la fois une mère et une amie.

— Que vas-tu devenir ?

D'autres postes lui étaient ouverts, mais elle hésitait.

— J'ai pensé à Montmartre. Dans ce grand village, l'air est meilleur qu'à Paris. Ma mère s'y plairait sûrement, car ça sent la campagne. Pourtant… pourtant j'hésite encore. Toi, moi, nos amis, nous nous verrions moins souvent.

— Montmartre n'est pas le bout du monde, Louise, et tu t'y feras de nouveaux amis.

— Tu viendrais me rejoindre ? souvent ? Ensemble, nous pourrions tâcher de réussir là où Orsini a échoué.

Il lui fit répéter cette dernière phrase. Elle ajouta :

— Cet attentat a été mal préparé. À nous deux, bien que tu sois un peu jeune, nous y parviendrions. Ça n'a pas l'air de te tenter, on dirait… Oui ou non, veux-tu en finir avec ce régime tyrannique ? Qu'en dis-tu ?

— Je dis que, si tu parles sérieusement, tu es encore plus folle que je ne pensais. Oublie ce projet absurde !

— Réfléchis, Ferré. Ce n'est pas dans la foule qu'il fallait assassiner l'Empereur, mais sur les marches de l'Opéra, par exemple, ou lorsqu'il sort des Tuileries pour une promenade. Je pourrais l'approcher avec un revolver, sans attirer l'attention. On se méfie moins d'une femme…

— Je te répète que c'est une folie et qu'il faut te hâter de l'oublier. Si tu persistes, nous devrons renoncer à nous voir. Il y a d'autres méthodes pour abattre le régime. Peut-être, d'ailleurs, tombera-t-il de lui-même, comme un fruit pourri tombe de l'arbre.

Il lui rappela que, lors de l'attentat d'Orsini, il n'était pas loin, au milieu de la foule, bien qu'il ne fût encore qu'un gamin.

— Nous n'étions pas là, mes amis et moi, pour ovationner Badinguet et sa Badinguette, mais pour chanter notre chanson. La panique qui a suivi l'éclatement de la bombe, je ne te dis pas ! Certains criaient au miracle en apprenant que Leurs Majestés impériales étaient sauves.

À peine la nouvelle s'était-elle répandue, la foule arrivait de toutes parts, se pressait autour du carrosse dont on remplaçait les chevaux tués ou blessés. Le cortège s'était reformé sous les ovations. Non seulement l'Empire sortait indemne de cet attentat, mais il en était conforté.

Felice Orsini, patriote italien, n'avait rien d'un bandit calabrais : par sa tenue, sa dignité, sa résignation, il avait fait impression devant le tribunal. Sûr d'être condamné à mort, il avait avoué qu'il ne regrettait qu'une chose : avoir manqué son coup.

En escaladant les marches de l'échafaud, imperturbable, en compagnie de l'un de ses complices, Pieri, il s'était écrié : « Vive l'Italie ! Vive la France ! »

— Il faudra maîtriser tes ardeurs régicides, dit Ferré. Trop d'ambition tue l'ambition. Celle-ci nous dépasse.

Il l'attira contre lui, embrassa ses lèvres et lui dit :

— Viens, ma Louise, nous avons soif tous les deux. Une absinthe nous fera du bien.

— Je me demande, dit-elle, ce que Hugo aurait pensé de mon projet.

— Il aurait dit qu'il avait perdu assez de temps avec une folle.

Hugo ne lui avait pas écrit depuis quelques mois, mais elle savait qu'il ne l'avait pas oubliée.

4

L'ODEUR DE LA MISÈRE

Louise n'avait fait que se rapprocher de Montmartre, où elle n'avait pu trouver un local assez vaste pour un externat. Celui qu'elle avait découvert rue Houdon, dans le quartier des Abbesses, au pied de la Butte, lui convenait : c'était un lieu de pauvreté ; on y respirait la misère, et c'est ce qui l'avait attirée : elle allait pouvoir se donner aux autres.

Quelques semaines après son installation, elle connaissait toutes les familles du quartier, et toutes la connaissaient. On lui envoya des élèves. Elle en eut trois, puis dix, puis cent, puis davantage encore, au point qu'elle dut s'adjoindre le service d'une sous-maîtresse originaire des hauteurs de Montmartre : Malvina Poulain, une adolescente maigrichonne, vive comme un lézard, intelligente et dévouée.

Ferré la rabrouait :

— À cette cadence, tu ne tiendras pas longtemps ! Enseigner, même à deux, pour plus de cent élèves, c'est de la démence. Regarde-toi ! Un sac d'os... Et ta tête ? Tu l'as vue, ta tête ?

— J'évite de la regarder, tu le sais. Autre chose à faire que veiller à ma santé et aux apparences. Toute cette misère autour de moi... C'est insupportable. Alors, ma gueule, je m'en fous, et les ménagères que je vais visiter pour leur porter du pain s'en foutent aussi.

Elle avait pourtant consenti, à la requête de Julie Longchamp, à se faire tirer le portrait par le photographe de la rue des Martyrs, et à le lui envoyer. Ferré avait raison : elle n'était pas belle à voir, avec sa bouche taillée au couteau, son nez en bec de canne, ce front qui lui mangeait la moitié du visage, cette chevelure négligée…

Elle jeta la photo sur la table, devant sa mère.

— Un cheval habillé en femme ! s'écria-t-elle. Je ressemble à Biche !

Au dos de la photo, elle écrivit : *Hugo aurait pu me prendre comme modèle pour un des* comprachicos *de* L'Homme qui rit, *qu'il est en train d'écrire et dont il m'a parlé. Il s'agit de : « ces mômes dont on déforme le visage pour en faire des mendiants »…*

Certains hommes, curieusement, s'intéressaient à elle.

Un soir, alors qu'elle prenait le frais sur un banc du boulevard de Clichy, un livre sur les genoux, un jeune artilleur l'avait abordée et invitée à boire un verre au bistrot voisin. Il avait un physique agréable, mais était assez sot pour qu'elle jugeât plaisant de s'en divertir. Elle accepta son invitation, l'écouta en souriant derrière sa main lui dire qu'elle lui plaisait et qu'il souhaitait la revoir.

— Volontiers, lui dit-elle, mais à une condition : que vous m'aidiez à préparer un nouvel attentat contre l'Empereur. Votre concours me serait précieux pour la fabrication d'un engin explosif. Aidez-moi, et je suis à vous.

Il se leva, le rouge aux joues, régla l'addition et disparut.

De temps à autre, une fois ou deux par semaine, Ferré lui rendait visite à son externat. Il s'installait au fond de la classe, debout, adossé au mur, bras et jambes croisés, regardait, écoutait. À la récréation, ils s'asseyaient pour bavarder sur les marches de la courette. Ses amis regrettaient son absence à leurs assemblées où son élan, ses boutades, sa gaieté mettaient de l'animation.

— Je pense souvent à eux et à mes amis des Droits de la femme, mais je suis accablée de tâches diverses. La misère est ma compagne de tous les jours. Son odeur imprègne ma chambre à mon lever et ne me quitte pas. Tu pourrais la respirer sur ma robe…

— Malvina ?

— Elle m'aide de son mieux, mais cela ne suffit pas. La

misère, Ferré, c'est comme le tonneau des Danaïdes : l'eau s'évapore au fur et à mesure qu'on la verse.

Elle lui parla avec un accent de révolte de ces gosses qu'elle voyait arriver sans avoir pris la moindre nourriture, pieds nus dans leurs sabots, par tous les temps, et qui s'endormaient à leurs pupitres. Il fallait leur donner du pain, du lait qu'elle faisait chauffer sur le poêle, et, quand la caisse était vide, courir les familles aisées et les commerçants du quartier. Une tâche épuisante, chaque jour renouvelée, mais à laquelle elle n'eût renoncé pour rien au monde.

La plupart de ces enfants ne sortiraient jamais de leur ignorance ; ils ne suivaient la classe de Louise, ou, pour les plus petits, celle de Malvina, que parce que les parents trouvaient ainsi l'occasion de se débarrasser de leur présence et parce qu'ils étaient certains de ne pas les voir revenir le ventre vide. Ils apprenaient tout au plus à lire et à écrire mais la plupart ne poussaient guère plus loin leur scolarité.

Certains, par contre, lui donnaient satisfaction, comme cette gamine, la petite Valadon, douée pour le dessin et que Louise encourageait de son mieux.

— C'est la galère, Ferré, la galère ! Je pourrais tout planter là, trouver un petit externat dans ma province, comme le souhaite ma mère, mais la misère me colle à la peau. Abandonner serait trahir. Et l'argent, Ferré, l'argent… La plupart des familles n'ont pas de quoi payer leur mensualité, pourtant des plus modestes. Quand je tape dans les économies de ma mère, elle ne proteste pas car elle a un cœur d'or et qu'elle se priverait elle-même de manger pour donner aux pauvres.

— Et pendant ce temps, dit Ferré, on fait la fête aux Tuileries, Badinguet joue à la guerre en Italie, en Afrique, en Chine, comme s'il ambitionnait l'empire de la planète ! Il dépense des millions pour ses expositions, ses réceptions, les travaux du baron Haussmann, ce vandale qui détruit les vieux quartiers pour donner aux bourgeois des logements luxueux sur de grandes avenues, en se foutant du sort des malheureux chassés de leurs taudis. Et cette affaire du Mexique, Louise : elle a de quoi faire valser Badinguet et son gouvernement de bandits !

Le sang avait coulé de nouveau au Mexique : pas celui des guérilleros du président Juarez, mais celui de l'empereur Maximilien, ci-devant archiduc d'Autriche, frère de François-Joseph.

Qu'allait faire dans cette galère ce brave garçon qui n'aurait jamais dû quitter ses palais et ses châteaux pour une aventure aussi absurde ?

Quelques années auparavant, le président Juarez avait reçu la visite d'un banquier suisse qui lui avait présenté la facture des créances que sa banque lui avait consenties ; il s'était heurté à un refus : les caisses du gouvernement étaient vides.

Sur le navire qui le ramenait en Europe, le banquier avait conçu un plan susceptible de le dédommager : proposer au duc de Morny, demi-frère de l'Empereur, de l'aider à recouvrer le montant de cette dette, moyennant une commission. Morny, qui menait grand train, vit là une source de profit et parvint à convaincre Napoléon d'intervenir militairement. L'Empereur prit le temps de la réflexion et comprit l'intérêt d'une telle intervention : ses armées présentes au Mexique feraient pièce aux ambitions des États-Unis, engagés dans un conflit commercial avec l'Europe. Un empire catholique opposé à une république protestante, de nouveaux débouchés économiques… Il y avait de quoi rêver.

Juarez était condamné.

L'Empereur n'envoya au Mexique, dans un premier temps, qu'un contingent de modeste importance, mais qui suffirait pour semer l'épouvante dans ces bandes d'Indiens et de métis, d'autant que les Anglais et les Espagnols joignaient aux siens quelques régiments.

Lorsque ces alliés comprirent que l'affaire n'était pas aussi simple qu'on le leur avait démontré, il retirèrent leurs troupes et laissèrent les Français seuls dans le piège. Nouvel envoi de troupes impériales : trente mille hommes. Elles allèrent de victoire en victoire. Le général Bazaine occupa Mexico et Juarez prit la fuite.

Restait à trouver un souverain pour cet immense empire. Le

choix se porta sur l'archiduc Maximilien ; il émit, quant à la légitimité de cette prise de possession, des réserves que l'on se hâta de dissiper. Parti en compagnie de son épouse, il tenta, sans argent et sans armée, Napoléon ayant lui-même retiré ses troupes, de tenir tête à l'insurrection qui venait battre les murs de son palais.

Après trois ans d'un règne précaire, assumé sans conviction, le pauvre Maximilien tomba aux mains de « rebelles » qui lui organisèrent une inoubliable exécution. Il mourut, le 19 juin 1867, en criant : « Vive l'indépendance ! », la seule parole sensée qui fût sortie de ses lèvres.

La salve qui avait mis fin au règne de Maximilien retentit jusqu'à Paris et ébranla le trône impérial : cette campagne avait coûté sept mille morts et des millions de francs, en pure perte. On commença à juger dispendieuses les ambitions mondiales de Badinguet.

Au retour d'une visite de condoléances que l'Empereur rendit à son alger ego d'Autriche, il déclara à ses proches que « des points noirs assombrissaient l'horizon ».

Il attendait un orage ; ce fut une tornade.

Louise connut un hiver difficile.

Les récoltes de l'été précédent ayant été catastrophiques, le prix des denrées, du pain notamment, était monté en flèche. Pour nourrir ses oisillons qui venaient chaque matin bâiller du bec à sa porte, elle dut passer des heures, chaque jour, à battre le pavé et à mendier.

Attendre un secours du gouvernement eût été illusoire : il venait d'ouvrir une exposition internationale qui vit se pavaner sur le Champ-de-Mars le gotha des souverains d'Europe et du monde. Cette fête grandiose fut entachée d'un événement regrettable : un fanatique polonais tira un coup de revolver sur le tsar, mais la balle, traversant les naseaux d'un cheval, manqua sa cible.

Cet attentat ébranla l'Empereur, fatigué déjà par les coups de boutoir que lui assenait l'opposition républicaine, Adolphe Thiers en tête, et par une maladie de la pierre qui le mettait au supplice. Comble d'humiliation : les républicains du Parlement avaient lancé une souscription destinée à une statue du député Baudin, tué sur une barricade lors du coup d'État du 2 décembre ! Au procès qui s'ensuivit, le plaidoyer d'un jeune avocat, Gambetta, avait fait sensation : il stigmatisait le régime sans mettre de gants.

Les élections législatives de l'année suivante allaient ajouter au marasme de Badinguet : le succès de l'opposition prenait l'aspect d'une marée d'équinoxe...

C'est Théophile Ferré qui annonça à Louise le début de ce qu'on appelait l'« affaire Victor Noir ». Elle revenait, accompagnée de Malvina, d'une tournée des boulangeries, chargées comme des mules de sacs de pain rassis.

— Toi ? dit-elle. Quel bon vent t'amène ?

— Tu veux dire un mauvais vent. Tu n'as pas entendu parler de la mort de Victor Noir, le journaliste de *La Marseillaise* ? Pourtant tout Paris est au courant.

— Eh bien, pas moi ! J'ai autre chose à faire, figure-toi ! Des dizaines de bouches à nourrir, tu le sais. Porte le sac de Malvina. La pauvrette est à bout de forces.

Elle les précéda dans le cagibi qui servait à la fois de cuisine et d'infirmerie, tendit un couteau à Ferré.

— Commence à faire les tranches ! Minces, mais pas trop. Il en faut pour tous. C'est du pain de la veille, mais, trempé dans du lait, il est très apprécié de mes petits gastronomes. Alors, tu disais... Cette histoire, c'est quoi ?

— Victor Noir a été assassiné par le prince Bonaparte, cousin de l'Empereur, celui qui déclarait récemment qu'il mettrait au soleil les tripes des républicains. Noir s'est présenté à son domicile comme témoin pour un duel qui devait opposer le prince à un autre journaliste. Fou de rage, Bonaparte a tiré son revolver et a fait feu.

— Moins grosses, les tranches, Ferré ! Et alors ?

— Tu imagines le scandale ! Un assassin dans la famille impériale... Déjà que l'ambiance des Tuileries n'était pas au beau fixe... Il y aura du monde aux obsèques de ce pauvre bougre. J'y serai, évidemment. Je connaissais bien la victime : un brave type qui n'aurait pas souhaité une telle publicité. Viendras-tu ?

— Difficile... Je pourrai confier ma classe à Malvina qui se débrouille bien, et ma mère s'occupera des petits.

— Alors sois demain à Auteuil, vers dix heures. Nous nous retrouverons à l'auberge où nous avons dîné l'hiver dernier. La maison où repose Victor Noir est à deux pas...

Louise s'habilla comme pour une manifestation. Elle revêtit les vêtements masculins qu'elle prenait pour jardiner, coiffa une casquette et plaça dans sa ceinture le poignard qu'elle gardait en souvenir de M. Demahis. Elle dit à Malvina :

— Ma mère va s'inquiéter de mon absence. Quand elle descendra de sa chambre, tu lui diras que j'assiste à une réunion administrative à la mairie.

Elle prit l'omnibus pour Auteuil, retrouva Ferré à l'endroit indiqué, au milieu d'une foule bruyante et exaltée.

Pour se rendre auprès de la victime, ils durent jouer des coudes car l'affluence se faisait plus dense de minute en minute. La chambre mortuaire, où s'entassaient des gerbes d'œillets rouges, baignait dans une pénombre froide. Des femmes pleuraient en posant la main sur la dépouille de ce colosse aux traits délicats dont on avait écarté la chemise pour montrer la plaie au niveau du cœur.

Au sortir de la maison mortuaire, Ferré présenta Louise à quelques amis, parmi lesquels le député républicain et polémiste Henri Rochefort, ci-devant marquis de Rochefort-Luçay, qui dirigeait un journal d'opposition virulent : *La Lanterne*. Ferré était accompagné de sa sœur, Marie, une jeune femme qui semblait émerger de l'adolescence, avec son regard angélique et son opulente chevelure blonde.

— Vous ne vous connaissez, dit-il, que par ce que je vous ai dit de l'une et de l'autre. Marie est plus qu'une sœur pour moi : une amie, et toi, Louise, tu es plus qu'une amie : une sœur.

« Plus qu'une amie, une sœur... », se répéta Louise. Elle se souvenait de ce qu'elle avait confié un jour à Julie Longchamp : qu'elle lui céderait à la première tentative. Il ne s'en prendrait pas à une sœur...

— Nous nous reverrons, dit Marie.
— Je le souhaite sincèrement, dit Louise.

L'écrivain et journaliste Jules Vallès avait déclaré dans son journal que ces funérailles seraient « terribles ». Elles s'annonçaient animées.

Des groupes affluaient de toutes parts. Des centaines de gens de Belleville arrivèrent en brandissant des drapeaux noirs ou rouges, insignes de l'anarchie et de la révolution. D'autres, descendus de Montmartre, scandaient des insultes contre la famille impériale. Ceux du quartier du Temple entonnaient des chants révolutionnaires. Certains lançaient des injures contre l'armée : ils venaient, aux Champs-Élysées, de se heurter à la troupe qui les avait dispersés.

— Nous sommes au moins cent mille ! s'écria Ferré à l'oreille de Louise. Le problème, c'est que les uns veulent conduire le cortège funèbre à Neuilly en traversant Paris, et d'autres directement au cimetière du Père-Lachaise.

Rochefort, debout sur le perron, s'égosillait pour faire comprendre à la foule qu'elle devait garder sa dignité et éviter, en traversant Paris, de provoquer des incidents. Certains l'approuvèrent ; d'autres le huèrent.

Louise avait très vite constaté qu'elle n'était pas la seule femme. Elles étaient nombreuses, aussi ardentes que les hommes à réclamer la justice pour ce meurtre et la déchéance de l'Empire. Elles s'étaient regroupées et, marchant en se tenant par les bras pour rejoindre le corbillard qui tentait de se frayer un chemin vers la maison mortuaire, entonnaient *La Marseillaise* et *La Badinguette*.

Depuis qu'elle avait élu domicile à Paris, Louise n'avait jamais assisté à un rassemblement d'une telle importance et à un tel déferlement de fureur populaire. Elle en ressentait une ivresse comparable à celle du vin, avec, ancré en elle, plus fort d'instant en instant, le sentiment qu'elle venait d'entrer dans le vif de l'action, pour une lutte qui ne s'achèverait pour elle qu'avec la mort. Elle se dit qu'elle devrait désormais faire une place encore plus large dans sa vie à l'action politique, s'y donner sans réserve, s'oublier en elle.

— Ne me quitte pas, dit-elle à Ferré. Mes jambes ne me supportent plus. J'éprouve comme un vertige et j'ai envie de pleurer.

— Eh bien, pleure, ma belle ! C'est la révolution qui fait son effet...

Il avait rejoint un groupe du vieux Delescluze, héros des révolutions de 1830 et de 1848, déporté puis rapatrié, de Louis Noir, frère de la victime, qui paraissait affolé par le tour que prenait la cérémonie, de Gustave Flourens, professeur revenu récemment de Grèce, où il s'était battu contre les Turcs... Ils faisaient face à plusieurs groupes excités, qui discutaillaient du lieu d'inhumation et du trajet qu'emprunterait le cortège funèbre. Louise leur lança :

— Allez-vous cesser de vous quereller ? Vous donnez une navrante image de division à l'assassin de Victor Noir. La femme que je suis vous conjure de vous taire, de laisser approcher le corbillard, et...

Le reste de son discours se perdit dans le tumulte. Autant, se dit-elle, prêcher à des fous ! La foule s'en prenait au cocher qui respectait la consigne : se rendre directement au Père-Lachaise. Alors que l'on évacuait le cercueil, des excités tranchaient les traits des chevaux pour s'atteler eux-mêmes au véhicule.

— Laissez-moi parler ! hurla Louise. Faites place au cortège !

Elle fendit la foule jusqu'au corbillard, et, bousculée, insultée, projetée contre une roue, faillit perdre connaissance. Elle se reprit vite, escalada la voiture et parvint à se hisser contre le cercueil qu'on venait d'y glisser, en s'écriant :

— Laissez partir le cortège ! Écartez-vous !

Sa voix se perdit dans le vacarme. Le désordre était tel que des hommes qui voulaient s'opposer au départ furent bousculés et piétinés par les chevaux qui se cabraient et hennissaient comme au cœur d'une bataille. Louise, perdant connaissance pour de bon, s'affaissa et dégringola de la voiture.

Quand elle revint à elle, Louise se trouvait dans un fiacre, entourée de Ferré, de Jules Vallès et de journalistes de *La*

Marseillaise. Ses premiers mots, en s'éveillant, furent pour demander qu'on lui procurât du pain et du vin. Vallès sauta de la voiture et lui rapporta ce qu'elle demandait. Elle n'avait rien mangé depuis la veille et ces émotions l'avaient brisée.

— Eh bien, dit Rochefort, tu nous a fait une belle peur, citoyenne ! Comment te sens-tu ?

— Beaucoup mieux, merci, dit-elle en attaquant un petit pain. Où sommes-nous et où allons-nous ?

— À bord d'un carrosse, plaisanta un journaliste, et nous allons accompagner Cendrillon jusqu'à son domicile. Nous arrivons à la barrière de l'Étoile, aux Champs-Élysées.

— Où a-t-on enterré Noir ?

— À Neuilly, comme on l'avait prévu, dit Ferré. Tout est rentré dans l'ordre.

— Je crains que non, ajouta Vallès. Regardez... On nous a préparé une réception.

Plusieurs escadrons de cavalerie, sabre au clair, chargés de surveiller le comportement de la foule refluant dans Paris, se tenaient de part et d'autre de l'avenue. Un commissaire de police en tenue s'avança au-devant du fiacre, força le cocher à s'arrêter et lui intima l'ordre de faire demi-tour. Ragaillardie par sa collation et quelques larges rasades du vin partagé avec Ferré, Louise se dressa et lança :

— Nous venons d'assister à un enterrement et nous revenons chez nous, comme de bons citoyens. Prétendez-vous nous l'interdire ?

Sur un signe du commissaire, roulement de tambour.

— Première sommation ! s'écria-t-il. Faites marche arrière !

— Nous sommes sans armes et bien décidés à rentrer chez nous ! protesta Louise.

Sur un autre geste du commissaire, second roulement et seconde sommation !

— Tout ce que vous pourrez me raconter, jeune homme, m'est indifférent, déclara le bonhomme. J'ai des consignes et je les respecte. Obéissez, sinon je vous fais sabrer.

— Je ne suis pas un homme, commissaire. Mon nom est Louise Michel.

— Elle est folle ! soupira Vallès.

— Plus encore que tu ne l'imagines, précisa Ferré.

— Soyez prudente, ajouta Rochefort. Cet argousin n'a pas l'air de plaisanter. Je vais tenter de le convaincre avec des arguments plus fiables.

Il descendit du fiacre dont le conducteur commençait à s'agiter, de crainte qu'on ne lui confisquât son gagne-pain. Il s'avança vers le commissaire, lui montra son insigne de député. Peine perdue : c'est à peine si le commissaire y jeta un œil. Il leva son bras pour lancer la troisième sommation, qui allait déclencher la charge.

— C'est un peu fort ! bougonna Rochefort. Vous aurez de mes nouvelles. Je ferai une intervention à la Chambre. Envoyer la cavalerie contre un fiacre… Mes collègues vont bien rire.

Tandis que la voiture, par l'avenue Friedland, se dirigeait vers les boulevards et la rue Houdon, Vallès, qui était d'une humeur noire, ronchonnait :

— Mes amis, il faut bien le reconnaître : nous avons raté cette journée ! Manque de plan, d'organisation, de discipline… La révolution à laquelle nous aspirons tous n'est pas pour demain. Nous avons montré notre incompétence, sinon notre ridicule.

— Ce n'est pas partie remise, dit Ferré. Les jours de l'Empire sont comptés. Il a une balle dans le corps, comme ce pauvre ami que nous venons de porter en terre.

Comme il se faisait tard et que la pluie avait commencé de tomber, Louise proposa à Ferré de rester souper et coucher. Il accepta. Elle lui servit à la chandelle ce que Marianne et Malvina avaient laissé de soupe, de jambon rance, de pain rassis et de vin : un repas de pauvre. Ils traînèrent dans la cuisine un matelas et un oreiller. Elle l'aida à se dévêtir ; il fit de même, avec des gestes hésitants. Elle se dit qu'il allait lui proposer de passer la nuit dans son lit, mais il n'en fit rien. À peine couché, il s'endormit d'un sommeil d'enfant qui a trop joué. Ce n'est qu'au matin, alors que le froid serrait, qu'il alla s'allonger près d'elle.

— Reste, dit Louise.

Il accepta, replongea dans son sommeil et s'éveilla brusquement, une heure plus tard.

— Pardonne-moi, dit-il, il faut que je parte. On m'attend à l'étude pour un acte important. J'ai pu disposer, non sans mal, de ma journée d'hier. Aujourd'hui, ça n'est pas possible…

En le regardant se rhabiller, elle se souvint de ce qu'il avait dit devant Marie : « Louise est pour moi plus qu'une amie : une sœur. »

Il s'était comporté comme un frère.

5

LES BATAILLES PERDUES

Vallès revint, l'indignation à fleur de peau, du procès intenté au prince Bonaparte. Il venait de comparaître devant la Haute Cour, réunie à Tours pour éviter des incidents, qui eussent été inévitables à Paris. Le prévenu avait été acquitté honteusement, alors que l'on avait jeté ce pauvre Rochefort dans une prison pour incitation au désordre.

Les lettres que l'écrivain-journaliste avait expédiées de Tours à son journal, *La Rue*, avaient fait sensation. Il s'attendait d'un moment à l'autre à une descente de police et à la destruction de ses presses.

À peine de retour à Paris, il prenait le chemin du Creusot où, depuis des semaines, une grève paralysait les fonderies Schneider. Ferré fit lire l'un de ses articles à Louise ; elle en fut bouleversée. Sous le titre : *Il neige au Creusot*, Vallès dévoilait la misère des familles ouvrières privées de subsistances, et dénonçait la présence de la troupe. Un passage lui fut particulièrement sensible : *J'ai vu une petite fille conduite par un gréviste qui portait une chemise blanche, blanche comme la neige qui tombe. Elle regarde le soldat qui piétine et demande à son père ce qu'il y a dans sa giberne pleine de balles...*

— Est-il concevable, dit-elle, qu'on laisse ces enfants mourir de faim et de froid sous la menace des armes ? C'est criminel !

— C'est certain, dit Ferré, mais, en même temps, ça montre la détermination des ouvriers à ne pas se laisser saigner à blanc. Ce

Schneider est l'ami et le complice de l'Empereur. Il y aura d'autres grèves, le sang coulera, mais, en fin de compte, la classe ouvrière aura gain de cause.

Cette grève inspira à Louise un article que Ferré fit paraître dans les feuilles auxquelles il collaborait de temps à autre. Le nom de Louise Michel commençait à être connu, comme ceux d'autres « révolutionnaires en jupons » : André Léo, Victorine Louvet, et la toute jeune secrétaire de Vallès, Caroline Rémy, qui signait d'un pseudonyme : Séverine.

Elle prenait de plus en plus sur son temps d'activité professionnelle pour assister aux réunions clandestines qui préparaient la révolution. Elle y apportait sa foi ardente d'humaniste, son éloquence vigoureuse, ses idées puisées dans la philosophie d'Auguste Blanqui, apôtre du socialisme, que l'on avait vu aux obsèques de Victor Noir, *debout*, disait Vallès, *comme au bord d'un volcan*.

Ce militantisme de moins en moins discret avait entraîné le retrait de quelques enfants issus de familles aisées, commerçantes la plupart, sur lesquelles elle pouvait le mieux compter pour les mensualités et les libéralités. En revanche, il lui en vint d'autres, qui lui manifestaient leur sympathie.

Sa mère prenait mal la chose. Elle lui disait :

— Ma petite, je te conseille de te calmer. Un jour ou l'autre, la police viendra te cueillir et tu te retrouveras à Sainte-Pélagie ou à Mazas, comme ton ami Rochefort ! Et alors, ton école, qui s'en occupera ? Et moi, qu'est-ce que je deviendrai ? Tu me vois à l'hospice des vieux ? Plutôt revenir à Vroncourt…

Persuadée qu'il y avait du vrai dans ce raisonnement, Louise se gardait de la heurter. Ses articles avaient attiré sur elle l'attention de la police impériale ; elle surprenait, de temps à autre, des personnages aux allures louches chargés de surveiller ses allées et venues. Les précautions qu'elle prenait étaient dérisoires : les argousins savaient tout d'elle et de ses fréquentations. Elle évoluait dans un réseau de plus en plus serré de surveillance et acceptait mal les contraintes que cela lui imposait.

Ferré la rassurait de son mieux :

— Tout ce que tu risques, c'est une interpellation, une

convocation au commissariat. La femme que tu es a moins à craindre que moi et tu es trop connue par tes articles pour qu'on se risque à t'incarcérer, ce qui déclencherait une émeute que je me chargerais d'organiser.

Au sortir des réunions, parfois en pleine campagne, il consentait à rester souper et coucher. Ils passaient souvent la nuit ensemble, à se réchauffer, à partager leurs convictions révolutionnaires, à dresser des plans sur la comète. Elle se prenait de plus en plus, pour ce « Polichinelle », d'une affection confinant à une passion qu'il ne semblait pas partager.

Loin de sonner le glas du régime impérial, le plébiscite de mai 1870 n'avait fait que le conforter, malgré l'état de santé de l'Empereur, qui se dégradait de jour en jour. En apprenant les résultats, il avait dit au prince impérial : « Mon enfant, tu es sacré par ce plébiscite. Nous pouvons envisager l'avenir sans crainte… »

L'avenir annonçait un nouveau conflit. Plus question d'aller se battre en Chine, en Afrique ou au Mexique : l'ennemi était à nos portes.

En Espagne, une révolution *gloriosa* avait chassé la reine Isabelle, que ses mœurs avaient rendue impopulaire. Abdiquant en faveur de son fils, elle avait trouvé son exil à Paris. En fait, le trône était vide. Pour sauvegarder la royauté, les Cortes avaient accepté la candidature d'un Hohenzollern : Léopold, parent du roi Guillaume de Prusse. Le gouvernement français regimba devant la perspective de voir se reconstituer l'empire de Charles Quint.

Alors que se déroulait cette affaire et que la fièvre gagnait les diplomates, l'Empereur se reposait au château de Saint-Cloud, dans le bel été d'Île-de-France. Une infection urinaire accompagnait la maladie de la pierre qui le torturait, et les remèdes à base d'opium l'affaiblissaient. Il avait renoncé à se faire opérer, en raison de son âge et de la débilité qui le gagnait.

Deux soucis le hantaient : les ambitions du royaume de Prusse et la perspective d'une unification de l'Allemagne morcelée. Si le roi Guillaume et son chancelier, Otto von Bismarck, parvenaient à leurs fins, la France se trouverait menacée par une puissance bien supérieure à la sienne et qui dicterait sa loi à l'Europe.

Il convenait, en premier lieu, d'obtenir un renoncement de Léopold au trône d'Espagne. En cas de refus, il faudrait laisser faire ou, en réagissant avec violence, se poser en agresseur. Guillaume refusa, avec fermeté mais courtoisie, à l'ambassadeur français Benedetti, de renoncer à ses ambitions. Dans une dépêche trafiquée habilement, Bismarck communiqua à la presse la teneur de cet entretien, de telle manière que l'ambassadeur parût avoir essuyé un affront. Expédiée de la ville balnéaire d'Ems, à la frontière des Pays-Bas, cette dépêche allait mettre le feu aux poudres, ce qui faisait l'affaire du chancelier, prêt pour la guerre et qui espérait bien s'y consacrer. À Paris, on parla du « chiffon rouge agité devant le taureau gaulois ».

On allait droit à l'abîme.

Louise se pencha sur le pupitre occupé par la petite Valadon et lui demanda de lui montrer la feuille qu'elle était en train de griffonner.

— Je t'avais confié un problème de calcul. L'aurais-tu terminé ?

— Mademoiselle, avoua la gamine, j'ai essayé, mais je n'y comprends rien.

— Je t'expliquerai. Tu verras, c'est simple. Mais ce dessin, il représente qui ou quoi ? Quel est ce monstre ?

— Ce n'est pas un monstre, madame, c'est vous.

— Tu ne m'as pas embellie, mais je dois reconnaître que tu as du talent, pour une gamine de cinq ans. Tu as d'autres croquis à me montrer ?

Elle en avait toute une liasse, mais elle était chez sa mère.

— Il faudra me les montrer. N'oublie pas.

C'était le dernier jour de classe avant les vacances. Ferré l'attendait dans la cour en fumant sa pipe, la mine soucieuse. Il lui fit signe de s'asseoir près de lui.

— Les dés sont jetés, dit-il. C'est la guerre. Le roi de Prusse, Badinguet, tous la voulaient. Eh bien, ils l'ont ! Tu entends ces rumeurs ? Paris est en fête, Louise. Des groupes crient : « À Berlin ! Mort aux Prussiens ! » On brandit des drapeaux, on saccage les magasins qui portent des noms à consonance germanique. Des journaux annoncent que nos soldats seront aux portes de Berlin dans moins de quinze jours ! La crédulité du peuple est souvent incommensurable. On lui fait gober n'importe quoi. Ça me rend malade…

Il revenait de chez Vallès, qu'il avait trouvé dans le même état que lui, et qui lui avait dit :

— La Prusse est prête pour cette guerre ; nous pas. L'Empereur comptait sur ses alliés : l'Angleterre, l'Autriche, l'Italie, le Danemark. Ils se défilent ! Nous nous retrouvons seuls face à une armée de quatre cent mille hommes bien entraînés, et nous ne pourrons en aligner que trois cent mille, mal équipés et mal préparés. Ils ont d'excellents officiers et nous de vieilles badernes, une organisation parfaite et nous la pagaille. Le général Lebœuf a déclaré qu'il ne manquait pas à notre armée un bouton de guêtre ! De la poudre aux yeux… Quant à Badinguet, il a assez de tracas avec sa vessie. Si tu veux mon avis, Théophile, nous sommes foutus !

— Tu sais, avait répondu Ferré, l'horreur que je voue à la guerre. Pourtant… si elle nous est imposée, il faudra bien s'y résoudre.

Vallès avait explosé :

— Qui en est responsable ? Je n'en sais rien, nom de Dieu !

Il ajouta en tirant sur sa pipe :

— Nous organisons une manifestation à la Bastille. Elle aura lieu après-demain. Il faut protester contre la déclaration de guerre à la Prusse. Seras-tu des nôtres ?

— Ça va sans dire, mais je crains le retour de bâton.

On attendait des milliers de personnes ; il en vint quelques centaines.

En tenue de deuil depuis la mort de Victor Noir, Louise prit la tête du cortège, encadrée par Vallès et Ferré qu'elle tenait par la main. Ils traversèrent la place du Château-d'Eau et, débouchant sur le boulevard Bonne-Nouvelle, se trouvèrent confrontés à d'imposantes forces de police. Vallès, qui s'était détaché du groupe de tête pour brandir une pancarte portant « Vive la paix ! », dut reculer devant une charge brutale. Des hommes armés de cannes plombées s'étaient joints aux policiers.

— Louise, dit Ferré, ne commets pas d'imprudence. Reste près de moi et tiens-toi tranquille.

Trop tard : elle était déjà assaillie par deux lascars qui l'excitaient comme une bête fauve du bout de leurs cannes en l'injuriant :

— Retourne à tes fourneaux, marie-salope ! C'est pas la place des greluches de ton espèce !

Lorsqu'un coup de canne l'atteignit à l'épaule, elle gémit mais se raidit, chercha des yeux Ferré qu'elle vit aux prises avec des policiers. Elle tenta de le rejoindre et de lui porter aide, quand un autre coup la frappa à la tête. Étourdie, elle s'affaissa sur le pavé, se mit en boule pour se protéger des coups qui pleuvaient sur elle et perdit connaissance.

La fraîcheur de l'eau et l'odeur du vinaigre la réveillèrent. Ferré penchait sur elle son visage tuméfié. Il lui dit en souriant :

— Tu t'es bien battue, soldat, mais j'ai eu peur pour toi. Comment te sens-tu ?

— Ça ira, dit-elle en se relevant. Où sommes-nous ?

— Dans un bistrot. C'est le patron qui nous a sauvés en nous faisant passer dans sa salle de billard, sinon nous étions bons pour aller rejoindre Rochefort à Mazas. Tiens, bois, ça va te requinquer.

Il lui tendit un verre de cognac qu'elle avala d'un trait. Elle parvint à se lever. Le boulevard avait retrouvé son trafic normal ; des gamins s'activaient pour ramasser les débris de l'engagement : casquettes, bonnets, gourdins et chaussures. Un pigeon roucoulait dans un platane.

La mère de Louise dévide sa litanie d'une voix monocorde :

— Je savais bien qu'il t'arriverait malheur. Ah ! ils t'ont bien arrangée… Mais, aussi, pourquoi es-tu allée te mêler à cette manifestation ? C'est la place des hommes, pas la tienne. Ils auraient pu te tuer ! Toutes ces bosses sur ta tête… Tu vas me faire le plaisir de te tenir tranquille dorénavant.

— Aïe…, fait Louise. Évite de me toucher.

— Tu as des côtes cassées, j'en étais sûre. Manquait plus que ça !

Dormir. Dormir des heures, des jours, des nuits. Laisser la tempête s'apaiser en elle, puis réfléchir aux luttes futures. Y renoncer, comme sa mère le lui demande ? Jamais. Elle est d'accord avec Ferré et avec Vallès qui, lui aussi, est parvenu à fausser compagnie aux forces de l'ordre : il y aura d'autres épreuves, d'autres combats. Ferré le lui a confirmé en la raccompagnant en fiacre. Ses mots sont gravés en elle :

— Tu t'es bien battue, ma Louise. Comme pour les obsèques de Victor Noir. Ce n'est qu'un début : l'épreuve du feu. Il y aura d'autres actions à mener. Nous comptons sur toi.

Elle lui a pris la main, a laissé sa tête, toute sonore de douleurs lancinantes, aller sur son épaule. Elle a respiré sur lui cette odeur d'homme : sueur et tabac, qui lui fait tourner la tête. Elle a osé lui dire qu'elle l'aimait ; il a répondu :

— Moi aussi, ma Louise, mais à ma façon. Autant que mes idées, et ce n'est pas peu dire.

Vallès est venu lui rendre visite en longeant les murs, à la nuit tombée. Il paraissait surexcité. Elle l'a regardé tourner dans la chambre en s'écriant de ce ton lyrique qu'il prend parfois dans la conversation courante :

— Nous sommes faits comme des rats, ma pauvre amie ! La défaite est en croupe sur les chevaux des cavaliers. Je n'augure rien de bon de ces bidons, de ces marmites que j'ai vus sur le dos des fantassins. Ils partent comme à la soupe ! Il pleuvra des obus dans cette soupe, c'est moi qui te le dis, pendant qu'on pèlera les pommes de terre et qu'on épluchera les oignons…

Tout en surveillant les élèves en vacances, dont les parents n'ont pas voulu s'embarrasser, Louise, installée à sa petite table, à l'ombre du tilleul de la cour, écrit dans son journal :

Napoléon, ayant eu, avec le 2 décembre, son 18 brumaire, veut son Austerlitz. C'est pourquoi, dès le début de la guerre, toutes les défaites s'appelaient des victoires... Ceux qui, sous l'assommade, ont crié « La paix ! la paix ! », ceux qui ont écrit : « On n'ira pas à Berlin en promenade militaire ! » se sont levés pour refuser l'invasion...

Une évidence se confirme de jour en jour : le gouvernement, l'Empereur, une partie du Parlement sont favorables à la guerre, mais personne n'a songé à s'y préparer sérieusement, pas même l'État-Major, malgré les fanfaronnades des généraux à particules, les « badernes » dont a parlé Ferré. Guillaume de Prusse, son chancelier Bismarck, son général en chef von Molkte la voulaient aussi, mais ils la préparaient depuis des mois et ils étaient prêts.

Louise collationne les dépêches découpées dans les journaux, ainsi que les informations que lui rapportent ses amis à l'issue de leurs réunions.

Tel général se plaint au ministre de la Guerre de n'avoir pas d'argent, de moyens de transport, de cantines, d'ambulances... Tel autre est dépourvu de subsistances... Un troisième signale des places fortes mal gardées ou abandonnées (cinquante hommes seulement à Neuf-Brisach alors que les Prussiens amassent des troupes dans la Forêt-Noire, à deux pas)…

Elle découpe, elle trie, elle colle. Dans la cour, les enfants jouent à la guerre sous l'œil de Malvina. Ceux que le sort a désignés pour être l'ennemi (les Prussiens) se défendent mal et hurlent sous les coups.

— Allez-vous cesser de vous massacrer ? s'écrie Louise. La guerre… vous y partirez bien assez tôt ! Faites-moi plutôt une belle ronde : *Sur le pont d'Avignon, on y danse, on y danse…* Malvina, tu t'en occupes…

Chère Malvina. Pauvre petite Malvina, jolie mais presque souffreteuse. Elle a tout abandonné : famille, amis, amours, pour rester auprès de Louise. Les débuts ont été difficiles : elle a dû essuyer railleries et rebuffades des grandes élèves, à peine plus jeunes qu'elle, mais elle a fini par s'imposer par la patience qui est le meilleur de sa nature.

« Reprenons… », se dit Louise.

Elle tombe en arrêt sur la dépêche d'un officier supérieur : en arrivant à Belfort il n'a trouvé ni sa brigade ni son supérieur. Où sont ses troupes ? il l'ignore et personne ne peut l'en informer. Lorsque les Prussiens arriveront il devra défendre la ville seul avec son ordonnance !

L'intendance du 3e corps d'armée se lamente : elle n'a ni infirmiers, ni employés d'administration, ni caissons, ni ambulances, ni foin, ni trains, ni instruments de pesage. À la 4e division, pas un seul fonctionnaire…

La litanie se poursuit, interminable. Les ciseaux s'animent, les dépêches découpées pleuvent en papillons sur la table. Il n'y a que le vin que l'on trouve en abondance : les hommes boivent jusqu'à plus soif et, quand ils sont ivres, allez leur demander de mettre sac au dos, de faire l'exercice ou de se lancer sur les mitrailleuses ennemies !

Cette incurie généralisée, l'Empereur en est conscient. S'il est malade, somnolent sous l'effet de l'opium, il n'est ni aveugle ni sourd. Le 27 juillet, il est parti pour le front en compagnie du prince impérial, en laissant le soin des affaires à Eugénie qui a joué les régentes, ce qui prête à sourire. Par prudence, afin d'éviter la foule dont il redoute les réactions, il a renoncé à traverser Paris : il a pris le train à Saint-Cloud et a suivi la ligne de ceinture. Il ne tenait pas à offrir aux Parisiens le spectacle de sa décrépitude.

En arrivant à Metz, une bonne part de ses illusions se sont envolées. Il a pudiquement écrit à Eugénie : *Les choses ne sont pas aussi avancées que je croyais...* Un euphémisme pour dire que la pagaille et l'imprévoyance accablent l'armée.

C'est à Sarrebruck que le prince impérial a reçu le baptême du feu. Cadeau de son père. Il n'y a eu ni assaut ni bataille, l'ennemi ayant évacué la place. On a néanmoins fait un beau feu d'artifice pour le petit. L'Empereur comptait impressionner favorablement l'opinion par cette « victoire » ; elle s'est montrée indifférente : il lui aurait fallu des morts ; on n'avait fait que gaspiller de la poudre...

Peu après, à Wissembourg, ç'avait été une autre chanson : alors que les soldats français étaient à la soupe, les Prussiens les avaient attaqués et, en quelques heures, anéanti une division.

Louise se souvient des paroles prophétique de Vallès : *Il pleuvra des obus dans la soupe des soldats...*

De nouvelles dépêches tombent sous ses ciseaux. Verdun : quatre mille mobiles sont sans armes... Metz : pas de vivres, seulement du café, du sucre... et du vin... Rapport du général Cousin-Montauban, surnommé Palikao en souvenir de ses campagnes d'Extrême-Orient : dans Strasbourg, le grand arsenal de l'armée française de l'Est, impossible de trouver des pièces pour les fusils, et les munitions sont rares. Ordre a été donné de faire sauter un pont ? impossible : on manque de poudre de mine...

Louise écrit en marge de la feuille sur laquelle elle colle ces dépêches : *Le jeune Bonaparte, que nous appelons « le petit Badingue », et que les vieilles culottes de peau nomment par avance « Napoléon IV », ramasse niaisement les balles après la bataille. Le grotesque se mêle à l'horrible...*

La guerre est en marche ; il faut, bon gré, mal gré, suivre le mouvement. Dans les quartiers populaires, à Montmartre et à Belleville notamment, certains révolutionnaires appellent aux armes.

Si l'Empire court à sa perte, il convient de sauver une République encore dans les limbes.

C'est Jules Vallès qui, le premier, parla à Louise de ce qu'il appelait un « coup ».

C'est vers elle qu'il se dirigea en sortant de prison. Marianne lui versa un verre de vin et lui servit une soupe.

— Tu n'as pas moisi à Mazas ! dit-elle. Je te croyais en route pour Cayenne.

— C'est à quoi je m'attendais, ou même à être passé par les armes. J'ignore à qui ou à quoi je dois cette grâce.

Ces quelques jours d'incarcération lui avaient ôté sa vivacité habituelle. Le brun sombre de sa barbe faisait ressortir la pâleur de son visage. Il devait avoir contracté une maladie de peau car il passait l'index de temps à autre entre sa chemise et son cou robuste de bûcheron.

La semaine précédente, il avait participé, place Vendôme, à une manifestation pacifiste, brandi des pancartes, proféré des injures et des menaces contre le Premier ministre Émile Ollivier, tenu pour le principal responsable de la guerre. Des policiers en civil lui avaient mis la main au collet en l'accusant d'être un provocateur vendu aux Prussiens. Comme il était connu, que sa caricature avait paru dans des gazettes, on n'avait pas tardé à le relâcher. Clémence surprenante, malgré tout, l'impératrice ayant, en l'absence de son époux, resserré l'autorité du gouvernement autour d'une camarilla de bonapartistes inconditionnels.

En sortant de prison, stupéfaction ! Des affiches officielles blanches (« blanches, dit-il à Louise, comme le visage défait de la patrie ») faisaient état des revers de l'armée.

— J'en ai pleuré…, dit-il. J'ai pensé au suicide ou à l'exil, à un acte lâche et inutile ou à une dérobade. Il reste une troisième perspective : l'insurrection.

Louise sursauta.

— Pour mener une insurrection à bien, il faut des hommes et des armes. Les hommes sont presque tous à l'armée. Quant aux armes, où les trouverait-on ?

— Tu connais la caserne de pompiers de la Villette ?

— Comptes-tu conduire une insurrection avec des lances à incendie ?

— Ne plaisante pas ! Il y a dans ce bâtiment un important dépôt d'armes et de munitions. C'est ce que j'ai appris en prison. Il ne doit pas être difficile de pénétrer dans la caserne et de faire main basse sur cet arsenal.

— Qui te suivra ?

— Les sections blanquistes : elles sont nombreuses et disciplinées. Seras-tu des nôtres ? Dans ce genre d'action les femmes ont un effet d'entraînement.

— J'en serai.

— J'en étais persuadé. Je ne te cache pas que nous risquons gros si l'affaire échoue. Cela peut aller jusqu'à la condamnation à mort.

— Eh bien, nous ferons figure de martyrs. Toutes les révolutions en ont besoin…

Le jour de l'attaque avait été mal choisi : un dimanche.

Sur la place, devant la caserne gardée par des sentinelles, se déroulait une fête foraine qui avait attiré de nombreux enfants et des mères de famille. Louise se dit que l'affaire se présentait mal. Les fameuses sections blanquistes dont lui avait parlé Vallès n'étaient représentées que par une poignée de vieux militants.

Vallès l'aborda avec une mine de chien battu, s'assit près d'elle à la terrasse d'un bouillon Duval, au milieu d'un groupe de buveurs d'absinthe. Il venait de prévenir les saltimbanques d'aller se produire ailleurs et de demander aux enfants de se retirer. L'orgue de Barbarie égrena ses dernières notes dans un silence de pierre.

— C'est le moment, souffla Vallès. Allons rejoindre les sections.

Ce coup de main d'une audace folle avait été si mal préparé qu'après quelques minutes de combat contre des sentinelles et des policiers qui venaient d'accourir les assaillants durent battre en retraite. On abandonnait sur le terrain le cadavre d'un policier tué par balle et un pompier blessé, sans être parvenu à forcer la grande porte.

Vallès entraîna Louise au premier étage du bouillon Duval dont la terrasse avait été évacuée. Ils assistèrent, la mort dans l'âme, à l'arrestation de quelques blanquistes que l'on tenait sous la menace des armes en attendant de les entasser dans un fourgon.

— C'est raté..., soupira Vallès. Me pardonneras-tu de t'avoir entraînée dans cette aventure absurde ? Même le vieux Blanqui n'y croyait guère : quand les choses ont pris mauvaise tournure, il a sauté dans sa voiture pour foutre le camp ! La population n'a pas bougé. Pourtant nous avons fait du barouf sur les boulevards.

La justice impériale fut impitoyable. Six meneurs furent condamnés à mort et refusèrent leur recours en grâce. Surprise : dans le groupe des députés d'opposition certains s'élevèrent contre cette mesure. Parmi eux, l'avocat Gambetta : il trouvait cette rigueur normale, alors que George Sand plaidait la clémence.

— Ce salaud de Gambetta ! grommela Vallès de sa voix de basse taille. Qui l'eût dit ? Ah ! je m'en souviendrai...

On avait tenté de faire intervenir en faveur des condamnés l'historien Jules Michelet. Ce fut une affaire laborieuse : il consulta sa femme, pleurnicha : « Ils n'oseront pas exécuter ces malheureux ! Il fait si beau... » Il finit, après des tergiversations, par accepter de signer la lettre à adresser au nouveau gouverneur de Paris, le général Jules Trochu.

— Le dossier des pétitions est prêt, ajouta Vallès. Il rassemble des milliers de signatures, dont quelques personnalités de premier plan, adversaires du régime. J'attends un autre service de toi : je souhaite qu'avec quelques autres femmes tu ailles porter ce document à Trochu.

— J'accepte, dit Louise.

Accompagnée d'André Léo et d'Adèle Esquiros, deux ardentes militantes révolutionnaires, elle se présenta devant le bâtiment abritant les services du gouverneur. Elles se heurtèrent au service d'ordre qui leur interdit l'entrée. Elles menacèrent de faire un esclandre, le bousculèrent, ainsi que l'huissier, avant de se retrouver dans l'antichambre du gouverneur où elles firent du tapage pour être reçues. C'est un secrétaire qui vint à leur rencontre. Elles lui remirent leur précieux dépôt ; il promit de le recommander au général qui donnerait la suite qui conviendrait à cette requête.

— C'est foutu ! dit André Léo. Ces pétitions iront au panier.

Elle se trompait : la peine des condamnés fut commuée en détention.

La nouvelle tomba sur Paris comme un trait de foudre : après une série de modestes succès pour les armées françaises et de grandes victoires pour les prussiennes, la place forte de Sedan venait de tomber.

L'Empereur se trouvait dans la ville avec l'armée du maréchal de Mac-Mahon, forte de quatre-vingt mille hommes valides, commandés par quarante généraux, avec un important parc d'artillerie.

Ceux des assiégés qui eurent le triste privilège de voir l'Empereur quitter en titubant la préfecture, monter péniblement à cheval et se porter aux premières lignes, durent se dire que, si Napoléon en était à ce point, l'Empire ne valait guère mieux. Pour accéder aux postes de combat, il avait dû à plusieurs reprises mettre pied à terre et se reposer, le visage crispé par la souffrance. Il se fit montrer le maniement d'un nouveau modèle de mitrailleuse et tira plusieurs rafales sur les lignes ennemies. On lui fit comprendre qu'il était trop exposé, mais il n'en avait cure, comme s'il attendait la balle qui le délivrerait de la vie.

Il resta des heures aux avant-postes, dédaigneux des éclats d'obus et des balles qui sifflaient et ricochaient autour de lui, encourageant les derniers défenseurs à tenir bon. Ce n'est que lorsque des détachements submergés par les Prussiens refluèrent vers la ville qu'il décida de se retirer.

À Sedan, la situation devint vite insupportable. L'Empereur confia le prince Eugène à des fidèles qui le conduisirent en Belgique. Resté seul avec l'État-Major, il s'informa de la situation : elle était désespérée. Des centaines de canons prussiens faisaient à la cité une couronne de feu ; au-delà de la Meuse, où l'avance des troupes ennemies prenait l'ampleur d'un raz-de-marée, la bataille faisait rage.

L'Empereur rejoignit ses médecins dans sa chambre, but quelques gorgées de tisane opiacée, puis, se levant brusquement, annonça qu'il fallait en finir. Il allait demander que l'on hissât le drapeau blanc, quand on vint lui annoncer que le général Wimpffen, remplaçant au pied levé Mac-Mahon blessé, demandait la permission de lancer une contre-attaque dont Sa Majesté prendrait la tête. Permission refusée : l'Empereur venait d'apprendre qu'un groupe de défenseurs du village de Bazeilles n'avaient capitulé qu'après avoir utilisé leurs dernières cartouches.

— Notre armée est perdue, dit-il en se laissant tomber dans un fauteuil. C'est maintenant à moi de m'immoler et de demander un armistice.

Il fit rédiger le texte par son secrétaire, mais pas un de ses généraux n'accepta de le signer. C'eût été inutile : sur plusieurs points de la ligne de feu, les troupes françaises avaient hissé le drapeau blanc. C'était la fin.

Échange de courrier entre Guillaume et Napoléon : *Monsieur mon frère*, écrivait ce dernier, *il ne me reste qu'à vous tendre mon épée. Monsieur mon frère*, répondit Guillaume, *j'accepte votre épée.* Un moment plus tard, l'Empereur télégraphiait à son épouse : *N'ayant pu me faire tuer au milieu de mes soldats, j'ai dû me constituer prisonnier pour sauver l'armée. Nous avons fait une marche contraire à tous les principes et au sens commun. Cela devait nous amener la catastrophe ; elle a été complète. J'aurais préféré la mort.*

Sauver l'armée ? Prisonnière à Sedan, celle de Mac-Mahon allait être internée outre-Rhin avec ses généraux. Le lendemain matin, une voiture pénétra dans la cour de la préfecture : elle allait conduire l'Empereur des Français vers son exil définitif.

Les articles se détachent un à un sous les ciseaux de Louise ; elle les colle sur son cahier d'une main fiévreuse.

L'Empereur a quitté Sedan pour le château de Cassel, en

Allemagne. Le lendemain, 3 septembre, à la tribune du Parlement, Jules Favre, député républicain, a annoncé que le gouvernement impérial a vécu, et réclamé qu'un militaire prenne la tête du pays. La capitulation de Sedan n'est pas la fin de la guerre ; elle marque simplement la fin de l'Empire. Des groupes parcourent les rues en criant : « Vive la République ! »

Louise sent une bouffée d'émotion lui gonfler le cœur. Renversée dans son fauteuil, les yeux mi-clos, elle murmure ce mot magique : « La République… » Elle le savoure comme une gorgée de miel, en laisse les échos se répercuter en elle comme une balle lancée contre un mur. Le soir tombe sur la cour d'école, mais c'est comme si un jour nouveau était en train de naître. Elle sait que rien ne sera comme avant. Déjà tout semble changé autour d'elle : la lumière qui éclate sur Paris, les rumeurs qui semblent naître d'un autre monde…

Le 4 septembre, Jules Favre a demandé la déchéance de la famille impériale ; on ajourne cette décision. Qu'espère-t-on ? que le Phénix renaisse de ses cendres, qu'Eugénie poursuive sa régence ? Paris saura bien lui faire comprendre que son règne est terminé. Les armées décimées qui refluent vers le sud, les soldats perdus, les prisonniers de Sedan en route pour l'Allemagne devraient suffire à lui dicter sa conduite.

Bouger. Louise se dit qu'elle doit bouger. Elle ressent comme une soif, comme une faim, le besoin de se retrouver dans la foule, de mêler sa joie et sa voix à celles des milliers de Parisiens descendus dans la rue pour faire retentir une colère longtemps contenue.

— Malvina ! lance-t-elle. Prépare-toi : nous sortons. Ma mère assurera la surveillance des enfants.

Un souffle d'insurrection palpite déjà sur la capitale. Les boulevards où elles se rendent sont balayés par des vagues humaines d'où montent des cris répétés jusqu'au vertige : « Vive la République ! Déchéance ! Les députés au gouvernement ! » Louise a pris la main de Malvina et l'entraîne dans la cohue. L'ivresse populaire a commencé ce matin ; elle se poursuit et ne s'arrêtera que tard dans la nuit.

Le soir était tombé avec une légère pluie de septembre lorsque, la voix brisée d'avoir trop crié et chanté, les jambes lourdes de fatigue, Louise et Malvina se sont retrouvées place de la Concorde, au milieu d'une foule qui débordait jusqu'à la rue de Rivoli et à la Seine. La foule a forcé les grilles des Tuileries, envahi les jardins et le palais, réclamé le départ de l'impératrice. Elle ne tardera pas à leur donner satisfaction : ce sera une fuite honteuse vers Deauville, puis l'Angleterre.

— Rentrons ! dit Louise. Nous sommes trempées.

Elles devront s'en retourner à pied : plus un fiacre, plus un omnibus ! La foule les a rejetés vers des quartiers moins animés. Il faudra compter environ une heure de marche, sous la pluie, pour parvenir rue Houdon ; elles s'arrêteront en cours de route pour boire un café ou deux.

Louise, tout en marchant, songe à Ferré.

S'il n'a pas donné signe de vie depuis quelques semaines, c'est qu'il a dû partir pour la province, requis par un problème de famille. De même, où sont Vallès, Rochefort, Flourens ? Au Parlement, sans doute, où s'élabore la République. Ferré surtout lui manque ; elle aurait besoin de sa voix chaude, de son regard qui passe facilement de la colère à la tendresse, de ces images d'avenir que sa parole fait naître. Elle donnerait un an ou deux de sa vie pour l'avoir près d'elle durant cette nuit de parousie, pour l'entendre lui répéter à l'oreille, à travers l'ombre : « Je t'aime moi aussi, ma Louise, mais à ma façon… » Elle ne se fait plus d'illusions : Théophile Ferré n'est pas homme à partager sa passion de la liberté et de la justice. Contre cette certitude, aucune parade possible, mais elle ne l'en aime que davantage.

Une bonne nuit de sommeil et le petit jour la trouve debout. Malvina a partagé son lit, comme elle le fait parfois, quand le froid est trop intense et la solitude trop poignante.

Marianne a préparé le café ; elle bougonne :

— Je ne vous ai pas entendues rentrer ce matin. Il était quelle heure ? Il a fallu que tu ailles faire encore l'*intéressante* ! Petite, je te le répète : il t'arrivera malheur. On dirait que tu le cherches.

— Mère, il faut me pardonner. C'est la révolution, vous comprenez ? Nous allons former un gouvernement, proclamer la patrie en danger et rejeter les Prussiens aux frontières. M. Demahis aurait été fou de joie, lui qui ne rêvait que de voir le « peuple libéré de ses chaînes », comme il disait. Tout va changer, mère…

— … et tout sera comme avant ! Pire peut-être…

Louise avale son café, dévore une tranche de pain beurrée, avant de s'habiller. Changera-t-elle de tenue ? Non : elle a juré sur la tombe de Victor Noir de porter toute sa vie une robe de deuil. Elle se penche sur le lit, remonte le drap sous le menton de Malvina.

— Où vas-tu ? demande la petite.

— Respirer l'air de la révolution. Toi, tu vas te reposer. J'autorise une grasse matinée. Et puis, il faut s'occuper des enfants. Ma mère est fatiguée.

Elle l'embrasse sur le front et s'engouffre dans l'escalier en chantonnant, son parapluie à la main. Il lui faut la foule ; il lui faut le bruit. Dans un climat d'insurrection, elle se dirige vers la Seine et le Palais-Bourbon, cherche des amis, rencontre Gustave Flourens coiffé d'un bonnet grec, qui lui annonce un nouvel emprisonnement de Vallès, la veille au soir, à la Concorde.

— Il y a eu des incidents, dit-il. La rousse était là. Prise à partie, elle a tiré sur la foule. Nom de Dieu, qu'est-ce qu'on espère ? Le retour de Badinguet ?

Il l'a quittée pour se joindre à un groupe de l'Internationale des travailleurs qui vient de sortir du Quartier latin et se dirige vers la Chambre des députés. Elle suit de loin les représentants de cette organisation fondée quelques années auparavant par Karl Marx, se rapproche, écoute, interpelle… La foule a envahi l'hémicycle où se tient une séance présidée par Eugène Schneider, le patron des aciéries du Creusot. Louise est arrivée assez tôt pour entendre Gambetta lancer en bombant le torse :

— Citoyens, citoyennes, la patrie est en danger ! Nous,

députés, qui sommes le pouvoir régulier, issu du suffrage universel, nous proclamons que Bonaparte et sa dynastie ont cessé de régner !

Lorsque le président de séance eut laissé à la rumeur profonde qui venait de la foule le soin de s'apaiser, Jules Favre monta à la tribune et s'écria :

— Si vous souhaitez proclamer la République, c'est à l'Hôtel de Ville qu'il faut vous rendre !

Louise se trouva emportée comme un fétu en direction de la place de Grève. Elle avançait sous la pluie comme un automate, tempes bourdonnantes, bras dessus, bras dessous avec d'autres femmes. Il était près de midi et elle sentait la faim la harceler, mais les boutiques avaient fermé les éventaires de crainte que ces défilés inorganisés ne tournent au pillage ou au vandalisme. Fendant la foule, elle se porta vers le groupe de tête portant des banderoles et chercha des yeux ses amis. Elle reconnut Ferré, l'appela, mais, dans le vacarme des cris et des chants, il ne l'entendit pas. Un remous violent, provoqué par une attaque de policiers, la rejeta hors du défilé, contre le parapet du quai où des hommes et des femmes chantaient *La Marseillaise* et *Le Chant du départ* en brandissant des drapeaux. Louise s'arrêta pour reprendre son souffle ; elle avait marché des heures durant, elle était trempée, elle avait froid et faim. Sans attendre la suite de la manifestation, elle obliqua par le Pont-Royal pour regagner son domicile.

Les événements qui s'étaient déroulés à l'Hôtel de Ville, elle en eut connaissance le lendemain, en allant rendre visite à Vallès, à son domicile de la rue de Tournon, dans le quartier de Saint-Sulpice, pour y déposer un article destiné à *La Rue*.

Il lui avoue qu'il était « furibard » et lui expliqua pourquoi :

— C'est fait, ma belle ! Nous avons la République. Mais quelle République ? Rien que des Jules ! Ferry, Favre, Simon... La République de la paix et de la concorde, qu'ils disent. Lorsque j'ai pris la parole pour réclamer une République sociale, on m'a enfoncé le chapeau sur les yeux et on m'a cloué le bec. Bah... Laissons pisser le mouton, comme on dit ! Petit à petit, l'oiseau fait son nid… *Chi va piano va sano…* Les Prussiens nous regardent. Nous ne devons pas leur donner l'image du désordre après celle de la défaite.

Il était en train, tout en marmonnant, de compter sa fortune étalée sur la table de son bureau.

— Vingt sous…, soupira-t-il. Tout ce qui me reste. Bordel ! qu'est-ce que je vais bouffer aujourd'hui ?

— Viens, dit Louise. Je t'invite.

La République proclamée, un grand silence s'est fait sur Paris, comme si l'on venait d'offrir au peuple un cadeau mirifique, mais dont il ne savait que faire. La baguette magique, dont on attendait des miracles, est restée suspendue.

L'enthousiasme soulevé les premiers jours de septembre a masqué le danger mortel venu de l'extérieur et qui se rapproche de jour en jour. On semble oublier que ce conflit, qui a duré cinq semaines, n'a été qu'une suite de replis, de retraites, de défaites. Qu'évoquent encore ces hécatombes : Forbach, Frœschwiller, Reichshoffen ? En revanche, on se souvient que Strasbourg, Metz, Belfort tiennent encore tête aux Prussiens et retardent l'avancée sur Paris, qu'il reste quelques centaines de milliers d'hommes sous les armes, que tout n'est pas perdu. On fait confiance au général Trochu, ancien gouverneur de Paris, à qui l'on a confié la tête du gouvernement de Défense nationale.

Louise rencontra, au domicile de Ferré, un nommé Constant, jeune sous-officier retour du front avec, dans le corps, une balle et des éclats de mitraille que l'on n'avait pas eu le temps d'extraire. Il avait participé, avec le 4e chasseurs d'Afrique, brigade Marguerite, à ce qu'il appelait la « charge de Sedan » : un ultime assaut regroupant tous les hommes en état de combattre, fussent-ils blessés.

— Tous ces hommes, dit-il, marchaient avec la faim au ventre mais décidés à vaincre ou à mourir. Ils se sont jetés dans la bataille avec une telle énergie qu'en divers points ils ont enfoncé les lignes ennemies. Je voyais mes hommes tomber autour de moi et, comme par miracle, j'étais blessé mais debout, près du nid de mitrailleuses dont je commandais le feu. Je suis resté accroché à ma position avec une poignée de braves, mais, nos munitions épuisées, nous avons dû nous replier. Ce fut, mes chers amis, une boucherie. Héroïque, certes, mais une boucherie. En certains points, le sol était tellement recouvert de cadavres français et prussiens, qu'on ne voyait pas la terre dessous…

Il venait d'apprendre le mot de Guillaume à la suite de cet ultime sursaut. Il avait soupiré : « Oh, les braves gens… »

— Ce n'est pas la bravoure qui nous faisait défaut, poursuivit Constant, mais les moyens de l'exercer. Tout nous manquait : subsistances, munitions, courrier, alors que les Prussiens étaient pourvus du nécessaire et du superflu.

Il avait été informé, au ministère de la Guerre, du retour du général Ducrot. Avant de partir pour le front, il avait déclaré qu'il ne reviendrait que mort ou victorieux. Il était revenu vivant et vaincu.

— Je n'oublierai pas, ajouta Constant, le soir qui a succédé à la reddition de Sedan, le 2 septembre. Debout sur les hauteurs, autour de leurs bivouacs, les Prussiens se sont mis à chanter des chants de leur pays. J'en ai pleuré des larmes de rage et d'émotion. C'était… comment dire ? un cantique d'actions de grâces adressé au dieu des Armées.

Louise lui demanda ce qu'on avait fait ou ce qu'on allait faire pour les milliers de cadavres laissés par les batailles.

— Ce qu'on en fait d'ordinaire, je pense, répondit Constant : on creuse des fosses, on y entasse les corps, on les arrose de poix, puis on comble avec du bois auquel on met le feu. Enfin on arrose la fosse de chaux vive.

Pendant que Constant évoquait le drame de Sedan, Ferré fumait nerveusement sa pipe en arpentant la grande pièce qui lui servait à la fois de bureau et de chambre, avec quelques matelas roulés dans les coins pour les amis venus lui demander asile. Les murs étaient tapissés d'affiches révolutionnaires et de portraits de

Marx, Bakounine, Kropotkine, Flora Tristan, ainsi que de Louise, qu'il avait dessinée d'après la photo qu'elle avait envoyée à Julie Longchamp. Accoudée à la table encombrée de journaux, de livres et de bouteilles, Marie Ferré pleurait en silence derrière ses mains.

— Il n'y a pas à revenir là-dessus, dit Ferré : nous avons été battus à Sedan. Reste à savoir si nous allons rester les bras croisés dans l'attente des Prussiens ou poursuivre la guerre. Qu'en penses-tu, Constant ?

— Je n'en sais fichtre rien ! Si l'on m'envoie me battre, je partirai. Quant à savoir si c'est le bon choix, je ne saurais le dire. Nous ne sommes plus au temps de la Révolution, alors que la patrie était en danger et que le peuple aspirait à se battre. Aujourd'hui, il est divisé. Des élections pourraient en décider, mais comment organiser un scrutin avec l'ennemi, pour ainsi dire, à nos portes ?

— Elles sont prévues pour la mi-octobre, dit Ferré, mais qui nous dit que, d'ici là, Guillaume ne nous aura pas imposé sa loi ?

— Tu oublies qu'il reste quelques poches de résistance, comme Strasbourg, Belfort et Metz, et que Bazaine conserve une force intacte ou presque : cent quatre-vingt mille hommes, mille quatre cents canons, ce n'est pas rien…

— Bazaine ! Cette vieille baderne… Au lieu de lâcher ses hommes sur les Prussiens, il s'est enfermé dans Metz, sans avoir l'idée de joindre ses forces à celles de Belfort et de prendre les Prussiens par le flanc. De ces aristos imbéciles il faut s'attendre à tout, surtout au pire !

Ferré ralluma sa pipe, reprit ses évolutions, et dit à Louise :

— Une nouvelle qui te fera plaisir : Hugo va revenir. Tu pourras te jeter aux pieds de ton idole, lui déclamer tes poèmes, lui adresser des lettres d'amour. Paris déroulera pour lui ses tapis rouges. Mais il devra se hâter : je crains que, dans une semaine, les Prussiens ne soient sous les murs de Paris…

Hugo… Il n'a pas répondu à ses lettres depuis quelque temps, mais elle ne l'a pas oublié. Et comment le pourrait-elle ? Elle s'adresse à lui comme à Dieu, lui confie ses confessions, chante pour lui des psaumes incantatoires. Symbole de la résistance à l'Empire, il est devenu pour elle, au cours du temps, un pur esprit. Elle a peine à imaginer qu'il puisse un jour se trouver en sa présence, avec sa main glissée dans son gilet, son front monumental, le visage qui commence à s'empâter d'un homme né avec le siècle.

Louise est sortie de chez Ferré le feu aux joues, l'air d'une Jeanne d'Arc qui aurait reçu un message céleste, bouleversée au point qu'elle a dû prendre, pour retourner chez elle, l'omnibus de la rue Marcadet.

Que faire en attendant qu'il arrive place des Vosges ? Attendre, certes, mais que faire en attendant, alors qu'elle n'aura d'autre souci en tête ? Elle a relu ses dernières lettres, s'efforçant de découvrir entre les lignes un signe d'affection ou d'amour qu'elle n'y avait pas décelé auparavant. Affection, certes. Amour ? Que pourrait bien attendre, de ce laideron, de cette petite institutrice sans avenir, de cette poétesse sans public, ce grand personnage auquel tout Paris va rendre hommage ?

Des jours et des semaines ont passé sans que Hugo lui donne de ses nouvelles, qu'elle n'a qu'en lisant les journaux. Elle a retenu le propos emphatique qu'il a eu en arrivant à la gare du Nord : « Paris va terrifier le monde ! On va voir comment Paris sait mourir. » Propos maladroits, qui ont fait grincer des dents : Paris a envie de vivre, pas de mourir ! De vivre et de combattre.

Le jour de son arrivée, elle était présente, mêlée au peuple, accrochée aux grilles, muette alors qu'autour de lui la foule se répandait en acclamations. Elle n'a vu que de loin l'auteur de *Napoléon le Petit*, des *Châtiments*, des *Misérables*. Il lui a paru vieilli, boursouflé : presque un vieillard. Ce siècle avait deux ans quand il est né ; il en a soixante-huit.

Un matin, alors que Louise faisait sa classe, elle reçut une lettre du poète. Son cœur s'affola. Le billet était bref, d'une écriture qui semblait donner des ailes à chaque mot. Il lui proposait un rendez-vous.

Elle eut envie de crier sa joie au monde entier, mais se contenta d'en informer sa mère et Malvina.

— Eh bien, dit la petite, tu as décroché le pompon. Beaucoup de Parisiennes vont te jalouser. Tu vois que ton grand homme ne t'a pas oubliée ! Tu me raconteras, dis ?

— Prends garde, bougonna la mère. Je n'ai guère confiance dans ce monsieur. La crémière dit qu'il a mauvaise réputation, qu'il n'a pas de religion et qu'il ne peut pas voir une femme sans lui faire la cour.

Louise éclata de rire.

— Étant donné son âge et mon physique, je ne risque rien.

Elle réfléchit longtemps à la tenue qu'elle porterait et se décida pour celle du dimanche, qui ne variait guère de celle de la semaine, mais en couleurs moins sombres. Mettrait-elle une fleur à sa poitrine ? Oui... Non... Elle décida de s'en passer. Elle irait vers lui comme nue. Il ne fallait pas qu'il la prît pour une grisette.

Hugo avait commandé un fiacre qui alla chercher Louise rue Houdon, puis le poète dans le Marais. Il était vêtu aussi sobrement qu'elle : ample redingote brune, pantalon à plis, souliers-bottes, cravate épanouie sous le visage alourdi par l'âge et marqué de quelques rides.

Il la pressa contre lui avec des crispations insistantes sur ses bras et ses épaules, l'invita à monter dans le fiacre et, s'asseyant près d'elle, sa canne entre les genoux, son chapeau près de lui, soupira :

— Vous enfin, *Enjolras*... Vous ne sauriez croire à quel point j'avais envie de vous rencontrer.

Louise sursauta et rit derrière ses mains : Hugo venait de lui rappeler qu'elle signait jadis certaines de ses lettres au poète du nom de ce héros des *Misérables*.

— Maître, dit-elle, puis-je vous demander où nous allons ?

— Mais au Bois, mon amie, comme deux amoureux !

— C'est bien loin.

— Votre temps serait-il compté ? Lorsque je suis en présence d'une femme aussi jeune et charmante que vous, le mien ne l'est pas. Ah ! Louise... Vos longues lettres, vos poèmes... À Guernesey, je les attendais avec impatience et les lisais dans la fièvre en m'efforçant d'imaginer qui se cachait derrière cette correspondance. Quel talent, ma petite Louise ! Vous écriviez comme un orage crache ses éclairs et un volcan sa lave. Ces poèmes, il faudrait les publier. J'en parlerai à mon éditeur...

La voiture s'engagea dans la rue des Francs-Bourgeois, puis obliqua en direction des boulevards. De temps à autre, Hugo s'interrompait pour soupirer :

— Ah ! Louise, quel bonheur de me trouver près de vous... J'ai l'impression de partir pour un long voyage, avec la mer au bout du chemin. Dans mon exil, sur mon rocher, alors que je contemplais les côtes de France, je rêvais qu'un navire vous conduisait à moi...

En arrivant à la porte Saint-Denis, il ferma les rideaux du bout de sa canne et, dans la pénombre, lui prit la main pour ne plus la lâcher, sans qu'elle osât se défendre. Au débouché sur les Champs-Élysées, après qu'il eut tenu à Louise un long discours sur sa solitude sentimentale, il lui fit comprendre qu'elle éveillait en lui des ardeurs somnolentes. Porte Dauphine, alors que le bois de Boulogne moutonnait dans le lointain, il tenta de l'embrasser ; elle se déroba ; une nouvelle tentative n'eut pas plus de succès.

— Maître, dit-elle, demandez au cocher de faire demi-tour et de me déposer rue Houdon. Ma mère est souffrante et je ne puis la laisser longtemps seule.

— Eh bien, soit, cruelle enfant ! Oubliez cet incident, je vous prie.

— Pardonnez-moi, maître, mais...

— Allons, allons... ce n'est rien de grave. Le fiacre va nous arrêter au Palais-Bourbon où j'ai à faire, et vous ramènera à votre domicile. Je sais ce que vous alliez me dire : qu'il serait dommage de gâter notre belle amitié par un acte qui aurait pu nous décevoir. Donc, restons-en là. Ce serait à moi de vous demander pardon...

Il descendit au pont de la Concorde. Elle l'entendit discuter du prix de la course avec le cocher et protester :

— Deux francs cinquante ? Vous exagérez, mon brave !

Louise retrouva son domicile, aussi furieuse contre elle que contre lui : le refus qu'elle avait manifesté au poète risquait de compromettre ses rapports avec un être qui comptait parmi les plus chers. Accepter les avances du demi-dieu, c'était, outre essuyer une désillusion, risquer de se laisser enfermer dans le cycle infernal où s'étaient perdues tant de créatures. Se livrer aux assauts séniles du poète, c'était, à brève échéance, perdre son âme, et cette âme, ce n'est pas à un homme, aussi célèbre fût-il, qu'elle la livrerait, mais à la révolution.

Pour tenter de minimiser sa déception, elle se raccrochait à quelques détails révélateurs du négligé de sa tenue : une tache au bas de son pantalon, des traces de boue à ses souliers, un bouton de redingote qui pendait au bout d'un fil, et cette haleine douteuse cachée derrière un bonbon à la violette... Elle garderait à Hugo son amitié et son respect, s'il attachait encore quelque importance à leurs rapports, mais elle ne supporterait pas qu'il revînt à la charge.

Ça ne semblait pas être son intention. Il resta des semaines sans donner la moindre nouvelle. Après le billet qu'elle lui adressa au lendemain de leur promenade *(Enjolras vous demande pardon de sa hardiesse d'hier et de celle d'aujourd'hui. Êtes-vous bien fâché contre moi ?)*, elle lui adressa d'autres lettres, dépourvues du lyrisme qu'elle déployait à l'intention du proscrit. Ce ne furent que des billets un peu secs, avec parfois un élan : *Je vous écris de ma nuit. Votre parole y évoquera des astres...* Elle lisait ses éditoriaux et ses articles dans un journal quotidien : *Le Rappel*, et faisait écho à ses idées dans d'autres feuilles, en espérant qu'il les lirait et lui répondrait. Elle partageait, à quelques nuances près, les convictions et les espoirs du grand homme.

À l'issue d'une manifestation à laquelle elle participait, Louise fut arrêtée et incarcérée durant deux jours. Une expérience dont elle se souviendrait. Si elle n'était pas restée plus longtemps enfermée, c'est que ses amis, Vallès et Ferré en tête, s'étaient mobilisés pour obtenir sa libération. Hugo était intervenu lui-même, mais trop tard : elle était déjà libérée.

Les armées prussiennes approchent de Paris avec la lenteur d'une promenade militaire : ces buveurs de bière et de schnaps ont découvert le vin ; ils passent de cave en cave et, trouvant la route libre devant eux, prennent leur temps. Guillaume leur doit bien ces menus plaisirs…

Crainte de voir Paris assiégé et les « rouges » prendre le pouvoir, les bourgeois ont commencé à plier bagage. L'exode prend parfois l'allure d'une débandade : on se rue dans les gares, on s'entasse sur les quais, au milieu de montagnes de malles, de valises, de cartons à chapeaux et de cages de serins. Zola n'a pas été long à suivre le mouvement et n'est pas passé inaperçu : avec sa famille et son chien, il a pris le train pour la Provence.

Un phénomène inverse a compensé cette fuite éperdue : chaque jour on a vu entrer dans Paris, poussant ou tirant charrettes et chars à bancs, sur lesquels s'entassait un mobilier de première nécessité, des groupes de familles banlieusardes terrorisées par l'avance des armées ennemies. Leur problème : trouver à se loger et à subsister.

Le gouvernement provisoire veille au grain. Il a fait entrer dans Paris des dizaines de milliers d'animaux de boucherie. Parqués au bois de Boulogne, au Jardin des Plantes et dans d'autres parcs de la capitale, on les a abandonnés sous la pluie en les laissant mourir de faim, alors qu'en les abattant pour en faire des salaisons on aurait pu pallier une éventuelle disette consécutive au siège.

Ce siège dont on parle, Paris pourra-t-il le soutenir ? Les avis sont partagés. À l'esprit de résistance à tout prix manifesté par les républicains s'oppose celui de renoncement préconisé par le gouvernement, dans l'espoir que les prochaines élections législatives sonneront le glas des rouges.

Au dire de Ferré, la mise en défense de Paris et ses capacités de résistance à un siège prolongé n'ont rien d'illusoire. Il a déclaré, au cours d'une récente réunion, à Montmartre :

— Nous ne manquons pas de combattants, mes camarades, et les Pruscos devront y réfléchir à deux fois avant de se risquer devant nos fortifs. Vous avez vu les lignards revenir du front ? ils étaient dans un état pitoyable mais bien disposés à prendre leur revanche ! Trochu a appelé à la rescousse ses mobiles bretons et la Marine nous a envoyé des unités pour la défense des forts et l'entretien de l'artillerie. Ici même, à Paris, nous pouvons mettre sur pied des régiments de la Garde nationale : des ouvriers et des boutiquiers dont nous ferons des soldats en quelques jours. Plusieurs villes de l'Est tiennent encore et nous donnent l'exemple. Nous forcerons Guillaume à décaniller, nom de Dieu !

Le général Trochu jouait un jeu équivoque : sans rien refuser de ce qui pouvait conforter la défense de Paris, il tenait des propos pessimistes.

— Quel jeu joue-t-il, mes amis ? s'écrie Louise. Chargé de la défense du territoire, il proclame à qui veut l'entendre que tout est perdu, que tenter de défendre Paris serait une folie héroïque, mais une folie. Ce n'est pas sur lui qu'il faut compter pour combattre le défaitisme qui a gagné l'armée, et pour clouer le bec à ceux qui proclament qu'il faut tout céder à Guillaume ! Ce que cherche Trochu, c'est écraser dans l'œuf l'insurrection qui prépare l'avènement de la République. Ce qu'il attend, c'est le désordre qui lui permettrait de faire monter sur le trône le comte de Chambord et d'en faire un allié de la Prusse, lorsque Guillaume aura unifié l'Allemagne.

On écoute avec attention cette femme en vêtements de deuil, au foulard rouge, dont la voix reste calme et le visage marmoréen, même sous l'emprise de la colère ou de l'exaltation. Elle semble enceinte de la révolution ; elle doit la sentir bouger en elle, et la certitude d'en accoucher bientôt lui garde cet air de gravité sereine.

Un jour de la mi-septembre, alors que les casques à pointe approchaient de Paris, le ministre des Affaires étrangères, Jules Favre, décida de prendre contact avec le chancelier Bismarck, par l'intermédiaire des Anglais, afin de convenir des termes d'une paix dans l'honneur. Il fit part de ce projet à Gambetta qui le repoussa dédaigneusement, puis à Trochu, qui le jugea opportun.

Les deux diplomates se retrouvèrent en secret à Ferrières, modeste agglomération de la Brie, à quelques kilomètres de Lagny. Favre ne put rien arracher au « chancelier de fer » de ce qu'il en attendait : le renoncement à l'Alsace notamment. Bismarck l'avait pris de haut : on ne donnait pas à un étranger la clé de sa maison, et l'Alsace était cette clé. Favre eut beau lui affirmer qu'il allait, par cette intransigeance, provoquer un sursaut national et une poursuite de la guerre, Bismarck ne voulut pas en démordre : il ne croyait pas à la résistance des Français, cette « nation de nullités, ce troupeau » ; il était prêt à mener la guerre jusqu'au bout.

Jules Favre se retira, la honte sur ses talons, mais sans renoncer. Obstinément, il revint à la charge, essuya les mêmes refus hautains, les mêmes humiliations, persista, renonça dans les larmes.

Secrètes, ces relations ne le furent que dans le principe. La presse se hâta de les livrer au public. Dans les milieux républicains, indignation et révolte : on brandit les menaces, on proclama que le gouvernement n'était pas celui de la défense mais de l'armistice et que les manœuvres du ministre n'étaient qu'agenouillement devant le roi Guillaume…

Gênée aux entournures, Louise se demandait de quoi elle avait l'air dans son uniforme de la Garde nationale que lui avait procuré Vallès.

— Marche, lui dit Malvina. Tourne-toi… Redresse un peu ton buste pour avoir l'air martial… Il faut dire qu'un uniforme de cantinière aurait mieux convenu, mais il est vrai qu'une cantinière ne doit pas porter d'armes.

Il ne manquait rien à la tenue : vareuse, pantalon liséré d'une bande rouge sur les côtés, bottes à double semelle, képi à visière carrée...

— Un vrai petit soldat ! ajouta Malvina. Les casques à pointe n'auront qu'à bien se tenir ! Manquent plus que le chassepot et la baïonnette. Avec tes trente sous de solde, tu vas pouvoir faire bombance...

Elle demanda à Louise où en était la création du *bataillon d'amazones* dont André Léo avait eu l'idée.

— Projet absurde ! dit Louise. Classé sans suite. En revanche, il est possible qu'on lève des compagnies d'adolescents...

— J'aimerais te voir à l'exercice. Tu m'inviteras ?

— Ce n'est pas un spectacle pour les jeunes filles. D'ailleurs, comme tu dis, je n'ai pas d'arme.

Louise prenait son rôle très au sérieux. Le maire de Montmartre, un jeune médecin, Georges Clemenceau, l'avait complimentée pour son initiative. Il lui avait dit avec un air faussement emphatique :

— Voilà qui fait plaisir à voir, mademoiselle Michel : une femme disposée à défendre le territoire les armes à la main... Vous n'êtes pas la seule ni même la première, mais vous n'êtes pas, comme certaines dames que je connais, attifée comme pour une partie de chasse, avec de la dentelle aux poignets et la meute qu'elles veulent dresser à la chasse aux Prussiens.

Clemenceau lui avait rendu visite récemment, à la suite d'une lettre qu'elle lui avait adressée pour attirer son attention sur la situation difficile de son école. Ce petit homme bien mis, élégant, au visage d'Asiate, à l'œil pétillant d'intelligence et de malice, à la voix énergique et bien timbrée, lui avait fait forte impression. Vendéen d'origine et possesseur de biens dans cette province, il avait la foi républicaine chevillée au corps.

Il lui avait dit :

— Je n'ignore pas le bon travail que vous effectuez pour nos enfants. Vos méthodes d'enseignement paraissent suspectes à beaucoup, mais les résultats plaident en votre faveur et vos élèves vous aiment. Si je puis vous être utile…

— Vous le pouvez, monsieur le maire.

Elle lui adressa un mémoire de ses besoins ; il s'attacha à les satisfaire. Il n'avait rien à lui refuser.

La première sortie de Louise dans son uniforme fit sensation. Des gens arrêtaient pour la complimenter cette citoyenne exemplaire ; d'autres pouffaient ou sifflaient sur son passage. Elle fit halte au Soleil levant, un bistrot de l'avenue de Clichy où elle retrouvait parfois Ferré, Flourens, Vallès et quelques autres camarades, autour d'un bock ou d'une absinthe. Elle y trouva un groupe de Gardes nationaux en tenue qui jouaient aux cartes, lutinaient la servante et menaient grand bruit. L'un d'eux, une sorte de sous-officier, se leva, à moitié ivre, pour aller vers elle.

— Citoyenne Michel, s'écria-t-il, je te salue ! Tu fais honneur à la République, et je…

Elle le rabroua, le repoussa alors qu'il se proposait de la prendre dans ses bras.

— Je n'en dirais pas autant de toi, pauvre ivrogne ! Au lieu de dépenser tes trente sous de solde à t'enivrer, tu ferais mieux de les donner à ta famille.

— Ma famille…, protesta le sous-officier, elle manque de rien. Mêle-toi de tes affaires. La place de ma femme est au foyer…

— … et la tienne au bistrot ! Je connais la chanson. Si c'est ta manière de défendre la nation, tu ferais mieux de renoncer à cet uniforme ! Tu le déshonores…

Les compagnons de l'ivrogne, eux-mêmes pris de vin, menacèrent de « mettre à poil la greluche » et de lui donner la fessée. Elle saisit une chaise par le dossier et fit front à la meute qui s'était levée.

— Essayez, pour voir ! leur lança-t-elle.

L'intervention du patron, un gros bras d'Auvergnat, mit fin à l'altercation.

Louise prit le parti le plus sage : battre en retraite. Cet incident confirmait ses appréhensions : contrairement aux mobiles (les

« moblots », comme on disait), la Garde nationale sédentaire, cette sorte de milice populaire, n'était le plus souvent qu'un ramassis de pauvres bougres qui n'avaient pris l'uniforme que pour les trente sous de solde. L'uniforme ? La plupart n'étaient vêtus que de défroques disparates et fantaisistes qui leur donnaient l'allure de romanichels. La République pourrait-elle, le moment venu, compter sur cette horde pour faire face à une armée prussienne fortement structurée et disciplinée ?

Louise venait de quitter le bistrot lorsqu'un des gardes la rattrapa et lui dit :

— Citoyenne, je te trouve bien sévère. Ces hommes étaient ivres pour la plupart, je te l'accorde, et auraient mieux fait de se taire, mais tu les as humiliés. Ceux de la grande Révolution n'étaient ni pires ni meilleurs. Tu verras que, le moment venu, après quelques exercices, ils se conduiront comme de vrais soldats.

— Je l'espère, soupira Louise, mais j'en doute.

La grande ivresse populaire qui accompagna la proclamation solennelle de la République avait gommé l'angoisse née de l'avance sur Paris des Prussiens, ces ennemis dont parlaient les journaux mais dont on ne connaissait l'apparence que par les illustrations.

La capitale, malgré quelques débordements d'enthousiasme, était plus sereine qu'on ne l'avait craint. Spectacles et concerts avaient repris, cafés et restaurants étaient combles. Par cet automne radieux, les boulevards avaient retrouvé leur trafic incessant et une réconfortante ambiance de sérénité. Les soldats de divers corps de la ligne qui s'étaient repliés sur Paris, les mobiles bretons, les zouaves, les marins apportaient dans la foule couleur et animation. Le patriotisme se buvait à chaque sortie dans la ville comme un vin généreux ; il engendrait une ivresse lucide qui entretenait l'espoir.

Pour Louise, ce tableau réconfortant portait en lui une ombre. Des meuglements et des bêlements pitoyables montaient des parcs et des jardins où s'entassait un bétail que l'on négligeait de nourrir et qui mourait de faim. Comme la voirie négligeait d'éliminer les cadavres, certains quartiers baignaient dans une odeur pestilentielle et luttaient contre une invasion de rats et de mouches grosses comme des grillons.

— Les salauds ! pestait Louise. Aucune pitié pour ces pauvres bêtes.

— Tout ce qu'on demande à nos gouvernants, c'est d'avoir d'abord pitié des gens ! protestait Marianne. Les bêtes, ça passe ensuite…

Ces discriminations, Louise ne les acceptait pas. Pour elle, la misère ou la douleur d'un homme ou d'un animal sont indissociables. Tout être qui souffre a droit à la pitié et au secours. Le cœur serré, elle se souvenait des supplices que les garçons et les filles de Vroncourt faisaient subir, pour s'en divertir, à des bestioles ou à des animaux sans défense. L'abandon dans lequel le gouvernement de Paris laissait des troupeaux l'ulcérait tout autant. Ses élèves de la rue Houdon faisaient bon ménage avec une colonie de chats et de chiens qu'ils trouvaient chaque matin, assis sur leur derrière, devant la porte, et il ne leur venait pas à l'idée de les chasser. Louise avait cessé de croire en Dieu depuis longtemps, mais la pitié était une des facettes essentielles de l'humanisme qu'elle s'était créé. Elle disait : « Il n'y a pas deux formes de pitié : celle qui intéresse les hommes et l'autre que l'on voue aux animaux. Il n'y en a qu'une, et elle englobe tous les êtres vivants… »

On pouvait encore sortir de Paris et, le dimanche, aller canoter du côté de Bougival ou de Chatou. Louise y entraînait parfois sa mère et Malvina ; elle leur offrait un dîner à dix sous dans une guinguette et une promenade en barque. Elles voyaient là des peintres et des écrivains, en maillot et en canotier, qui n'avaient pas fui Paris à la première alerte, comme les bourgeois.

Un de ces artistes s'offrit à effectuer le portrait de Malvina sur une balançoire. Elle accepta en rougissant, posa près d'une heure, se montra satisfaite de ce croquis au crayon et ne lui refusa pas le baiser qu'il exigeait en échange. Il lui demanda si elle accepterait de poser dans son atelier, sur la Butte ; elle ne dit pas non.

— Tu es bien imprudente, dit Marianne. Ce garçon n'a pas bonne allure.

— Sais-tu son nom ? ajouta Louise.

Il l'avait griffonné, avec son adresse, au dos du croquis : *Auguste Renoir.*

Au retour d'une de ces promenades, à la fin de septembre, Louise et Malvina parlèrent mariage. Ce n'était pas la première fois, mais, cette fois-ci, Malvina y songeait sérieusement. Sur l'insistance du peintre, elle avait accepté de poser nue, puis de se donner à lui. L'idée d'une idylle avait pris naissance dans son esprit mais elle avait sagement renoncé à la fois aux séances de pose et aux ébats amoureux, en apprenant que le peintre se comportait de même avec tous ses modèles.

— Tu as bien fait, lui dit Louise. Ça ne t'aurait menée à rien. On peut faire un bout de chemin avec un homme sans songer au mariage.

— Je n'arrive pas à comprendre, lui dit Malvina, ce qui te retient de te marier. On dirait que tu fais tout pour décourager les hommes qui t'approchent. Tu devrais mettre à profit ce qu'Ernest Legouvé, un de nos maîtres à penser, a écrit dans un livre : *Le mariage est une profession et la maternité une carrière.*

— À ce beau programme, Malvina, je préfère ma liberté. Le mariage, on sait rarement où ça peut mener. J'en connais tant qui riment avec naufrage et qui laissent comme épaves des malheureux…

Dans les derniers jours de septembre, alors que Louise flânait avec André Léo à son bras, sur le boulevard de Clichy, un fiacre s'arrêta à leur hauteur et une voix de femme les interpella. La passagère avait reconnu Louise Michel dont le portrait figurait dans une gazette. Elle invita les deux promeneuses à partager ses banquettes. Avant même de s'être présentée, elle leur parla de la situation, qu'elle jugeait dramatique, voire désespérée.

— Heureusement, dit-elle, les grandes villes de l'Est tiennent encore tête à Guillaume. Je puis vous dire qu'une ville comme Metz ne capitulera jamais. Celui qui la gouverne et commande la garnison est mon frère, le maréchal Achille Bazaine.

Quelques semaines plus tard, sans ressources, Metz capitulait et Bazaine livrait à l'ennemi une armée intacte forte de près de deux cent mille hommes, qui fut dirigée sur l'Allemagne, et un nombre considérable de pièces de canon. Il était évident pour les républicains que, si le maréchal était resté inerte avant de se rendre, c'était pour des raisons bassement politiques : avec une telle armée, il pourrait peser dans la situation et faire échec aux rouges.

À Paris, cet événement fut ressenti comme une trahison et plongea la population dans la panique : les armées prussiennes qui avaient encerclé Metz allaient faire mouvement sur la capitale et rendre insupportable une situation déjà difficile.

L'ennemi était là. Le mythe conjuguant les soldats à l'uniforme gris et au casque à pointe et le uhlan dressé avec sa lance sur ses étriers était devenu une réalité : on pouvait les voir, du haut des fortifications, évoluer paisiblement à travers la campagne, organiser leurs cantonnements et presque respirer l'odeur de leur soupe.

Tenter de franchir les lignes était devenu dangereux et illusoire. L'idée vint au gouvernement de charger quelques hommes d'aller organiser en province des secours pour Paris. On choisit pour préparer cette opération ce jeune avocat, Gambetta, qui avait déjà fait parler de lui dans la défense des idées républicaines. Il était doué d'ardeur, de courage, et débordait d'initiatives.

Gambetta accepta de se rendre dans un premier temps à Tours. Comment ? En ballon. Le jour du départ, les Parisiens, montés par milliers sur la Butte, assistèrent au spectacle de cet homme presque obèse, borgne, débraillé, aux pantalons croulant sous la ceinture lâche, mais beau parleur.

Il régnait ce jour-là, qui était le 7 octobre, un temps radieux sur la place Saint-Pierre de Montmartre. Des lointains montaient les rumeurs sourdes des canonnades harcelant les forts. Le ballon de Gambetta, dédié à Armand Barbès, et l'autre qui devait suivre sous le nom de George Sand reposaient, liés à des cordages, comme d'étranges fruits géants tombés là par hasard.

Louise ne voulut pas manquer ce spectacle ; elle y vint avec Malvina et quelques élèves parmi lesquelles la petite Valadon, pour une leçon de physique sur le terrain.

Les batailles perdues

Quand le premier ballon eut disparu à l'horizon, salué sur la place par les cris de « Vive la République ! », et, au-dessus des proches banlieues, par des tirs de canon, Louise dit à ses élèves, dont certaines pleuraient :

— Mes enfants, ce ballon emporte nos espoirs. S'il arrive à bon port, si M. Gambetta obtient ce qu'il désire, nous pourrons envisager l'avenir avec sérénité. S'il échoue, nous devrons nous attendre à des jours difficiles.

Elle semblait assez contente de son petit discours que les élèves avaient écouté, bouche bée.

Gambetta arriva sans encombre à Tours, cette ville qui allait devenir une capitale en second, le creuset où l'on avait déposé le ferment de la revanche. L'espoir né de cet exploit qui avait surpris les Prussiens allait s'assombrir quelques jours plus tard, quand la nouvelle de la capitulation de Metz parvint à Paris.

Les combats qui avaient débuté autour de la capitale n'étaient que de simples escarmouches.

Le gouverneur avait pris soin de faire évacuer les localités environnantes et d'incendier une bonne part des bois et des forêts. Il avait battu le rappel de la Garde nationale ; trois cent mille hommes pourraient se porter à l'ennemi. On se disait pourtant que rien ne pressait, que la grande marée prussienne n'était pas encore annoncée ; les Gardes nationaux rentrèrent dans leurs ateliers et leurs boutiques, ou allèrent retrouver la piste du bouchon, jouer à qui paiera la tournée.

Sa classe achevée, la distribution des collations confiée à Marianne qui s'en acquittait avec conscience, Louise laissait Malvina et une femme de service mettre de l'ordre dans les classes. Elle se précipitait vers le kiosque à journaux de l'avenue de Clichy et en ramenait sa moisson.

Les nouvelles la gavaient d'amertume mais elle ne pouvait s'en passer : les Prussiens avaient pris d'assaut le plateau de Châtillon, à l'ouest de la capitale, jetant la panique parmi les lignards… La province n'était pas favorable à la poursuite du conflit… Jules Favre et Adolphe Thiers, cet ancien avocat orléaniste et antirépublicain, que Louise surnommait « le foutriquet » en raison de sa petite taille, mijotaient des conditions d'armistice après un décevant tour d'Europe des Cours. Clemenceau vitupérait ces défaitistes ; la population marchait sur l'Hôtel de Ville en dénonçant

Trochu, les traîtres du gouvernement et en réclamant la poursuite de la guerre.

C'est à la fin du mois d'octobre que, pour la première fois, Louise entendit crier : « Vive la Commune ! »

Quelques jours avant, des groupes de francs-tireurs avaient occupé Le Bourget mais avaient dû décrocher devant un assaut furieux des Prussiens, Trochu n'ayant pas jugé bon d'envoyer des renforts. Cette négligence déclencha la colère de la population et de la Garde nationale, qui crièrent à la trahison.

Une nouvelle manifestation fut décidée : elle se déroulerait devant l'Hôtel de Ville. Comme la Garde nationale y aurait sa place, Louise décida de revêtir son uniforme et de s'y rendre. Elle se trouva bloquée par une marée humaine agitée de soubresauts, dans le roulement des tambours. Jouant des coudes, elle parvint pourtant à se porter au premier rang, occupé par un cordon de gardes, sous des pancartes réclamant l'instauration de la Commune de Paris. Près d'elle, un étudiant en redingote noire gémissait en trépignant :

— Nous sommes trahis ! C'est trop de malheurs. Que va-t-il nous rester ? L'armée ? Elle s'effiloche ! Le gouvernement ? Il a promis de ne pas céder à Guillaume un pouce de notre territoire, mais nous savons ce que valent ces promesses ! Les Prussiens ont pris l'Alsace et n'en partiront pas.

— Cessez de larmoyer, jeune homme, lui dit Louise. S'il y a des traîtres, ils seront dénoncés et condamnés. Le peuple veille, et rien ne lui échappe.

Un souffle révolutionnaire passait sur Paris, mais c'était une révolution sans chefs. À supposer qu'il y en eût, ils se cachaient bien. Au tumulte qui animait la foule, impatiente de voir surgir un dispensateur de mots d'ordre, répondait, à l'intérieur de l'Hôtel de Ville, une pagaille qui semblait sans issue. Sous la présidence du maire, Étienne Arago, les édiles délibéraient sans ordre du jour précis, certains, au comble de la colère, sautant sur la table pour haranguer leurs collègues, d'autres s'empoignant en échangeant des injures. Pendant ce temps, la foule grondait dehors, et les mobiles bretons du général Trochu restaient postés aux fenêtres, leur arme pointée sur la population.

Comme il fallait en finir, on se décida pour la création d'un gouvernement d'union nationale homogène, ce qui n'engageait à rien, mais rassérénait l'atmosphère. Lorsque l'annonce en eut été faite, la foule se dispersa sans faire d'histoires.

Au lendemain de cette journée animée, lorsque Louise vit surgir Gustave Flourens dans sa cour de récréation, elle ne put maîtriser un mouvement de surprise.

— Ben, dis donc, fit-elle, on dirait que tu as pris du galon ! Tu es au moins général !

— Je ne suis pour le moment, répondit Flourens, que le commandant des bataillons de Belleville. Ce sont mes hommes qui viennent de m'élire, et j'en suis très fier ! Soldat Michel, tu me dois le respect. J'exige salut et garde-à-vous…

Ils s'étreignirent à bras le corps. Louise ajouta d'un ton narquois :

— On n'a pas vu hier, devant l'Hôtel de Ville, les glorieux bataillons de Belleville. Dommage… en prenant position dans le bâtiment vous auriez pu y mettre de l'ordre. Il paraît que tout le monde parlait et que personne n'écoutait. Nous attendions la proclamation de la Commune et on nous annonce une sorte de brouet : un gouvernement d'union nationale homogène…

Elle ne lui laissa pas le temps de s'expliquer, recula de quelques pas pour admirer celui qui, quelques années auparavant, exilé en Crète pour ses opinions républicaines, s'était battu contre les Turcs. C'était un beau gaillard mince et blond, au front dégarni. Il plaisait aux femmes par son élégance, son verbe fleuri, les touches de fantaisie qu'il apportait à sa tenue. Il se pavanait à travers Paris sur l'un ou l'autre des deux chevaux prélevés dans les écuries impériales : Capitan et Passiflor.

— L'Hôtel de Ville, dit-il, nous y étions, mais la pagaille est telle dans les bureaux que nous n'avons pas été prévenus de la séance matinale et que nous nous sommes présentés seulement l'après-midi, alors que tout était rentré dans l'ordre, si l'on peut dire. Nous avons fait du raffut, réclamé une levée en masse, des sabres pour les officiers, une municipalité élue... Trochu nous a promis une réponse. Elle tardera, je le crains... Pour ce qui me concerne, j'ai demandé au gouverneur une confirmation de mon grade de colonel. Il a gratté sa barbiche avec gêne avant de me proposer celui de major des remparts, un grade dont personne n'a jamais entendu parler ! Il aurait voulu me marquer son mépris qu'il n'aurait pas fait autrement.

Il avait pensé jeter ses galons et son brevet au visage de Trochu, et lui adresser sa démission. Puis il s'était ravisé, persuadé qu'il pouvait encore, du fait de son expérience de la guerre, être utile à la révolution. Cette démarche, de toute manière, n'avait pas été inutile : il avait pu constater que les rats installés dans leur fromage ressentaient les premières atteintes de la peur.

Un plébiscite allait confirmer la confiance que le peuple de Paris vouait au gouvernement, malgré les élans qui le portaient vers les républicains. Les « oui » furent 557 000 et les « non » 62 000. Premier soin des élus : remplacer le maire, Étienne Arago, jugé favorable à la poursuite de la guerre ; on lui substitua un modéré : Jules Ferry.

Les pourparlers entre Adolphe Thiers et Bismarck se poursuivirent dans une ambiance de suspicion et de peur savamment entretenue par le chancelier qui affectait de maintenir la totalité de ses exigences, notamment les annexions territoriales et le montant colossal de l'indemnité.

Bismarck avait lancé à Thiers :

— Je vous rappelle, monsieur, que, pour mener cette négociation, j'ai le choix entre l'Empereur, les Bourbons, les Orléans et même les républicains !

— Soit, monsieur le chancelier, mais au moins faites un geste : laissez les convois de ravitaillement entrer dans la capitale. Nous risquons la famine...

— Monsieur Thiers, je vous le répète : c'est *nein* !

Il voulait, avouait-il à ses proches, laisser Paris *mijoter dans son jus*...

Par Georges Clemenceau, Louise eut des nouvelles de l'expédition *extra muros* menée par Gambetta : il avait installé, à Tours, un gouvernement de Défense nationale décidé à ne pas mettre l'arme au pied. Pour organiser ses services et ses armées, il avait fait appel à une banque anglaise. L'armée de la Loire marcherait sur Orléans et tenterait ensuite une jonction avec celle de Paris.

— C'est un plan judicieux, dit Clemenceau, mais il se présente mal : on n'a pu mettre à la tête de cette armée que des officiers séniles ; elle sera équipée, au lieu de chassepots, de vieux fusils à tabatière. Vous rendez-vous compte, Louise ? Sans compter que les hommes n'ont pas l'équipement nécessaire : une simple vareuse de toile pour lutter contre la neige et le froid...

Il provoqua l'hilarité de Louise en lui relatant les inventions proposées par des esprits imaginatifs mais un peu fous, destinées à faire rebrousser chemin aux casques à pointe : le feu grégeois, comme au Moyen Âge... des fusées baptisées *Satan*, capables de tuer d'un coup mille Prussiens... un fusil à eau chaude pour ébouillanter l'ennemi... des « escargots sympathiques » à utiliser comme des pigeons voyageurs... Des « doigts prussiques » à l'usage des femmes en butte à des entreprises galantes de l'ennemi... On proposa même de lâcher sur les lignes ennemies les fauves du Jardin des Plantes, d'empoisonner l'eau de la Seine, d'exhiber en procession les drapeaux de Jeanne d'Arc...

— Plus sérieux, ajouta Clemenceau : j'envisage de faire confectionner à Montmartre des bombes identiques à celle d'Orsini et d'en armer les femmes et les enfants pour le cas où les Prussiens tenteraient d'escalader la Butte. Qu'en pensez-vous ?

— Pardonnez-moi, répondit Louise. Je ne vois pas des enfants et des mères avec une bombe entre les mains ! C'est absurde et dangereux.

— Il y a tout aussi absurde, Louise, mais dans un autre genre. Voici la prose de *votre* Hugo. Ça s'intitule *Lettre aux Français* et ça n'est pas piqué des vers !

Il tira de sa poche un journal et lut à haute voix :

Que tout homme soit Camille Desmoulins, toute femme Théroigne de Méricourt, tout adolescent Barra. Faites comme Bonbonnel, le chasseur de panthères, qui, avec quinze hommes, a tué vingt Prussiens et fait trente prisonniers ! Harcelez ici, foudroyez là ! Et bla-bla-bla...

Il ajouta :

— Hugo a publié *L'Homme qui rit*, mais c'est nous qui rions ! Au registre des absurdités, je vous rappelle la lettre que le peintre Courbet a adressée à Bismarck, et où il lui dit : *Il va falloir retourner chez vous avec vos canons, et c'est lourd ! Si nous les fondions avec les nôtres et n'en gardions qu'un, on le dresserait place Vendôme, coiffé d'un bonnet rouge, avec une gerbe de blé et une branche de houblon...* On s'étonnera après ça que les Prussiens soient encore devant Paris !

D'une bonne humeur ravageuse, il vitupéra la prolifération des clubs, sociétés, loges maçonniques... Ces dernières avaient pris une mesure qui, disait-il en plaisantant, allait sûrement changer le cours des choses : elles avaient fait exclure le roi Guillaume et son fils, le prince Frédéric...

— Toutes ces fantaisies, dit-il, toutes ces absurdités n'augurent rien de bon. Nous en rions, mais nous ferions mieux d'en pleurer.

Louise lui fit part de ses difficultés à gérer son école : le prix des subsistances continuait à grimper avec la disette menaçante, si bien qu'elle avait de plus en plus de mal à nourrir les enfants et à soigner les malades. Clemenceau l'aidait de son mieux : il jouait le médecin des pauvres, venait d'ouvrir un dispensaire et ce qu'il appelait des « marmites », où l'on distribuait la soupe gratuite, et avait fait fermer des bordels à la demande de Louise.

— Cette action, lui disait-elle, est tout à votre honneur, mais vous pouvez faire mieux encore. Ce siège dont nous subissons les premières atteintes doit nous enseigner la solidarité. C'est ce que j'apprends à mes gosses. Il est affligeant de voir des bourgeois souper au champagne chez Brébant, alors que des mères, dans le même temps, se demandent ce qu'elles pourront donner à manger à leurs enfants…

— Rassurez-vous, Louise, disait Clemenceau, vous savez que vous pouvez compter sur moi pour vos pauvres et vos malades. Mais vous-même ? Je vous trouve mauvaise mine, et vous avez maigri. Venez me voir en consultation un jour prochain. Pour vous, ce sera gratis…

6

LA FAIM DE PARIS

Malvina avait mis en alerte Louise et sa mère.

Depuis quelques semaines, son comportement s'était modifié dans le mauvais sens et ses traits s'étaient altérés, au point que Louise se demandait si elle ne souffrait pas de quelque maladie honteuse. Il n'en était rien. Alors, peut-être s'agissait-il d'un amour contrarié ? Point du tout. Peut-être était-elle enceinte ? Lorsque Louise le lui demanda, elle éclata de rire.

— Alors ?

Alors, elle haussait les épaules en demandant qu'on lui fiche la paix. Elle se portait très bien, merci ! Voire… Louise la surprenait à somnoler en surveillant ses élèves ; elle s'endormait durant une leçon et ne se réveillait que lorsque ses gosses commençaient à faire leur chahut. À table, elle manifestait, sans le moindre scrupule, un comportement boulimique.

Louise exerça sur elle une surveillance discrète, et constata qu'une nuit sur deux sa compagne s'absentait. Elle décida de la suivre dans ses équipées nocturnes mais y renonça, de crainte que Malvina ne surprît cette surveillance et n'en prît ombrage. Et puis, à la fin de la journée, elle avait ses réunions de clubs auxquelles elle devait assister, malgré la fatigue des journées.

Un matin de janvier, alors que la neige était tombée dru toute la nuit, Malvina ne se présenta pas à sa classe. Louise se rendit dans sa chambre. Malvina était en train de se préparer pour descendre.

Le regard éteint, le visage bouffi de fatigue, elle tenait à peine sur ses jambes et dormait à moitié.

— Tu me fais pitié, dit Louise. Mieux vaut te recoucher. Ma mère surveillera ta classe. Mais tu vas vider ton sac ou foutre le camp. Tes petits mystères, terminé ! Tu vas te prostituer, oui ou non ? Réponds, nom de Dieu !

— Si tu savais comme tu te trompes, murmura Malvina. Je n'ai pas honte de ma conduite. Au contraire.

Elle lui révéla qu'en compagnie d'une amie du quartier elle quittait Montmartre au milieu de la nuit, quelque temps qu'il fasse. Elle franchissait les lignes prussiennes pour accéder à une auberge située entre Saint-Ouen et Clichy, tenue par un trafiquant en vivres. En deçà de la ligne des fortifications, la disette s'était installée ; au-delà, on ne manquait de rien. Malvina et sa complice remplissaient sacs et valises de victuailles en tous genres et les rapportaient sur leur dos jusqu'à Montmartre. Elles n'avaient échoué qu'une fois dans ces expéditions : la nuit où elles avaient été surprises par une patrouille de Bavarois et conduites au poste le plus proche, où elles avaient dû abandonner leur chargement aux soldats.

— Mais tu es folle ! s'écria Louise en se laissant tomber sur le lit. Ça fait des heures de marche et avec ce chargement sur le dos…

— Oui, mumura Malvina avec un sourire pitoyable. Une sacrée trotte…

— Ces vivres, qu'est-ce que tu en fais ? Nous n'en voyons pas la couleur.

— Et pour cause…

Malvina expliqua qu'elle et sa complice étaient en cheville avec un épicier de la rue des Martyrs, qui leur achetait leur chargement un bon prix et l'écoulait avec un large bénéfice.

— Bravo pour ton petit trafic ! ironisa Louise. Tu comptes sans doute te constituer une dot ?

— Tu n'y es pas, Louise. Cet argent, c'est pour l'école, et je n'en garde pas un centime. Tu ne t'en es pas rendu compte, et c'est tant mieux. Pourvu que les gosses aient leur collation, le reste, tu t'en fous !

— Tu aurais tout de même pu…

— … t'en parler ? Tu ne m'aurais pas laissée continuer.

— Certainement ! Te rends-tu compte des dangers que tu cours ? Une patrouille pourrait tirer sur toi, tu risques de te faire violer par un Bavarois ou un pandour hongrois. Tu vas cesser ce manège.

Malvina protesta. Les gosses seraient les premiers à pâtir de cette exigence morale, de ce souci de sécurité. Que leur répondrait-on quand ils arriveraient à l'école, le ventre creux, et réclameraient leur pain et leur lait ? L'argent que Malvina rapportait à l'école entrait pour moitié dans l'approvisionnement des élèves, le reste étant fourni par les secours de Georges Clemenceau et de son équipe municipale, ainsi que par des dons, lesquels se faisaient de plus en plus rares.

— Ton épicier, dit Louise, je vais lui faire une visite dont il se souviendra.

— Tu risques de tuer la poule aux œufs d'or.

— Nous verrons bien. Repose-toi toute la matinée : tu en as besoin. J'irai chez ton épicier cet après-midi. En attendant j'emporte la hotte du Père Noël : ce paquet, là, sur la chaise. Ça doit être plein de bonnes choses. Je vais faire la distribution.

Louise partit seule, d'un pied militaire et dans sa tenue de Garde national, le chassepot en bandoulière, le képi au ras des yeux. Elle entra en coup de vent dans la boutique de l'épicier. C'était à une heure creuse.

— Laborde, c'est toi ?

— C'est moi, citoyenne. Qu'est-ce que je peux faire pour toi ?

— Tu peux faire beaucoup, et tu vas le faire. Je suis la maîtresse d'école de la rue Houdon, et j'ai des dizaines de gosses à nourrir. Ils sont comme des oisillons au bord du nid, toujours le bec ouvert. Tu pourrais y enfourner toute la boutique qu'ils réclameraient encore.

— Pauvres oisillons…, soupira l'épicier. J'ai déjà donné pour eux, et je ne peux pas faire plus. Regarde toi-même.

Il fit un geste pitoyable vers les cloisons garnies de rayons, vides pour la plupart.

— C'est pas ton étalage qui m'intéresse, dit Louise, mais ton arrière-boutique. On va y faire une visite.

— Eh là ! s'écria l'épicier. C'est pas légal. Faut un ordre de réquisition.

— J'ai beaucoup mieux. Un seul mot à dire : je fais fermer ta boutique et je t'expédie au falot. J'ai des témoins actifs de ton petit trafic.

L'épicier blêmit, s'essuya le front avec le fond de sa blouse.

— Suis-moi, dit-il.

— Je te remercie de ta compréhension et de ton aide. Donne-moi un sac vide. Un grand.

L'arrière-boutique ne contenait que des sacs de riz, de patates et des bidons d'huile ou de pétrole pour les lampes.

— Tu peux te servir, citoyenne.

— Non, citoyen, c'est la cave qu'il me faut.

Elle montra la trappe. L'épicier la souleva en protestant qu'elle ne contenait que du vin. Il alluma un rat-de-cave. Elle le suivit.

— Nom de Dieu ! s'exclama Louise. Nous sommes tombés sur la caverne d'Ali Baba.

Le réduit, qui prenait jour sur l'avenue de Clichy par un soupirail, était garni du sol au plafond des victuailles les plus diverses, des patates « premier choix » aux produits des îles, comme la vanille et le gingembre. Des bocaux, des boîtes de conserve garnissaient des étagères, joliment alignées et classées, avec un goût de la symétrie qui révélait une nature d'artiste ou de militaire. Louise lui en fit compliment sur le mode ironique.

— Approche, dit-elle. Éclaire-moi un peu mieux. Je te rassure, c'est pas le « premier choix » qui m'intéresse.

Elle remplit le sac de sachets de riz et de farine, de paquets de sucre, de deux gros jambons, d'œufs gentiment couchés sur un lit de foin. Elle y ajouta un paquet de café du Brésil pour sa mère, des pruneaux confits pour Malvina et quelques tablettes de chocolat Menier pour les gosses les plus méritants.

— Tu me ruines..., gémit Laborde. Tu en as pris pour au moins cent francs !

— Ce n'est qu'un début, citoyen. Tiens... prends ce sac sur tes épaules pour le monter. Il est bigrement lourd.

Lorsqu'ils se retrouvèrent dans l'arrière-boutique, Laborde souffla le rat-de-cave.

— Tu me sembles avoir la tête près du bonnet, dit-il, et j'aime ça. Mais tu peux pas continuer à piller ma boutique, sinon il me restera plus qu'à aller planter mes choux à Asnières. Alors je te propose la forte somme et on n'en parle plus. Mille francs tout ronds, ça t'irait ?

Louise prit un air terrible, pointa le canon de son chassepot sur la gorge de l'épicier qui se laissa tomber sur le « premier choix ».

— Tentative de corruption d'un membre de la Garde nationale ! C'est gravissime. J'ai bien envie de te dénoncer au comité de surveillance de Montmartre. J'y ai de bons amis, et pas tendres pour les trafiquants.

— Mais tous les épiciers du quartier font de même ! gémit Laborde. Bien obligé, si on veut vivre...

— Merci du renseignement, citoyen. Je vais aller les visiter de ta part.

— N'en fais rien, je t'en prie. Ils me tomberaient dessus. Mettons que je n'ai rien dit. Reviens chez moi quand tu veux. Pas trop souvent si possible...

À quelques jours de là, à la mi-janvier, une nouvelle stupéfia les Parisiens : le général Faidherbe, un colonial appelé par Gambetta au commandement de l'armée du Nord, venait, après quelques victoires éclatantes, à Bapaume notamment, d'essuyer un revers sanglant dans les parages de Saint-Quentin, laissant plus de dix mille hommes aux mains des Prussiens. C'était la meilleure armée française, la seule qui eût échappé à l'incurie de ses chefs et réussi à maintenir la discipline dans ses rangs.

Il fallait désormais s'attendre à une arrivée massive, sous les murs de Paris, des troupes ennemies rendues disponibles.

Les adversaires de l'armistice réclamaient des actions ? On leur donna satisfaction, avec des fortunes diverses, sous la neige et par grand froid, en effectuant des sorties.

On reprit Champigny aux Prussiens, mais en perdant dix mille hommes, tués, blessés ou prisonniers. L'armée de la Loire connaissait revers sur revers et se repliait sur Bourges et Le Mans. Fort des contingents ramenés de l'Est, l'ennemi braquait ses canons sur Paris sans cesser de veiller à ses arrières.

Dans la capitale, les premières atteintes de la disette laissaient prévoir des mois de famine. Pour comble, les bombardements des canons Krupp avaient débuté, faisant dégâts et victimes, sapant le moral de la population. Un jour, alors que Louise se rendait à une réunion dans le centre de la ville, un obus tomba à proximité, tuant le cheval d'un fiacre. Elle retrouvait partout le même spectacle navrant : femmes et enfants emmitouflés dans de vieilles laines, faisant queue devant les magasins d'alimentation, souvent pour s'entendre dire qu'il n'y avait plus rien à vendre. On n'allait pas tarder à se rabattre, pour ne pas mourir de faim, sur des nourritures de sauvages : des rats, des chats, des chiens, que l'on tuait soi-même ou que l'on achetait sur les marchés.

Il fallut se résoudre à sacrifier les animaux des jardins d'acclimatation. L'exécution des deux éléphants du Jardin des Plantes, Castor et Pollux, fit pleurer les enfants. On songea à distribuer leur viande au peuple, mais c'est sur les fourneaux des grands restaurants qu'ils finirent.

La température glaciale ajoutait à ces épreuves. Devenu rare, le charbon était hors de prix. Pour ne pas mourir de froid, il fallut abattre les arbres des jardins et des avenues. Les principales victimes furent les vieillards et les enfants. La mortalité montait en flèche. Comme pour mettre un comble au désespoir, les bombardements s'intensifiaient.

Que faisait Trochu ? « Ce qu'il peut », répondaient les bourgeois. « Rien », proclamait le peuple. Le ventre plein et les pieds au chaud, Trochu attendait les conclusions des négociations d'armistice. Il avait, disait-il, son plan, mais tenait à le garder secret, si bien qu'à la longue personne n'y croyait. Le « plan de Trochu » était devenu un objet de plaisanterie.

Il est vrai qu'il y avait de quoi se montrer réservé. Effectuer de nouvelles sorties, alors qu'on les savait vouées à l'échec ? Trop risqué. Tenter une jonction entre l'Armée de Paris et celle de la Loire ? Ni l'une ni l'autre n'étaient capables d'affronter la colossale armée de Guillaume. Leur rendez-vous avait été fixé à Fontainebleau. Il fut annulé.

Restait un espoir, mais minime, une étincelle dans cette nuit. Il venait de l'est du pays, où l'armée du général Bourbaki, forte de cent vingt mille hommes, tentait de débloquer Belfort qui, sous l'autorité du colonel Denfert-Rochereau, s'obstinait à résister au feu des Prussiens. L'armée du Nord, commandée par le général Faidherbe, avait pratiquement renoncé à marcher sur Paris. Quant à celle de la Loire, elle se désagrégeait lentement dans la neige.

Autour de Paris, la situation s'aggravait.

Trochu, pour satisfaire à l'ardeur guerrière de la Garde nationale, lui confia une mission difficile : reprendre deux places de la banlieue ouest, Montretout et Buzenval. Paris attendit dans la fièvre des dépêches qui arrivaient, pour ainsi dire, heure par heure. Après un assaut irrésistible et de lourdes pertes, les Gardes nationaux occupèrent le fort de Montretout. Buzenval, deuxième étape de l'opération, se trouve à deux pas ; ils s'engouffrèrent dans le parc, à travers un brouillard si dense qu'il était difficile de distinguer un Français d'un Prussien, si bien qu'ils durent cesser leur avance.

La dernière dépêche fut accueillie par un mouvement de révolte de la population : l'ennemi avait repris le dessus avec des moyens considérables et forcé la Garde à la retraite.

Au cours de la réunion, salle de la Reine-Blanche, à Montmartre, du comité de vigilance, à la suite de ces funestes journées, Ferré s'était dressé pour déclarer :

— Cette retraite de Montretout et de Buzenval a été décidée par le gouvernement dit de Défense nationale. Pas par nos bataillons qui étaient décidés à se battre jusqu'au dernier homme. À Buzenval, ils manquaient de canons, alors que, dans Paris, nous en avons des centaines, à commencer par ceux que nous avons fait fondre de nos deniers. Trochu a fait courir le bruit selon lequel certains de nos bataillons auraient été saisis de panique. Pure invention, faite pour disculper les vrais responsables !

Auguste Blanqui mêla son indignation à celle de Ferré :

— Nos Gardes nationaux auraient supporté plus longtemps, et avec la même vaillance, le tir des mitrailleuses ennemies si nos propres batteries installées au Mont-Valérien n'avaient pas tiré sur eux ! Cela, mes amis, sent la trahison…

À l'issue de la réunion, Louise demanda que l'on aille tenter de délivrer Gustave Flourens. Arrêté à la suite de sa participation, avec son bataillon de Belleville, à la manifestation du 31 octobre précédent, place de Grève, il manquait à tous par son allant, son courage, ses idées généreuses.

— Le moment est venu, dit-elle, avant que l'armistice ne soit signé, de décréter la déchéance de ce gouvernement de capitulards, et de proclamer la Commune. Donnons-nous rendez-vous devant Mazas pour nous porter ensuite sur l'Hôtel de Ville !

André Léo ajouta :

— Louise a raison ! Il faudra décider les femmes à nous suivre. Nous venons d'apprendre qu'il n'y a plus de farine que pour trois semaines. Ces privations, nous les supporterions, à condition qu'elles aboutissent à notre délivrance.

Des clameurs montèrent de toute la salle pour confirmer l'adhésion des participants à une marche sur Mazas et sur la place de Grève. Louise remit dans sa ceinture le pistolet qu'elle posait toujours sur la table durant les réunions, pour le cas, disait-elle, comme cela s'était produit, où l'on aurait usé de violence pour interrompre ces assises populaires.

Alors que l'assemblée se dispersait, une femme fit irruption dans la salle en criant :

— Grande nouvelle, mes amis : Trochu parle de démissionner. Il serait remplacé par le général Vinoy !

Ferré prit Louise par la taille ; ils s'éloignèrent dans la nuit sous une bourrasque de neige. L'éclairage des voies publiques ayant été interrompu par mesure de restriction, les rues principales n'étaient éclairées que par les établissements publics et les magasins. À cette heure tardive, toute la capitale était plongée dans l'obscurité, à l'exception des postes de police et des hôpitaux.

— Tu as été très éloquente, ma Louise, dit Ferré. Tu ressemblais à un général à la tête de ses troupes.

Il lui avoua qu'il ne souffrait guère, pour son compte, de l'emprisonnement de Flourens. Il aimait peu cet *artiste d'opéra* qui, combattant en Crète, s'était pris pour lord Byron. Son éloquence n'était que poudre aux yeux. Récemment, on l'avait vu sortir de chez Hugo, déguisé en pallikare grec. Il se prenait pour un prophète des temps nouveaux, annonçait la conquête du ciel par les hommes, autrement que par des ballons... Ce pauvre fou avait même écrit un livre pour raconter ses délires utopiques.

— Il est vrai, dit Louise, que Flourens se croit parfois dans un opéra, mais il est de ceux qui se feraient tuer sur la scène plutôt que d'essuyer un échec.

Elle ajouta :

— Raccompagne-moi, Ferré. Je crains les mauvaises rencontres, même avec ce pistolet dans la ceinture. Tu te fais rare depuis quelque temps. Au point que je commençais à m'interroger...

— Ne me cherche pas querelle, s'il te plaît. Tu devrais comprendre qu'entre mon travail à l'étude, les articles que me demandent nos journaux, mes activités de militant, je n'ai guère de temps à consacrer à des amis aussi chers que toi. Je pense souvent à ma Louise...

— À tes moments perdus, sans doute... Reste ce soir à la maison. J'ai besoin de quelqu'un auprès de moi ne serait-ce que pour me réchauffer. Il fait très froid dans ma chambre. Le peu de charbon que je dois à Clemenceau, je le garde pour les salles de classe.

Un matin de janvier, Louise somnolait durant la récréation, après une nouvelle soirée tumultueuse, salle de la Reine-Blanche, quand un message de Ferré vint lui rappeler leur rendez-vous devant la prison de Mazas sur le boulevard du même nom, dont on avait parlé récemment au comité de vigilance.

Elle confia sa classe à sa mère et avertit Malvina que son absence risquait de se prolonger. Elle revêtit son uniforme, mit en bandoulière son chassepot et se dirigea vers le boulevard Mazas, proche de la place du Trône.

L'investissement de la prison avait été minutieusement préparé quelques jours avant par des amis avec, comme prétexte, une visite au prisonnier Gustave Flourens, couloir B, cellule 9. Les conditions d'accès au lieu d'incarcération seraient facilitées par le fait que quelques prisonniers avaient été libérés peu avant.

Tandis qu'un premier groupe s'occupait à maîtriser et à désarmer les factionnaires, un autre se rendait maître du corps de garde occupé par six gardiens en armes, qui n'opposèrent qu'un semblant de résistance. Alerté, le directeur accourut, le visage convulsé, des pans de sa chemise débordant de son pantalon. Il suffit de poser un pistolet sur sa tempe pour qu'il conduisît les assaillants couloir B, cellule 9.

Lorsque s'ouvrit la porte de sa cellule, Flourens pleurait de bonheur.

— À plus tard les attendrissements ! lui jeta Louise. Filons avant que la rousse n'arrive en masse. Opération réussie, les amis ! Nous nous retrouverons où vous savez.

Opération réussie ? Certes, et au-delà de ce qu'attendaient ceux qui l'avaient préparée. Tout avait été simple, très simple, trop simple pour être crédible. Pourtant Flourens était bien là, grattant la vermine qui lui couvrait le corps, avalant du vin, rasade sur rasade. Un Flourens qui, un peu ivre, s'était mis à chanter en grec et à danser le sirtaki.

Le lendemain, 22 janvier, une affiche gouvernementale signée du général Clément Thomas évoquait l'incroyable audace des « factieux » qui avaient enlevé le prisonnier Gustave Flourens. Ces révolutionnaires étaient devenus des hors-la-loi.

Cet incident, qui fut la risée du peuple, parut galvaniser le gouvernement. Après cette humiliation, il fallait s'attendre au pire de sa part. Flourens libre, tout était possible avec ce palladium vivant de la révolution. Pour veiller au grain, on envoya les mobiles bretons de Trochu défendre l'Hôtel de Ville, sur l'ordre d'un adversaire juré des rouges, Chaudey, adjoint au maire de Paris. Sage précaution : dans la matinée, les premiers bataillons de la Garde nationale prenaient position place de Grève, avec leurs fusils, mais sans munitions, sauf ceux qui descendaient de Montmartre.

Louise arriva dans la matinée, entourée d'un groupe de femmes, ses compagnes de combat : André Léo et Marie Ferré en tête. Elles trouvèrent fascinant le spectacle de la façade de l'Hôtel de Ville, dont toutes les fenêtres, les balcons et les toits étaient occupés par les Bretons qui tenaient leurs fusils braqués sur la foule.

Une délégation demanda à être reçue par Chaudey ; elle fut éconduite. Derrière les grilles, des officiers ricanaient et insultaient les pauvres bougres, éberlués par cet accueil méprisant. La foule avait commencé à affluer sur la place ; des étudiants avaient grimpé aux lampadaires et entonnaient *La Marseillaise* et *Le Chant du départ*, saluant avec leurs bonnets l'arrivée de nouveaux bataillons de la Garde nationale.

Les choses auraient pu en rester là, si un coup de feu n'était parti, on ne savait d'où exactement. Un lourd silence lui succéda et, soudain, une fusillade nourrie éclata, partant de toutes les fenêtres de l'Hôtel de Ville. Les mobiles de Trochu n'avaient attendu que les ordres pour entrer en action.

— Les salauds ! s'écria Louise. Ils osent tirer sur le peuple !

Elle parcourut la foule, pour tenter de la faire refluer de l'autre côté de la place où elle serait à l'abri. Autour d'elle, les balles ricochaient sur le pavé ou touchaient leur cible. Elle entendit se lamenter un enfant blessé, puis le cri sourd d'une femme qui s'affaissa près d'elle. Des hurlements de terreur montaient de toutes parts.

Les Gardes nationaux de Montmartre avaient pris position en bon ordre, face à l'Hôtel de Ville, et dirigeaient sur les fenêtres un feu nourri qui atteignait rarement sa cible en raison de la distance.

Par moments, l'un d'eux lâchait son arme et tombait sur les genoux ; le rang se resserrait autour de lui instantanément.

Louise se mêla à eux, puisant balle après balle dans sa cartouchière, le visage noir de poudre, ne prêtant attention qu'aux fenêtres ornées de jolis bouquets de fumée blanchâtre, sur lesquelles elle tirait au jugé. C'était la première fois qu'elle participait à un tel engagement. Elle en ressentait une double impression : la crainte de blesser un de ces jeunes Bretons aux yeux couleur de mer, à la peau blanche, et la haine que lui inspiraient ceux qui leur avaient donné l'ordre de tirer sur la foule.

Des insurgés avaient pris position sur le toit d'un omnibus dont ils avaient libéré l'attelage. Du haut de cette barricade improvisée, une grande femme vêtue de noir, comme Louise, brandissait un drapeau rouge ; elle le lâcha soudain en poussant un cri et bascula dans le vide. Deux vieillards, vestiges des révolutions passées, se tenaient à ses côtés. Ils tiraient sans discontinuer, debout, tranquilles comme Baptiste.

Au bout d'une heure de cet échange de coups de feu, les insurgés durent évacuer la place et quelques-unes des maisons qui l'entouraient, où ils avaient posté des tireurs. Une cinquantaine de cadavres restaient sur le pavé, mêlés à des blessés que l'on enlevait un à un pour les mettre à l'abri derrière une barricade improvisée, avenue Victoria.

Louise s'était tirée sans une égratignure de ce combat fratricide ; son képi lui avait été arraché par une balle bretonne qui n'avait pas laissé d'autre trace. Elle retrouva ses compagnons et ses compagnes dans un café proche de l'Hôtel de Ville, indemnes, sauf un nommé Place qui avait un bras cassé et réclamait un cognac avant d'être évacué en fiacre vers un hôpital.

Louise reconnut dans l'assistance un vieux républicain, le père Malézieux ; il se tenait sur une banquette, replié sur lui-même, en roulant une cigarette. Elle s'approcha de lui.

— C'est vous, dit-elle, qui vous teniez debout sur l'omnibus. Vous ne manquez pas de courage. Risquer sa vie à votre âge…

Il bougonna en allumant sa cigarette :

— La vie, ma jolie, qu'est-ce que j'en ai à foutre ? Les barricades, ça me connaît. J'étais sur celles de 1830 et de 1848. Aujourd'hui, c'était même pas une barricade. De la gnognotte ! Ça ressemble à quoi de tirer contre un mur ? Autant aller faire des cartons à la foire du Trône. Ceux d'en face ont dû se régaler. Des fenêtres, ils risquaient pas grand-chose à tirer sur la foule, c'était du gâteau. Combien de morts chez les nôtres ?

— Une cinquantaine. Beaucoup de blessés.

— Bigre…

— Qui était cette femme en deuil, près de vous ?

— Une Polonaise, je crois, peut-être une Russe. Elle avait un foutu accent. Ça, c'était une vraie femme, tonnerre de Dieu ! et ils l'ont pas manquée, ces salauds de Bretons ! Moi aussi, j'aurais aimé laisser ma peau dans cette bataille, mais c'est fou ce qu'il faut de plomb pour tuer un homme. L'ennui… regarde ! l'ennui, c'est que mon habit est foutu, troué comme une passoire. Qui va m'en payer un neuf ? Toi, peut-être ?

Accompagnée de Marie, Louise demanda aux nouveaux arrivants s'ils avaient des nouvelles de Ferré. Tout ce qu'elles purent apprendre, c'est qu'il s'était bien battu, ce qui ne les surprit guère, et qu'il était indemne. Elle ne l'avait guère revu depuis la réunion de la Reine-Blanche, où l'on avait décidé, à son instigation, de tenter de délivrer Flourens. Ils avaient passé ensemble cette nuit, dans les bras l'un de l'autre, mais sans qu'il tentât d'abuser d'elle, ce qu'elle regretta plus que lui. Ses sentiments pour Ferré évoluaient insensiblement de l'affection vers l'amour et de l'amour vers la passion. Avec, comme ciment, la révolution.

Un grand silence tomba sur Paris comme une chape de plomb.

Une affiche signée de Jules Ferry stigmatisait l'insurrection provoquée par une poignée de Gardes nationaux factieux qui avaient « fusillé l'Hôtel de Ville ». Des décrets interdirent les réunions des clubs et des comités, suspendirent les journaux séditieux. La police était partout, jusque dans les écoles. Celle de la rue Houdon était placée sous haute surveillance ; à chaque sortie, Louise était suivie par une « mouche » en civil qu'elle s'amusait à semer.

Le ravitaillement était devenu de plus en plus rare et onéreux. Les boulangeries continuaient à livrer du pain mollet aux bourgeois mais ne proposaient aux ménagères que des rations d'un pain noirâtre, gluant et malodorant. On ne trouvait à acheter à volonté que du vin, mais c'était un avantage redoutable car les gens en abusaient, et pas seulement les hommes. Les Gardes nationaux y noyaient leur ennui, les femmes leur détresse ; on en faisait même boire aux enfants, à défaut de lait, pour leur « refaire le sang »...

Louise pleura sur l'épaule de Malvina en apprenant que l'armistice venait d'être conclu à la suite d'interminables tergiversations.

C'était le 28 janvier. Après une série de démarches humiliantes destinées à convaincre le chancelier de modérer ses prétentions, Jules Favre avait obtenu satisfaction sur un point d'honneur : que le dernier coup de canon fût tiré par ses compatriotes... Outre les concessions territoriales excluant Belfort qui continuait à résister, la France était frappée d'une indemnité colossale : deux cents millions de francs. Devant la mine consternée du ministre, Bismarck lui avait dit, en laissant rouler son rire rocailleux :

— Allons… allons… meuzieu le minisdre ! Baris est une demoizelle riche et pien entretenue ! Elle bourra sans peine bayer cette betite ranzon ! Heu… heu… heu…

L'armistice prévoyait que la capitale devrait déposer ses armes, à l'exception de la Garde nationale, estimée fidèle au gouvernement.

Le dernier coup de canon fut donné au pont de Sèvres par un artilleur français. Dès que les barrières furent levées, la population se rua dans les campagnes proches de Paris afin de s'y ravitailler. Les gens en revenaient chargés comme des mulets de tout ce qui leur avait manqué durant le siège. Ils avaient une larme de reconnaissance pour cet armistice qui leur permettait de manger de nouveau à leur faim, et une larme de tristesse en songeant qu'il fallait mettre bas les armes.

Marianne et Malvina cédèrent au mouvement, Louise refusant de suivre la curée. Elles rapportèrent de Saint-Ouen de quoi tenir une semaine. Loin de savourer le premier repas que prépara sa mère, et qui avait la qualité d'un festin, elle lui trouva un goût amer et n'y toucha que du bout des lèvres.

Georges Clemenceau se trouvait dans son dispensaire de Clignancourt, occupé à ausculter un groupe d'enfants débilités, lorsque Louise lui amena une gamine scrofuleuse. Il l'examina, gratta un coin de sa moustache en hochant la tête.

— Adénite cervicale chronique…, soupira-t-il. État scrofuleux, pour faire moins savant. Bigrement avancé. Vous devez savoir, vous, la maîtresse d'école, qu'on appelait jadis cette maladie les « écrouelles ». Ce ne seront pas les premières que je soignerai, sans le saint chrême, évidemment, et je n'ai pas la main guérisseuse des rois…

Lorsqu'il eut terminé ses examens et renvoyé ce qu'il appelait sa « clientèle », il prit place à la table bancale qui lui servait de bureau, offrit un verre de vin à Louise, s'en servit un qu'il vida d'un trait.

— Je vais en profiter pour vous examiner, comme je vous l'ai proposé, dit-il. Passez derrière ce paravent et…

— Je vous remercie, mais c'est inutile. J'ai trop à faire pour me laisser dorloter. Il faut que je reconstitue mes classes. Trop de laisser-aller, avec la disette. Il va falloir que mes gosses s'y remettent sérieusement, au fouet s'il le faut, nom de Dieu !

Ils restèrent quelques minutes à bavarder en regardant la pluie de février picorer les vitres. Il lui raconta qu'il avait été contraint de détruire les fameuses bombes d'Orsini dont il comptait faire des armes défensives pour les femmes et les enfants.

— Je suis ennemi de la violence, ajouta-t-il, mais nécessité fait loi. On m'a laissé entendre, en haut lieu, que ces engins pourraient bien servir à d'autres adversaires que les Pruscos. Vous me suivez, Louise ? *D'autres adversaires*… Vous savez lesquels ! Le gouvernement a la hantise d'une guerre civile. J'ai exigé que la destruction des quelques engins que j'avais fabriqués, et qui étaient gros comme des balles de tennis, se fasse sous le contrôle d'un huissier, et en ma présence. Quel feu d'artifice, mon amie !

Bien qu'ouvert aux idées révolutionnaires et surnommé par les gens de droite le « Citoyen de la Rouge », Clemenceau ne s'était pas mêlé à la manifestation devant l'Hôtel de Ville.

— Mal préparée, trop hâtive, inopportune…, dit-il à Louise. Tous ces morts pour rien…

— *Le sang des martyrs ne coule jamais en vain*, a dit le poète italien Giuseppe Manzini.

— Soit ! Il n'empêche : ce coup de force n'a été qu'une bravade. Ce qu'en retiendra l'histoire, je n'en sais foutre rien. Pas grand-chose sans doute…

Louise lui demanda des nouvelles de sa femme, l'Américaine Mary Plumer, qu'il avait ramenée en France quelques années auparavant. Il l'avait tenue éloignée de Paris, installée dans son domaine familial de Vendée, et ils correspondaient à l'aide de pigeons voyageurs.

— J'ai failli rester en Amérique, dit-il, mais la terre de

Vendée me collait aux semelles. Finalement, je ne regrette rien. Plus utile ici que là-bas…

L'été précédent, Mary avait accouché d'une fille, Madeleine. Georges montra son portrait à Louise, ajoutant :

— Il est survenu un événement dont les conséquences sont passées presque inaperçues, du moins de la population : l'Empire allemand a été proclamé et Guillaume n'est plus un simple roi de Prusse. C'était le but essentiel du conflit mijoté par ce fin diplomate qu'est Bismarck. Abattre la France, c'était démontrer une puissance irrésistible. Après l'armistice, un décret a suffi pour créer à nos portes un immense empire, maître de l'Europe, du moins militairement. Que dire de l'Italie, qui a suivi le mouvement, comme de la Russie, qui restaure sa puissance sur la mer Noire et nous nargue…

Il se versa un autre verre de vin avant d'ajouter :

— Je redoute la réaction des Parisiens quand les Prussiens – pardon : les Allemands ! – vont entrer dans Paris. Ils ne doivent y rester que quelques jours, mais le moindre incident pourrait tourner à la tragédie. J'espère que vos petits amis vont s'abstenir de jouer les martyrs. Cela me gênerait beaucoup, car les élections vont peut-être me porter à la Chambre. Des amis m'ont persuadé de poser ma candidature. J'ai accepté…

Au début de février, les élections législatives générales avaient consommé la défaite des rouges. La Chambre des députés se composait d'une majorité écrasante de monarchistes. Parmi les républicains élus, on notait d'éminentes personnalités : Victor Hugo notamment. Louise lui adressa une lettre amphigourique : *Oh ! que vous êtes grand…*

La nouvelle Assemblée se réunit non à Paris mais à Bordeaux, dans le Grand-Théâtre. Adolphe Thiers fut nommé chef du pouvoir exécutif. Ce vieux vaniteux (il avait soixante-treize ans !), ce « foutriquet », comme l'avait surnommé Louise, avait patiemment attendu son heure, parfois avec courage, quand il s'agissait d'affronter les foudres de Bismarck. Il allait pouvoir donner la mesure de ses ambitions.

À quelques jours des élections, Georges Clemenceau ferma son cabinet de la rue Capron, aux Batignolles, et abandonna provisoirement sa mairie pour le Théâtre de Bordeaux. Il écrivit à Louise, lui raconta ses rencontres, *à l'état de mélange*, d'amis politiques, dans un café, ses flâneries sur les sables d'Arcachon, *en devisant sur la revanche...*

Louise le regrettait, non seulement pour l'aide assidue qu'il lui procurait mais parce qu'il savait mettre un frein, par une simple boutade, aux élans incontrôlés de sa nature. *Là, Louise, si je puis me permettre, vous allez trop loin...*

Clemenceau retrouva sa mairie sur la fin de février. Il alla embrasser dans son école, en présence des élèves debout devant monsieur le député, une Louise rose de bonheur. Il repartit quelques jours plus tard, la laissant grise de tristesse. Il n'eut garde, comme le firent certains, notamment Hugo, de démissionner pour protester contre la cession de l'Alsace et d'une partie de la Lorraine. Il tenait à rester à son poste de combat.

Bismarck avait proposé un choix au gouvernement : accepter de laisser entrer ses troupes dans Paris, ou renoncer à garder Belfort. Il avait fallu s'incliner.

L'armée allemande pénétra dans une ville morte par les grandes avenues convergeant vers l'Arc de triomphe où l'on avait simulé des travaux et monté des échafaudages pour que les vainqueurs se contentent de contourner le monument.

Précédés de la fanfare, dans un ordre impeccable, bataillons et escadrons défilèrent le long des Champs-Élysées, jusqu'à la Concorde où la discipline commença à se relâcher. Devant le monument de Strasbourg, des soldats sortirent des rangs et se mirent à valser sur les airs viennois joués par la fanfare.

À la surprise de ne trouver que rues vides, fenêtres et boutiques closes, succéda la crainte. La Garde nationale, fidèle en principe au gouvernement, restait sous les armes. Qu'elle intervienne sur un mouvement de dégoût et de révolte, et la belle parade militaire tournerait au massacre.

Les cavaliers laissèrent leurs chevaux boire dans le bassin des

Tuileries et brouter l'herbe du jardin. L'ordre de retour survint dès le lendemain. Déçu de l'accueil que les Parisiens avaient accordé à ses troupes, l'Empereur Guillaume avait dû renoncer à son grand projet : passer en revue son armée sur la place de l'Étoile.

Louise décrivit à Georges, qui se reposait auprès de son épouse et de sa fille, la dramatique situation de la Garde nationale. La solde quotidienne de trente sous supprimée, ces pauvres bougres donnaient le triste spectacle de leur déchéance : ils erraient sans but, faisaient du scandale dans les cafés qui refusaient de les abreuver gratis, dormaient sur les bancs publics... Ils avaient été contraints de déposer leurs armes et, selon l'expression de Jules Vallès dans son journal, *Le Cri du peuple*, n'avaient gardé de leur attirail de guerre *qu'une cuillère et un bidon.*

Aux séances clandestines de la Reine-Blanche, Louise s'écriait :

— La paix, mes amis ! On a fait la paix sur un bout de papier. En fait c'est sur la chair du peuple qu'elle s'est inscrite. Et le peuple ne bronche pas... Tout n'est pas fini, mes amis. Faisons comme les Lyonnais : hissons le drapeau rouge sur nos monuments !

On l'écoutait, tête basse, si bien qu'elle avait l'impression de s'adresser à des ruminants ou de prêcher dans un cimetière. Vallès apporta un soir de l'eau à son moulin en protestant contre les mesures prises à l'encontre de la presse libre :

— Je croyais que la capitulation et la paix retireraient au gouvernement de Défense nationale le droit de sévir. Je me trompais. Mon journal est interdit et je suis recherché. Je suis encore libre, mais mon journal est mort ! Et il n'est pas le seul...

Le lendemain, le journaliste avait disparu. Pour éviter d'être repéré par les argousins chargés de sa surveillance, il s'était fait couper la barbe, avait changé de tenue et trouvé refuge chez des amis sûrs. Il avait passé une journée et une nuit dans un placard à balais, à l'école de Louise, mais refusa une hospitalité à long terme.

Une quinzaine plus tard, surprise : sa signature venait de reparaître dans un nouveau journal : *Le Drapeau.* Il annonçait avec une rare audace la poursuite de l'action révolutionnaire : *C'est de mon trou que j'envoie ma copie...* Louise ne put lire ce journal que sous forme d'épreuve : il avait été saisi avant même d'être livré à la vente. Il serait imprimé, ajoutait Vallès, à Belleville, *quartier désigné à toutes les colères, à toutes les haines, et qu'on ferait volontiers échancrer par le canon prussien...*

Comme Montmartre, songea Louise.

L'armistice, qui avait fait taire la voix des canons, n'avait pu juguler la colère sourde des Parisiens.

Louise en percevait les échos, bribe par bribe, dans les parlottes de boutiques ou les conversations qu'elle avait avec les mères de famille dans la cour de l'école. Contenue dans les jours qui avaient suivi l'entrée des troupes allemandes, elle se libérait sans réserve.

— Mademoiselle, comment allons-nous vivre ? Nos hommes pourront-ils retrouver du travail ?

— Ça va être pire que pendant le siège, vous verrez !

— Depuis que la Chambre a supprimé le moratoire des loyers, nous sommes à la rue. Après nos trente sous, on nous supprime notre toit ! Ça va-t-y durer longtemps ?

— J'ai cherché mon journal au kiosque. Paraît qu'il est interdit. Qui va nous informer ? La presse de Guillaume, peut-être ?

— Et dites ? tous ces canons qu'on a fait fondre avec nos sous, vous croyez que M. Thiers aurait le culot de nous les reprendre ?

Cette affaire dite des canons, véritable épopée digne des révolutionnaires de 89, se déroulait au nez et à la barbe des Allemands. Louise y avait participé de tout son allant et de tout son courage. Il restait en elle un feu de souvenirs qui brûlait jour et nuit comme un saint sacrement.

Ces fameux canons, au nombre de deux cents environ, ayant

été fondus grâce à des souscriptions privées, ainsi qu'un lot important de mitrailleuses, étaient considérés par la population comme son bien propre. Dès lors, pas question d'en faire cadeau aux Allemands ! Premier souci : mettre en lieu sûr ces bijoux de famille.

Attablé à une terrasse des Batignolles dans le premier soleil de février, près de la table occupée par Louise, Ferré et un jeune philosophe, membre de l'Internationale des travailleurs, Benoît Malon, un lieutenant de la Garde nationale de Belleville pérorait à haute voix. Il sortait d'une réunion animée du Comité central républicain.

— Les Gardes nationaux républicains, dit-il, révoqueront tous ceux qui refuseront de marcher à ses côtés. Nous avons décidé de ne pas répondre aux ordres de Vinoy et surtout d'Aurelle de Paladines qui a poussé au massacre l'armée de la Loire ! Nous ne connaîtrons, en fait d'ordres, que ceux du Comité républicain. Nous avons monté bonne garde autour de nos pièces. Le gouvernement a envoyé la troupe pour nous les reprendre. Elle a fait marche arrière devant nos fusils.

Quelques jours plus tard, le transport de cette artillerie sur les hauteurs de Montmartre et de Belleville était décidé. Les pièces destinées à la première de ces localités seraient installées dans le parc du Château-Rouge, avenue de Clignancourt, un bouge désaffecté qui allait servir de quartier général aux Gardes nationaux du XVIIIe arrondissement.

S'adressant à Louise, le lieutenant s'écria :

— Toutes les femmes de Montmartre et des Batignolles sont invitées à la résistance. Toi, citoyenne Louise Michel, seras-tu des nôtres ?

Personne ne fut surpris d'entendre Louise répondre :

— Je serai des vôtres. D'ailleurs, ma qualité de responsable du comité de vigilance me l'impose. Il est évident que le gouvernement souhaite profiter de la stupeur qu'a provoquée l'armistice pour écraser la révolution. Nous avons des compagnons à venger : Auguste Blanqui, condamné à mort, Jules Vallès, par contumace à vingt ans de prison, et tant d'autres…

— Demain, ajouta Ferré, le peuple de Paris se révoltera et balaiera les traîtres !

Le grand charroi des canons débuta le 26 février au matin.

On réquisitionna tous les chevaux de fiacre disponibles aux écuries, et ceux des officiers de la Garde nationale, pour tracter par des rues abruptes, jusqu'au sommet de la Butte, les lourdes pièces. Comme l'attelage animal était insuffisant, on fit appel à la traction humaine. Des hommes, des femmes, et Louise parmi les premières, mirent la bricole à l'épaule ou poussèrent à la roue.

Lorsque la totalité des pièces à feu fut en place dans le parc du Château-Rouge, Louise reprit son souffle puis, montant sur un affût, s'écria :

— Hommes et femmes de Montmartre, ces canons sont votre bien. Personne, surtout pas les casques à pointe, ne peut vous les enlever. Qu'ils s'y risquent, et il leur en cuira ! Citoyens, citoyennes, on ne peut rien contre un peuple en armes qui lutte pour ses biens et son droit à les défendre !

Ce ne sont pas les Allemands qui réclamèrent la possession des canons, mais les députés. Ils avaient décidé de quitter Bordeaux et son Grand-Théâtre pour Versailles et son palais. Ils siégeraient là sous la protection de leurs troupes et des forces allemandes. Le chef de l'exécutif, Adolphe Thiers, et les autres membres de son gouvernement repoussaient la perspective d'une guerre civile ; une épreuve de patience leur suffirait.

Dans la nuit du 17 au 18 mars, Thiers confia au général Joseph Vinoy, commandant des troupes de réserve, une mission délicate et dangereuse : négocier la déposition de l'artillerie entreposée à Montmartre et à Belleville.

À quatre heures du matin, les piquets de la Garde nationale chargés de surveiller le parc du Château-Rouge furent informés par le général, accompagné d'un détachement, de la décision officielle. En fait de négociation, c'était bel et bien une mise en demeure. Ils ne purent s'y soustraire : la garde était mal assurée, à une heure aussi peu propice aux coups de main ; l'ordre venait d'un général dont les étoiles brillaient dans la lumière des lanternes ; ils étaient trop peu nombreux, enfin, pour tenter la moindre résistance.

Cette opération s'était effectuée en dépit de l'opposition et de la mise en garde du maire, Georges Clemenceau, qui la jugeait provocatrice et dangereuse.

Le général Vinoy avait accompli sa mission. Restait à transporter ces canons en lieu sûr pour éviter au peuple la tentation de les reprendre. Il confia au général Claude Martin Lecomte le soin de cette opération, avant de se retirer.

Manquaient les chevaux destinés aux attelages. Il en faudrait beaucoup. En attendant qu'on les lui livrât, le général mit le parc d'artillerie sous bonne garde et, comme le matin était frisquet, il se fit un petit feu dans une sorte de casemate qui sentait la chèvre.

Ce ne sont pas les chevaux qui se présentèrent en premier, mais le peuple de Montmartre, et pas en délégation : il surgit devant le poste une centaine d'hommes et de femmes, Georges Clemenceau en tête, qui protestaient, comme si l'on venait leur arracher leur enfant. Le maire de Montmartre s'écria :

— Général Lecomte, le gouvernement n'a aucun droit sur ces canons. Je vous somme de vous retirer, vous et vos hommes !

— C'est à vous de vous retirer, monsieur le député-maire, avant que je ne vous fasse reconduire à la baïonnette, malgré le respect que je vous dois. Je suis un militaire, et je ne peux trahir les ordres que m'a donnés notre gouvernement.

— Eh bien, soit, général ! Vous avez pris ces canons ? gardez-les… Je ne réponds pas des suites de votre entêtement.

Clemenceau s'en retournait, furieux, à sa mairie, en pestant contre cette vieille culotte de peau, quand il croisa un groupe d'hommes et de femmes, dont certains armés de fusils et de pistolets. Il en appela au calme, affirmant que cette affaire allait se régler avant que le premier canon ne fût enlevé, ce qui demanderait du temps. Ces exaltés poursuivirent leur chemin sans même répondre à sa mise en garde, et, arrivés devant le poste, tentèrent de fraterniser avec la troupe, ce qui eût été une méthode judicieuse s'il n'y avait pas eu un général pour la contrarier.

Un peu plus loin, Clemenceau se retrouva nez à nez avec Louise. Elle marchait d'un bon pas, à la tête d'un groupe de femmes qui brandissaient des cannes et des drapeaux rouges. Il se dit qu'il ne manquait plus que ces folles pour mettre de l'entrain dans la fête...

Il renouvela les observations qu'il avait faites au groupe précédent, ajoutant qu'il allait de nouveau tenter une négociation.

— Jusqu'à cette heure, dit-il, aucun incident grave n'est survenu. N'en faites pas trop. Ça pourrait tourner mal. Le général Lecomte ne badine pas avec la consigne.

Il ajouta, de nouveau rouge de colère et trépignant :

— Qui a eu l'idée de faire sonner le tocsin et battre le tambour, nom de Dieu ? Ça va foutre la pagaille dans tout Montmartre...

L'ambiance au parc du Château-Rouge semblait détendue lorsque le groupe mené par Louise y arriva. Assis sur les affûts des canons, les lignards buvaient le vin et le café que les femmes, qui avaient forcé sans trop de peine le barrage, leur servaient à satiété en plaisantant avec eux. Le général, pour ne pas risquer un incident et ne pas mécontenter ses hommes, avait laissé faire. Appuyé au montant de la casemate, le dos aux dernières braises, il mordillait nerveusement sa moustache poivre et sel, et commençait à perdre patience : il était huit heures du matin ; il attendait les chevaux depuis quatre heures, et les hommes n'étaient pas ravitaillés.

Une femme du quartier de Pigalle se mesurait du regard, poings aux hanches, avec un sous-officier.

— Tu oserais tirer sur des femmes qui défendent leur bien ?

— Foutre non ! Entre gens du peuple, on ne va pas s'entre-tuer !

— Alors, mon ami, crosse en l'air !

Le général Lecomte jugea que l'affaire risquait de prendre mauvaise tournure. Ce tocsin, ces roulements lointains de tambour ne lui disaient rien qui vaille. Cela sentait l'insurrection. Brocardés et malmenés par la population, les quelques sergents de ville mêlés à l'opération se retirèrent, penauds, sans oser faire usage de leur autorité et moins encore de leurs armes.

Lecomte envoya un officier d'ordonnance au PC de la place Pigalle pour rendre compte de la situation et réclamer les attelages promis, ainsi que la cantine pour ses soldats. Il lui confia son pistolet.

— Il serait imprudent de ma part de le garder. Cela pourrait m'attirer des ennuis.

Il blêmit de stupeur, un moment plus tard, en voyant s'engouffrer dans le parc, bousculant les factionnaires, un détachement de la fédération de la Garde nationale : les fédérés. Toutes les armes n'avaient pas été déposées, suite à l'armistice, car ils portaient de bons chassepots. Ils s'avancèrent, crosse en l'air, brandissant leurs képis et criant :

— Salut à la ligne ! Tous avec nous !

Le général Lecomte surgit, pâle d'indignation. Il s'écria :

— Retirez-vous, sinon j'ordonne le feu !

Il fut sur-le-champ entouré, poussé contre l'affût d'un canon, injurié, menacé. Des lignards s'avancèrent pour le délivrer, criant qu'on ne devait pas faire de mal à leur général. À plusieurs reprises, on entendit la voix étranglée de Lecomte commander le feu. Ses hommes restant de marbre, il hurla :

— Vous refusez d'exécuter mes ordres, canailles ! Vous me le paierez !

Tandis que le général se débattait pour se libérer, et que la fraternisation se poursuivait entre lignards et fédérés, dans une ambiance de fête de famille, un détachement de la ligne commençait à escalader les pentes menant au Château-Rouge, avec les quelques chevaux qu'on avait pu rassembler. Ils avançaient péniblement sous la grêle de bouteilles et les ordures qui tombaient des maisons. Rue Lepic, ce fut une autre affaire : des gens de Montmartre tranchèrent les brides et les harnais des chevaux sans être dérangés par le moindre coup de feu. Dans les quartiers bas de la Butte, la population tentait de provoquer une mutinerie dans la troupe régulière.

Au Château-Rouge, Louise veillait au grain.

Tout se passait pour le mieux, mais le moindre incident pouvait transformer en bataille la fraternisation populaire. Elle allait d'un groupe à l'autre des manifestants, suppliant que l'on évitât de prendre à partie un groupe de gendarmes qui avaient gardé l'arme au poing autour de quelques pièces. Elle apprit par Ferré, qui venait de la rejoindre, que des accrochages s'étaient produits à Belleville, mais qu'il n'y avait pas eu de victimes. Boulevard de Clichy, on fraternisait au bistrot. On gardait partout la situation bien en main.

Ferré la reçut dans ses bras alors qu'elle s'affaissait sur elle-même.

— Ce ne sera rien, dit-elle. Un simple vertige.

— La fatigue, peut-être, citoyenne ? Tu en fais toujours trop.

— Non, Ferré, c'est la joie.

Alliés aux lignards, les gardes venaient d'effectuer une nouvelle prise, et de qualité : le général Clément Thomas. Ce vieux militaire se promenait en tenue civile, rue des Martyrs, quand il fut reconnu, hué et conduit rue des Rosiers, à Montmartre. On allait lui faire payer les mesures de répression dont il s'était rendu coupable contre les blanquistes de 48. Malgré les protestations de quelques fédérés, il fut poussé vers un jardin abandonné, jeté contre un mur, criblé de coups puis de balles.

Un lignard criait en brandissant le képi étoilé :

— Nous n'avons fait, mes amis, que fusiller un fusilleur !

Tout près de là, un goupe de lignards mutinés et de fédérés avait traîné le général Lecomte, pantelant, jusque dans une cour pour le livrer à une exécution sommaire. Il ne tenta pas de se défendre, d'autant qu'on lui avait enlevé son sabre. Un coup de feu l'atteignit dans le dos. Il tomba, tenta de se relever mais fut plaqué au sol par une autre balle.

Penché sur le cadavre, un lignard armé d'un couteau arracha un à un les boutons de la vareuse qu'il fourra dans sa poche.

— Les gars, dit-il en se relevant, dans quelques jours ces breloques se vendront à prix d'or...

Ferré s'empara de la bouteille d'absinthe et avala quelques rasades au goulot.

— Eh bien, ma Louise, dit-il, nous voulions l'insurrection ? Nous y sommes !

— C'est plus qu'une insurrection, dit Louise : c'est la révolution. Paris est à nous. J'en connais qui, à Versailles, doivent faire dans leur pantalon.

On venait de lui amener quelques blessés, principalement des lignards récalcitrants malmenés par les fédérés. Elle aidait Clemenceau à leur donner les premiers soins.

Clemenceau semblait abattu. Il ne soufflait mot, sauf pour réclamer de la charpie ou de l'alcool.

Alors qu'il se tenait en sa mairie pour faire le point de la situation avec des officiers de la Garde nationale, on l'avait prévenu que des incidents graves étaient en train de se produire : on menaçait de passer par les armes deux officiers supérieurs, les généraux Thomas et Lecomte. Bardé de son écharpe de maire, il avait couru sur les lieux et n'était arrivé qu'après que le double drame eut été consommé. Il avait malgré tout poursuivi sa course, bousculé, injurié par la populace qui, ayant respiré le goût du sang, semblait réclamer de nouvelles effusions. Il était parvenu à s'interposer entre des fédérés et des officiers de la ligne que la foule entourait et qui n'en menaient pas large, pris à partie qu'ils étaient par des ivrognes et des femmes hystériques. Il était parvenu à protéger les prisonniers et à les faire reconduire jusqu'à la mairie.

— Me voilà pris au piège ! bougonna-t-il. Les fédérés doivent me détester pour leur avoir enlevé leurs proies, et les Versaillais vont me rendre responsable de ces meurtres.

— Ne vous inquiétez pas, dit Louise. Des témoins affirmeront que vous n'êtes pour rien dans ces actes déplorables.

— C'est surtout contre moi que j'en ai, Louise. J'aurais dû aller reconnaître les corps, mais je n'en serais pas revenu vivant. J'ai été lâche, je l'avoue.

— Lâche..., soupira Louise. Qui oserait penser cela de vous ?

Benoît Malon leur apporta des nouvelles fraîches de Paris et de Versailles. Les seuls incidents graves, c'est à Montmartre qu'ils s'étaient produits. Belleville, malgré quelques escarmouches, avait été plus calme. Ailleurs, on faisait la fête : Paris avait gardé ses canons.

En passant place de la Bastille, il avait vu un officier d'origine polonaise escalader comme un singe la colonne et planter un drapeau rouge dans les mains du *Génie*. On entendait un peu partout chanter un air composé par un ancien garnisseur en cuivre devenu homme de lettres et chansonnier, Jean-Baptiste Clément : *Le Temps des cerises*. Les cerises n'étaient pas encore mûres, mais tout Paris avait cette musique et ces paroles sur les lèvres.

Mêlés aux lignards mutinés, les Gardes nationaux fédérés déambulaient sur les boulevards, se faisaient offrir à boire dans les cafés comme des héros. Quand ils manquaient d'argent, les soldats vendaient leurs armes : « Dix francs le chassepot, madame ! Il a tué une vingtaine de Prussiens… Quinze francs avec la baïonnette… » Dans les restaurants, qui ne manquaient de rien, on faisait bombance en s'efforçant d'oublier, dans le fumet de la volaille rôtie, le goût du chien et du rat. On édifiait en certains points des barricades, de crainte d'une offensive des troupes campées à Versailles, mais on faisait la fête autour d'elles.

Benoît Malon interrrompit son rapport pour réclamer un verre d'eau. Il le reprit, en tapotant avec ses lorgnons l'ongle de son pouce et en respirant très fort. Ce gros garçon au visage lisse, froid, empâté sous une barbe flottante, était considéré comme l'un des meilleurs théoriciens de l'Internationale ouvrière. Il parlait volontiers de l'ouvrage qu'il avait en train : *La Morale sociale*.

— Et à Versailles, demanda Louise, comment a-t-on pris la nouvelle de l'insurrection ?

— Avec stupeur, comme tu peux l'imaginer. Il souffle un vent de panique au Parlement, comme au gouvernement. Persuadé qu'il ne pourrait prendre possession de l'Hôtel de Ville, Thiers a décidé d'effectuer un repli général sur Versailles.

— Alors, s'écria Ferré, moitié sérieux, moitié plaisantant et un peu ivre, il ne nous reste qu'à marcher sur Versailles !

— Ce serait oublier, dit Clemenceau, que les Allemands veillent en coulisses et peuvent soutenir le gouvernement légal si l'insurrection gagne du terrain.

Malon annonça une autre nouvelle : Jules Ferry, maire de Paris, venait de déguerpir de l'Hôtel de Ville en sautant d'une fenêtre, à l'arrière du bâtiment, au moment où un bataillon de fédérés s'apprêtait à en prendre possession.

— C'est la débandade ! dit-il. Reste à savoir comment, maîtres de Paris, nous allons gérer cette situation nouvelle. Qu'est-ce que le Comité central ? Une municipalité ou un gouvernement provisoire ? Qui en sera le chef ? Sera-t-il désigné ou élu ? Peut-être les élections municipales, prévues pour le 26 mars, apporteront-elles des réponses. Quant à la province, elle ne nous est guère favorable, mais elle bouge.

Des soulèvements s'étaient produits dans des villes importantes mais n'avaient été que de beaux feux de paille, vite étouffés par les autorités et l'armée.

Comme le Phénix de la mythologie, *Le Cri du peuple* venait de resurgir de ses cendres. Benoît Malon en avait apporté un exemplaire. Il le posa sur la table, le défroissa d'une main grassouillette et dit en ajustant ses lorgnons :

— Ce Vallès, quel écrivain ! Mes amis, écoutez ces quelques lignes de son éditorial : *Ce soleil tiède qui dore la gueule des canons, cette odeur de bouquets, le frisson des drapeaux, le murmure de cette révolution qui passe, tranquille et belle comme une rivière bleue...* On se croirait revenu aux premiers temps de la Grande Révolution.

Il essuya ses verres embués par l'émotion. Louise ajouta :

— Il faut savoir oublier les révolutions passées. En la matière, l'époque qui copie est perdue. Il faut aller de l'avant sans se retourner. La Commune est menacée de toutes parts, avec des images de mort à l'horizon. Elle ne peut être que brave ; elle le sera.

Ferré l'embrassa à la tempe et lui dit avec un sourire ironique :

— On sent que tu as lu Victor Hugo. Un peu trop, peut-être... Tu devrais noter ça dans ton journal.

Le grand poète venait de perdre un de ses fils, Charles, terrassé par une apoplexie, à Bordeaux, où il avait suivi sa famille.

La peine, chez les Hugo, fut intense. Ils quittèrent la Gironde pour Paris, emmenant avec eux le cercueil plombé. La foule les attendait à la gare d'Orléans et forma un cortège jusqu'au Père-Lachaise. Au cours d'un arrêt à la Bastille, des compagnies de gardes fédérés lui firent en fanfare une haie d'honneur et présentèrent les armes. Au cimetière, un homme en blouse, barbu comme un prophète, l'œil flamboyant, la poitrine avantageuse, tendit la main au poète en lui disant :

— Je suis le peintre Gustave Courbet et je souffre avec vous.

Ce 18 mars, Louise n'assista pas aux obsèques : à l'heure où la foule saluait la dépouille de Charles Hugo, elle défendait les canons de Montmartre.

Elle écrivait de plus en plus rarement au poète, trop prise qu'elle était par toutes sortes d'activités et de soucis ; elle n'en recevait plus de nouvelles. Au cours du siège, elle lui avait rendu une visite dont elle attendait beaucoup. Elle n'en rapporta rien de notable, si ce n'est une émotion légère et fugace comme un parfum, quelques propos anodins et un encouragement à poursuivre son œuvre révolutionnaire. S'il pouvait lui être utile…

Elle s'était dit qu'elle ne reviendrait pas chez ce patriarche barbu qui semblait prendre des poses pour sa statue.

Une angoisse diffuse changeait peu à peu le visage de Paris.

On éteignit les lampions de la fête aux canons, on fit taire les orchestres des bastringues en plein air, on ferma des théâtres et des cafés. À la joie tonitruante du 18 mars succéda une gravité faite d'inquiétude. Comme avant le siège, des familles entières quittèrent la ville pour se mettre à l'abri. Il est vrai qu'il y avait de quoi s'inquiéter : des barricades commençaient à s'élever un peu partout, hérissées de canons et de mitrailleuses, dans l'attente où l'on était d'une attaque surprise des troupes versaillaises.

Le 28 mars, la Commune proclamée, Clemenceau résilia son mandat de député. La coupure avec le gouvernement légaliste installé à Versailles était totale. Logé hors de Paris, Émile Zola s'en prenait au président Thiers, dont il avait d'abord soutenu les idées et l'action : c'était, selon l'écrivain, *un habile homme engagé sur une pente sinistre*. Il écrivait dans le journal *La Cloche : Vous êtes-vous accusé, monsieur, d'avoir poussé par vos cris et votre intolérance, à l'égorgement de la Patrie ?* Attitude ambiguë : Zola reprochait aux insurgés leur violence et aux Versaillais leur intolérance. *La Cloche* fut interdite de vente dans Paris.

7

« ROUGE ÉTAIT LE SOLEIL LEVANT »

Louise vécut comme dans une sorte de délire la journée du 28 mars, consacrée à la proclamation solennelle de la Commune, à l'Hôtel de Ville.

Lorsqu'elle arriva sur les lieux, drapée dans sa cape noire, en compagnie de Malvina Poulain et de quelques-uns de ses grands élèves, garçons et filles, habillés comme pour une messe du dimanche, elle eut du mal à se frayer un passage. Autour d'elle on criait : « Louise Michel est avec nous ! Vive la République, citoyenne ! Vive la Commune ! » Elle avançait comme sur un nuage, répondait d'un sourire ou d'un signe de la main.

Elle ne s'arrêta que lorsqu'elle fut parvenue, avec son groupe, devant le cordon de Gardes nationaux en armes qui couvrait toute l'étendue de la façade, dans un foisonnement de drapeaux et de baïonnettes serrées comme les lances dans une scène de bataille de Paolo Ucello. Il émanait de la foule déjà dense et des bataillons rigoureusement alignés une telle ferveur qu'elle se dit que les Parisiens, lors de la fête de la Fédération de 1790, au Champ-de-Mars, devaient éprouver la même émotion poignante.

Un lourd silence succéda au murmure de la foule lorsqu'on vit sortir de l'Hôtel de Ville, par le porche central, un groupe de notables, les nouveaux membres de la Commune, élus deux jours auparavant, portant l'écharpe rouge en sautoir. Ils s'installèrent sur une tribune, au bas de la niche où figurait le buste de la Liberté, coiffée du bonnet phrygien.

Les élèves de Louise voulaient voir la scène où allait se dérouler ce spectacle historique : la naissance de la Commune de Paris, mais la foule la leur cachait. Louise et Malvina les hissèrent sur les affûts des canons alignés en bordure de la place, devant lesquels paradaient des cantinières, leur tonnelet de gnôle sur la hanche.

C'est le maire de Paris qui fut chargé, en quelques mots, de lancer à la population l'annonce qu'elle attendait :

— Au nom du peuple, la Commune est proclamée !

Le tintamarre cuivré de la clique se mêla à l'ovation qui, grondant comme un orage, roula d'un bord à l'autre de la place de Grève et jusque dans les rues voisines, que la foule avait envahies. Il semblait que le monde entier eût entendu ce cri montant des cent bataillons de la Garde et des dizaines de milliers de poitrines des gens du peuple, venus de tous les quartiers. Les élèves de Louise applaudirent, au risque de perdre l'équilibre, mais le discours qui suivit parut les lasser.

— Mademoiselle, quand est-ce qu'on va danser et faire la fête ?

— C'est l'heure de la collation, mademoiselle !

— Est-ce qu'il y aura un feu d'artifice ?

— Moi, c'est le défilé que j'aimerais voir. Il y aura un défilé, mademoiselle ?

De l'essieu de canon sur lequel elle était juchée, Louise cherchait des yeux Théophile Ferré. Il avait été élu pour Montmartre à une écrasante majorité, comme la plupart de ses nouveaux collègues. On eût aimé une moindre abstention pour ce scrutin qui intéressait le quotidien de la population, mais, si elle y avait attaché moins d'importance qu'on ne l'eût souhaité, elle s'était reprise, quelques jours plus tard, en faisant un triomphe à ses élus.

Mais où était Ferré ? Louise finit par le reconnaître, perdu au milieu de la foule, un peu étriqué au milieu de quelques gaillards mal attifés, le tiers de l'assemblée élue étant composé d'ouvriers. Elle lui fit un signe de la main mais il ne parut pas la reconnaître.

Lorsque les membres du Comité central, qui avait administré la ville, eurent remis leurs pouvoirs à leurs nouveaux collègues, les gardes mirent les képis au bout des baïonnettes et les agitèrent en chantant une *Marseillaise* reprise par la foule. Malvina fit descendre ses élèves, les regroupa et leur fit reprendre en chœur le couplet des enfants :

Nous entrerons dans la carrière
Quand nos aînés n'y seront plus...

Cette *Marseillaise* chantée par le peuple, reprise par les enfants, Louise se dit qu'elle résonnerait en elle jusqu'à la fin de ses jours. Elle donnait au monde une dimension de liberté, elle ouvrait des portes lumineuses dans le ciel tendre de ce printemps, elle forçait les idées et les sentiments à se projeter dans un avenir qui revêtait soudain des couleurs nouvelles.

Quand le défilé s'organisa, ce fut du délire.

Personne ne songeait à sourire ni à s'esclaffer devant les maladresses de ces soldats improvisés qui ne marchaient pas toujours au pas, n'observaient pas une tenue rigoureuse et même ajoutaient parfois une touche de fantaisie à leur uniforme. On les ovationnait, on leur tendait des bouteilles de vin qu'ils repoussaient, des filles leur offraient des bouquets qu'ils acceptaient ; on brandissait des chapeaux et des foulards rouges ; on saluait en ces fils du peuple l'aube d'une nouvelle révolution.

Un homme d'une trentaine d'années, qui portait beau avec son habit couleur crème, son ample cravate grenat et un embonpoint déjà généreux, s'approcha de Louise et lui dit, sans cesser de regarder le défilé :

— Madame, ce spectacle est étrange. En tout cas nouveau pour moi qui n'ai jamais manifesté pour les débordements populaires qu'un intérêt fort tiède. Eh bien, j'avoue que je suis bouleversé, comme semblent l'être vos enfants. Seriez-vous leur mère ?

— En quelque sorte, monsieur, mais, au vrai, leur maîtresse.

— Ah, bien... Vous êtes institutrice... Noble mission s'il en est ! Bref : me voici tout pantelant d'émotion. Cette foule énorme, ces champs de baïonnettes qui brillent au soleil, ces turcos à cheval, et surtout cette foule qui n'a qu'un cœur et qu'une voix... J'en aurais presque les larmes aux yeux.

— Eh bien, pleurez, monsieur. Vous voyez que personne ne s'en prive. N'ayez pas honte. Moi-même et mes enfants...

— Vos paroles, madame...

— Mademoiselle.

— ... vos paroles me vont droit au cœur. Je suis poète mais, dans mes œuvres, je célèbre plutôt la femme que la République. J'ai même la réputation d'un poète et d'un romancier *pervers*. *Érotique*, si vous préférez... Mes derniers recueils de poèmes s'intitulent *Philomela* et *Hesperus*. À ne pas donner à lire aux enfants... Je suis le gendre d'un autre poète que vous connaissez sans doute : Théophile Gautier. Je m'appelle Catulle Mendès...

— Heureuse de vous avoir rencontré, monsieur, et ravie que la proclamation de la Commune vous ait arraché des larmes. Vous devriez vous intéresser de plus près à son action à venir. Vous verriez que, contrairement à certaines de vos héroïnes, les dessous de cette grande dame sont dignes d'intérêt...

Georges Clemenceau distillait une joie profonde à laquelle se mêlaient quelques gouttes d'amertume : son attitude conciliatrice lors du massacre des généraux à Montmartre lui avait coûté son fauteuil de maire et son siège de député. Exclu de la mairie par les élections municipales qui avaient donné le pouvoir à des hommes nouveaux, dont Ferré, il s'était démis peu après de son mandat législatif. Il se sentait soudain humble comme un médecin de campagne, mais singulièrement délivré, comme d'une maladie.

— Eh bien, Georges, lui dit Louise, vous semblez morose.

Elle s'assit près de lui, sur le banc proche de la mairie, sous un gros tilleul qui commençait à s'envelopper d'un petit nuage d'un vert acide. Il répondit d'un ton grinçant :

— Vous plaisantez ? Je suis aux anges, à l'empyrée du bonheur ! Mais, de là-haut, qu'est-ce que je vois ? Rien de bon : des querelles intestines, des chausse-trappes, des tombeaux d'illusions perdues, des catastrophes, pour tout dire. Ma bonne Louise, quand l'enthousiasme populaire sera retombé, que l'heure de faire les comptes sera venue, beaucoup vont déchanter. Cela me rappelle ces ménages d'ouvriers où, de temps en temps, on fait une bringue monstre, quitte, le lendemain, à constater que tout y est passé, qu'il est l'heure d'aller travailler et que les enfants crèvent de faim...

— Vous portez le tableau au pire. Vous verrez que nos amis tiendront bon la barre.

— Vos amis, Louise… Qu'ils soient socialistes, blanquistes, jacobins, indépendants, anarchistes, internationalistes, ils ont tous leur petite idée en tête : bousculer les copains et prendre le pouvoir.

— L'union sacrée…

— L'union sacrée, Louise, ne vaut qu'en temps de guerre. Alors là, oui ! Tous autour du drapeau, les opinions politiques au placard, et en marche, une… deux… Ça donne Valmy et du grain à moudre aux poètes. En temps de paix, c'est une autre affaire. On voit renaître les vieilles querelles, on remplace la cocarde par l'insigne du parti. Comme il n'y a plus d'ennemi et qu'il en faut un, on le choisit sur sa gauche ou sur sa droite et, s'il faut fusiller, on fusille ! L'intolérance finit par tuer la politique, cette notion vieille comme le monde.

— Vous exagérez, Georges. Maîtrisez-vous ! Vous êtes rouge comme une pivoine… Nous avons réussi ce prodige : l'union du peuple autour d'une idée et d'un avenir. Les Versaillais doivent être stupéfaits de cette belle unanimité, car, je vous le rappelle, tout Paris était présent pour célébrer la naissance de la Commune, et pleurait de joie. J'ignore ce que l'avenir nous réserve, mais je garde confiance, et, si je la perdais, je me tairais. Comme dit vulgairement notre ami Vallès : il faut « laisser pisser le mouton ». Les responsables de la Commune vont beaucoup bavarder avant d'agir. Ils aiment ça. Mais les événements les forceront à se taire et à prendre le taureau par les cornes. À n'en pas douter, ça va bouger du côté de Versailles, après ce camouflet. Et si ce « foutriquet » de Thiers ne bouge pas, nous irons le réveiller…

Le gouvernement de la Commune ne resta pas les deux pieds dans le même sabot. Une semaine après la cérémonie solennelle de la place de Grève, il manifestait sa volonté de changement par diverses mesures populaires : séparation de l'Église et de l'État, laïcisation et gratuité de l'enseignement, destruction de la guillotine…

On n'eut pas à réveiller M. Thiers : il ne dormait pas.

Une heure avant le lever du jour, le 4 avril, Louise s'habilla pour sortir, chaussa ses gros souliers de troupier, plaça son chassepot sous sa cape. Marianne la surprit en train de faire réchauffer du café.

— Où vas-tu courir encore ? Tu as vu l'heure ?

— Au rectorat..., bredouilla Louise. La réunion doit commencer tôt, et c'est loin d'ici.

— Qu'est-ce que tu manigances encore ? Tu vas te mêler à ces énergumènes qui ne rêvent que plaies et bosses ! Tu voulais la révolution ? Tu l'as eue. Qu'est-ce qu'il te faut de plus ?

— Recouche-toi et ne t'inquiète pas. Je rentrerai le plus tôt possible, ce soir peut-être, mais je serai sans doute obligée de coucher en ville.

— Avec *ton* Ferré, bien sûr ! Oh, celui-là...

Averti que des bataillons fédérés de la Commune préparaient une offensive en direction de Versailles, Adolphe Thiers avait donné l'ordre au général Vinoy de rassembler ses troupes et de se préparer au choc. Il avait pleinement confiance dans ses troupes : des lignards aguerris et bien armés, qui ne trouveraient à affronter qu'un magma de boutiquiers, d'ouvriers et d'intellectuels sans discipline, commandés par des chefs sans expérience pour la plupart. Ses troupes partiraient pour faire la guerre ; ceux d'en face pour faire la fête...

Le rassemblement des bataillons avait été prévu place Vendôme et place d'Italie. Lorsque Louise, accompagnée de Malvina et de quelques femmes de Montmartre dont elle était sûre, arriva sur le lieu du rendez-vous, après une longue marche dans le matin froid, le jour venait à peine de se lever. Quelques compagnies avaient fait mouvement vers Versailles. Ceux du 61ᵉ bataillon, auquel on l'avait affectée avec ses compagnes, étaient placés sous le commandement d'Émile Eudes, beau Normand blond, ancien étudiant en médecine accompagné de son épouse Victorine, une des femmes les plus élégantes de Paris, disait-on, que Louise avait eue comme élève.

Louise apprit qu'Eudes avait pris les devants, qu'il avait dispersé les premiers postes tenus par des Versaillais, et était entré sans obstacle dans Issy et Les Moulineaux. Elle et ses compagnes se joignirent à la colonne suivante et prirent d'un bon pas la route d'Issy, encouragées par les fédérés qui, stimulés par le café généreusement arrosé, chantaient et plaisantaient.

L'affaire prit assez vite un tour sérieux. Il fallut se battre contre des détachements de gendarmes et de gardiens de la paix qui se tenaient en embuscade sur le bord de la route. Les femmes firent le coup de feu sans faiblir et franchirent vaillamment ce premier obstacle. La voie était libre.

La deuxième colonne du 61e était sur le point de faire sa jonction avec l'avant-garde qui venait d'occuper Bellevue, quand elle crut déboucher sur la crête d'un volcan en éruption : les batteries ennemies installées au Mont-Valérien faisaient sur les assaillants un feu d'enfer. Tout semblait en convulsion : des maisons éventrées flambaient comme des torches, des bovins blessés bramaient lamentablement, au milieu d'un champ de geysers projetant terre et pierres dans le ciel avec un bruit assourdissant. Il fallait avancer, reculer, avancer encore, se disperser, se regrouper, s'abriter derrière les murs encore debout…

Lorsque sonna le clairon annonçant la retraite, les compagnies refluèrent sur Paris, emportant tant bien que mal les cadavres et les blessés. Louise avait vu tomber près d'elle, l'épaule arrachée par un éclat d'obus, une jeune fleuriste de la rue des Martyrs, Ida, et avait failli en perdre la tête. Victorine Eudes avait dû l'entraîner à l'abri.

Une compagnie du 61e d'Eudes, pourtant affectée par cette première contre-attaque, avait décidé de ne pas renoncer. Elle poursuivit son chemin sous la mitraille en direction de Rueil, mais ne put y parvenir : elle fut anéantie en cours de route.

Son fusil encore brûlant dans la main, sa cape trouée d'éclats et de balles, Louise fit signe à ses compagnes qu'il était temps de rompre. Des larmes de rage traçaient leur sillon sur son visage bruni par la poudre.

Alors que s'évacuaient les derniers résidus du 61e bataillon, on apprit que Gustave Flourens s'apprêtait à se jeter avec six mille hommes dans la mêlée. Lorsqu'il se présenta sur la ligne de feu, ses premiers éléments, saisis de panique à la vue des cadavres qui jonchaient les talus et les champs, des cratères ouverts partout, affolés par une nouvelle canonnade partie du Mont-Valérien, prirent la fuite.

Resté seul avec son aide de camp, l'Italien Amilcare Cipriani, le général Flourens s'arrêta sur le chemin du retour dans une auberge et, harassé, s'endormit sur-le-champ. Une heure plus tard, la porte vola en éclats et des gendarmes envahirent la pièce.

— Gustave Flourens, c'est toi ?

— C'est bien moi, répondit crânement Flourens.

— Ton grade ?

— Général de la Commune.

— Général, vous avez attaqué mes hommes et tué deux d'entre eux. Vous allez me payer ça !

Avant que Flourens ait pu esquisser une protestation, le gendarme lui ouvrait la tête d'un coup de sabre, tandis que l'on maîtrisait l'aide de camp en le rouant de coups. Après avoir achevé le héros de la révolution crétoise d'une balle dans l'oreille, on jeta le cadavre et le blessé dans un fourgon qui prit le chemin de Versailles où, abandonnés sur le plancher d'un poste de police, ils furent livrés à la curiosité publique.

Une demoiselle qui passait en voiture fit arrêter son attelage, mit pied à terre et murmura en entrant dans le local :

— Cet homme, à côté du blessé, semble me regarder et vouloir me parler. Comme il est beau, avec sa barbe blonde ! Dommage que ce sang l'ait souillée... Êtes-vous bien sûr qu'il soit mort ?

On lui dit qu'il était mort comme on ne peut l'être qu'une fois dans sa vie. Désireuse d'en avoir le cœur net, elle dirigea la pointe de fer de son ombrelle vers le visage et, à petits coups, l'enfonça dans un œil.

— Vous avez raison, soupira-t-elle. Il est bien mort. Je le regrette : un si bel homme...

Elle eut à peine un regard pour Amilcare Cipriani qui s'était replié sur lui-même en grelottant de peur et de douleur, blessé qu'il était de plusieurs coups de baïonnette.

Théophile Ferré, souffrant, n'avait pu prendre part à la contre-offensive. Une chance pour lui, songeait Louise : il eût fait un piètre soldat. Il se borna à écouter sa compagne lui raconter avec des graviers dans la voix le désastre dont elle avait failli être victime. Comme lors de la manifestation à l'Hôtel de Ville, elle avait passé à travers la fusillade et la canonnade.

— Cette première offensive, dit Ferré, j'ignore qui en a eu l'idée. Elle était trop hâtive et trop mal préparée pour réussir. J'étais des premiers à dire qu'il fallait marcher sur Versailles, mais avec un plan bien étudié, et non dans l'improvisation. Nom de Dieu, c'est le foutoir qui commence ! Qui commande qui ? Tu peux me le dire ? Pourquoi n'avons-nous pas tenté d'installer nos batteries au Mont-Valérien, au lieu de laisser les Versaillais y prendre tranquillement position avec les leurs ?

— Le chef qu'il nous fallait, nous l'avions : le colonel Louis Rossel. Il a tenu tête à Bazaine et refusé de livrer Metz aux Prussiens, ce qui l'a obligé, tu le sais, à s'exiler en Belgique. Les dirigeants de la Commune lui avaient confié la 17e légion. Il n'y est pas resté longtemps. Écœuré par l'indiscipline, la désobéissance de ses officiers et de ses hommes, il vient de donner sa démission.

Ils parlèrent de Gustave Flourens. Ferré avait appris, de la bouche de Marie, la nouvelle de son assassinat par les gendarmes versaillais. Il n'aimait guère ce bravache trop fier de lui, mais sa mort odieuse le touchait.

— Qu'allons-nous faire ? demanda Louise. Qu'allons-nous devenir ?

— Je n'en sais foutre rien ! D'ailleurs, que pouvons-nous faire, sans picaillons ? Les Versaillais ont laissé les caisses vides. On pourrait taper dans les réserves de la Banque de France, mais nos amis de la Commune s'y opposent. Avec l'argent qui dort dans ses coffres on pourrait presque payer la rançon exigée par Bismarck ! Rothschild nous a consenti un crédit, mais c'est peu de chose comparé à nos besoins. Les soldes arrivent avec du retard, les hôpitaux et les ambulances sont sans ressources…

Alors qu'Adolphe Thiers alertait par télégraphe les villes de province, leur demandant de s'unir pour lutter contre l'anarchie communarde, le Comité central de la Garde nationale publiait dans le *Journal officiel* un texte annonçant que l'état de siège était levé, et que, les conseils de guerre étant abolis, une amnistie était accordée aux condamnés politiques.

Le texte d'Adolphe Thiers ajoutait :

Que la Garde nationale, unie à la ligne et à la mobile, continue son service avec courage et dévouement. Que les bataillons de marche occupent les forts et toutes les positions avancées, afin d'assurer la défense de la capitale…

16 mai, place Vendôme. La foule a envahi les abords de la colonne. À l'instigation du peintre Gustave Courbet, on a fait de ce monument, orgueil de la France impériale, un amas de ferraille sur un tapis de fumier et de neige. Pour l'Empereur, dont la tête s'est détachée du tronc, c'est comme un second Waterloo : une chute fracassante. Qu'importe que cette colonne eût été fondue avec le bronze des canons ennemis ! Ce monument était devenu le symbole exécrable de l'Empire. En le détruisant on abattait l'un des derniers souvenirs de Badinguet. Et dansons *La Carmagnole* !

Louise ne retourna pas dormir rue Houdon d'une semaine, après l'offensive malheureuse en direction de Versailles. Elle n'avait fait que de brèves visites à Clemenceau, à sa mère et à ses élèves. Une voisine de bonne compagnie, Mme Pottin, avait pris les classes en main avec autorité, mais les élèves réclamaient leurs maîtresses. Malvina avait suivi sa compagne et avait fait le coup de feu à côté d'elle, comme les autres femmes. Elles ne se quittaient plus.

— J'espère, lui avait dit Marianne, que tu vas désormais te tenir tranquille et que c'est terminé pour toi. Tu as fait plus que ton compte à ce qu'on m'a dit. Ces gendarmes que tu as tués…

— Non, mère : il faut que je reparte, mais je te promets de revenir dès que possible.

Elle s'assura que tout était en ordre dans l'école et dans la maison, caressa les animaux qui vivaient en liberté dans la cour, avant de reprendre le chemin de la guerre, toujours suivie de sa compagne. Sa place était dans les compagnies de marche du 61e bataillon qui s'accrochaient à des positions essentielles.

Plutôt que de jouer au soldat et de tuer des hommes, ce qui lui répugnait, elle se fit infirmière et ambulancière. Le travail ne manquait pas : chaque jour on amenait à l'infirmerie de campagne, poste rudimentaire proche du fort d'Issy, blessés et agonisants. Elle avait pour compagnes des femmes du peuple, des aristocrates et des cantinières, qui ne répugnaient pas à tremper leurs mains dans le sang. Elle retrouvait autour des marmites de campagne un corps de jeunes volontaires, les Enfants perdus des Hautes-Bruyères, des artilleurs, des éclaireurs de Montmartre, qui la tenaient au courant des opérations. Elle buvait le vin chaud avec Émile Eudes, le professeur de mathématiques Napoléon La Cécilia, engagé dans les francs-tireurs, Jaroslav Dombrowski, patriote polonais qui avait débarqué en France après son évasion de Sibérie, et un Noir du Sénégal, ancien garde pontifical, Joseph…

Lorsque le combat se rapprochait et que leur présence devenait utile, Louise et Malvina allaient faire le coup de feu sur les remparts du fort d'Issy, près d'un établissement abandonné de jésuites. Elles étaient parfois accompagnées, pour ces opérations de soutien, par Victorine Eudes, cette ancienne élève devenue son amie. Louise venait de recevoir d'Eudes un cadeau inappréciable : une jolie carabine Remington, précise et légère, qui lui donnait bien du plaisir.

Parfois, à sa requête, on lui confiait des missions délicates, voire dangereuses.

Elle fut affectée un soir, avec l'ancien garde pontifical, à la surveillance d'un poste avancé voisin de la gare de Clamart. Ils s'installèrent au fond d'une tranchée, emmitouflés dans une couverture, assis sur des caillebotis. Leur conversation fut des plus sommaires :

— Mademoiselle, lui dit Joseph, quel effet vous fait la vie que nous menons ?

— Quel effet veux-tu que ça me fasse ? C'est comme si…

comme si j'apercevais en face de moi une rive vers laquelle je nagerais et qu'il faudrait atteindre à tout prix. Et toi ?

— Moi ? j'ai l'impression de feuilleter un livre d'images...

Louise fit la connaissance d'un étrange personnage : un étudiant qui ne manifestait pas une conviction évidente dans le destin de la Commune et du combat qu'elle livrait pour sa survie. Il prétendait s'être engagé dans ce combat pour vérifier ses calculs sur les probabilités. Admirateur de Baudelaire, il ne se déplaçait jamais sans un exemplaire des *Fleurs du mal* dans sa giberne, parmi les balles. Un soir qu'il lisait à haute voix le poème intitulé *La Charogne*, un obus explosa à proximité, lui arrachant le livre des mains et le couvrant de terre.

— Voilà, dit-il, une bonne réponse à mes calculs...

Une nuit, après une journée d'escarmouches particulièrement éprouvante, Dombrowski dit à Louise, occupée à se laver à la fontaine :

— Tu en as assez fait pour aujourd'hui, citoyenne. Va te reposer.

Il faisait un beau clair de lune d'avril avec, au fil du vent, des odeurs d'aubépine. Comme ni elle ni Malvina n'avaient sommeil, elles s'attardèrent à flâner sur le chemin qui, descendant du fort, aboutissait à une bâtisse quadrangulaire au fronton orné d'une croix toute simple.

— Un temple protestant..., dit Malvina. C'est miracle qu'il ait été épargné par les bombes, et inoccupé. Ça ferait un bel avant-poste...

Elles poussèrent la porte entrebâillée. La lune, à travers les vitraux, éclairait un intérieur en désordre, une chaire abattue, des bancs renversés et un petit harmonium qu'on avait tiré contre le mur. Il semblait intact, malgré la poussière et les déjections de volatiles qui le souillaient. Louise laissa ses mains courir sur le clavier, demanda à Malvina de lui trouver un siège et, les mains entre ses genoux, se recueillit.

— Tu comptes jouer ? s'inquiéta Malvina. Tu sais que les Versaillais ne sont pas loin. S'ils t'entendent...

— La tentation est trop forte, ma chérie. Il y a longtemps, depuis Vroncourt, que je n'ai pas joué sur un harmonium un des morceaux que je préfère : la *Suite en ré*, de Bach. C'est Mme Demahis qui m'a appris cette pièce. Je la connais note à note. Écoute...

L'instrument présentait bien quelques défectuosités, surtout au niveau des touches, mais l'exécution n'en souffrit pas trop. Dans la pénombre du temple, la musique légère s'épanouissait en étincelles, en gerbes, en bouquets, faisait du dallage baigné de lune une prairie de printemps, et du plafond vermoulu une galaxie.

Louise allait attaquer une fugue quand la porte s'ouvrit comme sous un coup de vent. La voix qui retentit n'était pas celle du pasteur ; elle s'exprimait dans un français énergique et vulgaire qui n'empruntait rien au psalmiste :

— Tonnerre de Dieu ! Qu'est-ce que vous foutez-là, les filles ? Vous avez envie d'attirer les Versaillais ? Ils vous auraient donné une leçon de musique à leur manière. Finie la ritournelle, allez, ouste !

Louise rabattit à regret le couvercle du clavier et rétorqua :

— Capitaine, ne vous fâchez pas. Ce que je jouais n'était rien d'autre qu'un essai d'harmonie imitative de la danse des bombes...

Avant de se coucher, elle nota cette réplique sur son carnet.

On attaque à Neuilly. On se défend à la porte Maillot. On laisse sa vie sur le plateau de Châtillon, pris et repris plusieurs fois. On s'arrache ces villages martyrs comme des chiffonniers se disputent de vieilles hardes, sans mesurer ses coups.

Pas une de ces localités qui n'ait vu passer et repasser les bataillons de la Commune et ceux de Versailles. Pas un hectare qui n'ait reçu un obus sorti des usines Krupp ou Schneider, ou qui n'ait vu un homme tomber et mourir. L'orage de feu et de fer est partout, entre les fortifications de l'Ouest et le château de Saint-Cloud, qui n'en finit plus de brûler avec ses trésors.

Chaque jour, à chaque heure, les voies d'accès aux

avant-postes grondent du charroi des fourgons de munitions, du pas des lourds attelages, du piétinement obsédant des bataillons en marche. C'est à peine si les soldats ont un regard vers les talus bordés de cerisiers en fleur, tapissés de violettes et de pervenches, les prés fleuris de pissenlits, d'où monte par bouffées l'odeur pestilentielle d'un cheval mort et oublié. Quand l'ennemi n'est pas à proximité, les fédérés entonnent *La Marseillaise* et *Le Chant des insoumis* ; le soir, à voix basse et lente, ils fredonnent, des larmes dans la voix, *Le Temps des cerises*, en songeant à celle, épouse, mère ou sœur, qui attend leur retour :

Mais il est bien court, le temps des cerises...

Louise a rencontré à la section féminine de la Corderie du Temple, dans le quartier du Château-d'Eau, une belle émigrée russe : Élisabeth Dimitrieff.

Membre de l'Internationale, elle constitue à elle seule le parangon des vertus révolutionnaires chères à Louise. De vingt ans plus jeune, Élisabeth, qu'on appelle familièrement Lisa, est née comme elle dans un château et, comme elle, a traversé l'adolescence avec des idées révolutionnaires plein la tête. Elle a connu Dostoïevski, a fui la tyrannie tsariste, a passé son voyage de noces en Suisse où elle a milité avec Mikhaïl Bakounine, dont le secrétaire, Outine, lui a fait tourner la tête. Elle n'a quitté ce bouillon de culture révolutionnaire que pour en retrouver un autre, à Londres, où Karl Marx, réfugié politique lui aussi, faisait tourner son miroir aux alouettes. Ce n'étaient que des brassages d'idées, la grande lessive sociale ; il lui fallait du concret, une action où s'engager. L'odeur de poudre qui venait de Paris flatta ses narines. Elle prit le bateau vers ce but longtemps espéré : la révolution.

Si Louise avait souvent regretté de n'avoir pas eu de sœur, elle venait de s'en trouver une, et moins laide que certains ne se plaisaient à le dire : visage rond et poupin, cheveux courts, yeux un peu globuleux, menton fuyant, mais un bel air de majesté et de volonté... Elle était, comme Louise, toujours vêtue de vêtements sombres ; elle portait un chapeau à plumes, des lunettes bleues qui lui donnaient l'allure d'un poisson des mers chaudes, fumait la cigarette et se ceignait la taille d'une large ceinture rouge où elle glissait ses pistolets.

À peine débarquée dans la tempête parisienne, Lisa devint la compagne, puis l'amie de cœur de la belle André Léo, avant de s'engager, avec Benoît Malon, dans une idylle qui sentait la poudre autant que le patchouli.

Dans les réunions auxquelles on la priait de participer, elle sautait sur la table et jouait les orateurs inspirés, de sa voix haut perchée et sans accent. Louise notait certaines de ses élucubrations sans grande originalité, rémanences de lectures passées :

— Citoyennes, l'heure décisive est arrivée ! Il faut en finir avec le vieux monde. Nous voulons être libres. Il faut vivre ou mourir. Le gant est jeté !

C'était une de ses expressions favorites. Elle jetait souvent le gant, mais ceux qui le recueillaient avaient dans la tête des idées qui n'avaient aucun rapport avec la révolution.

Louise est restée toute une semaine sans retourner dans Paris. Une semaine à panser les plaies, à réconforter les combattants, à courir à la moindre alerte, de jour et de nuit, sa Remington au poing, à dormir d'un mauvais sommeil, à se nourrir de lard rance et d'un pain d'amertume, à griffonner de rares lettres pour rassurer sa mère.

Ferré lui manque, et Clemenceau, et Vallès, et ses enfants. Ferré surtout. Elle oubliait dans son odeur de velours et de tabac l'agressivité et la sottise de la société. Sa voix suscitait en elle la même émotion qu'un andante de Mozart. Parfois elle doit résister à l'envie de sauter sur un cheval et de galoper jusqu'à Paris pour le retrouver.

Mme Pottin lui donne une fois tous les deux jours des nouvelles de Marianne. La pauvre femme baigne dans une angoisse permanente : il faut la rassurer, la réconforter, l'obliger à se nourrir, lui relire les lettres que sa fille lui a écrites à même ses genoux, parfois du fond d'une casemate. Le soir, durant une heure, pour l'endormir, il faut lui lire les feuilletons de *L'Ouvrier*, une gazette catholique qui publie des romans de Zénaïde Fleuriot et Paul Féval.

Ferré n'est ni à la Reine-Blanche, ni à son étude, ni à son domicile. Marie a indiqué à Louise qu'elle le trouverait peut-être à la rédaction du journal de Vallès, *La Rue*. Elle y court comme une échappée de Charenton, le trouve au marbre, tombe dans ses bras.

— Citoyenne, lui crie Vallès, heureux de te revoir vivante ! Paraît que tu te bats comme une lionne et que tu soignes les blessés comme le chirurgien de Napoléon, le brave Larrey. Venez dans mon bureau toi et ton galant. On va parler, si tu as le temps.

Ils s'enferment dans l'aquarium qui sert de bureau à Vallès. Le polémiste a retrouvé son aspect normal, cette barbe sombre qui lui donne l'air d'un bûcheron.

— Versailles..., dit Louise, qu'est-ce qui s'y passe ? Tout ce que nous en recevons, c'est de la mitraille.

— Nous n'avons nous-mêmes que peu d'informations, dit Vallès. Difficile d'y mettre les pieds. Ça grouille de militaires et de policiers. Personne de nos amis ne se hasarderait à y aller. Trop dangereux...

— Non, personne..., soupire Ferré.

— Moi, dit Louise.

Ils échangent un regard inquiet. Louise a-t-elle toute sa raison ?

— Ne faites pas cette tête ! leur lance-t-elle. Je répète que je peux me rendre à Versailles voir ce qui s'y passe. On se méfiera moins d'une femme. Et puis, ça me fera une petite sortie et ça me changera les idées. J'en ai foutrement besoin. Si le foutriquet passe à ma portée, je lui tire dessus. Avec ça...

Elle pose son pistolet sur la table. La secrétaire de Vallès, Séverine, sursaute et pousse un petit cri. Aucun danger : il n'est pas chargé.

— Elle est folle, soupire Vallès.

— Folle à lier, surenchérit Ferré, qui ajoute : Je t'interdis de risquer inutilement ta vie. Ton idée est absurde et irréalisable.

— Personne n'a le droit de m'interdire quoi que ce soit. Toi,

Ferré, comme les autres. Nous ne sommes pas mariés, que je sache !

À y bien réfléchir, si l'idée était saugrenue, elle n'était pas chimérique. Elle relevait surtout, de la part de Louise, d'un défi. Elle avait si bien ancré ce projet dans sa tête que, de retour au fort d'Issy, après une visite à sa mère, elle le confia à Dombrowski. Il lui répondit, après avoir éclaté de rire :

— Thiers est devenu une obsession pour toi. Tâche de l'oublier. Contente-toi de ta double mission : combattante et sœur de charité laïque. C'est déjà beaucoup pour une femme.

— Flora Tristan disait : *sœur d'humanité*, rectifia Louise.

Elle demanda à Victorine de lui dégoter des frusques qui puissent la faire passer pour une bourgeoise, un chapeau et des fards. Elle insista pour le chapeau. Elles s'amusèrent beaucoup lors de l'essayage. La robe de grenadine était trop courte mais lui tenait bien au corps. Les bottines de cuir jaune étaient un peu justes mais du dernier cri. Le chapeau : un bibi à perlettes noires et fleur de gardénia, ne manquait pas de chic. Le réticule de perles blanches détonnait un peu, mais à la guerre comme à la guerre.

— Ma chère Louise, s'exclama Victorine, vous êtes une authentique *first class lady* ! Si André Léo et Lisa Dimitrieff vous voyaient, elles tomberaient follement amoureuses de vous !

Elle partit à pied, comme ces bourgeois qui regagnent la province pour s'y abriter. Aux premiers postes versaillais, on l'arrêta, mais on la laissa passer lorsqu'elle eut proclamé haut et fort sa haine de la Commune. À Ville-d'Avray, un paysan consentit à la prendre dans sa carriole. Par chance, il ne pleuvait pas et le temps était gris et doux.

Ce qui frappa Louise d'emblée en abordant Versailles, c'est l'intense animation qui régnait dans la ville. Elle était transformée en un immense camp militaire occupé par des dizaines de milliers de soldats de toutes armes et de tous grades : fantassins, marins, cavaliers, coloniaux, qui composaient des planches d'album à découper. On avait parqué les prisonniers libérés par les Allemands sous des tentes, autour de l'étang des Suisses.

Les Allemands se montraient discrets. Un groupe d'officiers la salua en passant près d'elle ; l'un d'eux, qui portait un monocle, tenta même d'engager une conversation. Louise lui tourna le dos. Elle croisa, dans l'avenue de Saint-Cloud, qui menait au château, des bourgeois parisiens qui se promenaient en famille, avec la même sérénité que sur les Champs-Élysées.

À la terrasse d'un café, elle s'entretint avec un jeune fonctionnaire qui, lui confia-t-il, se rendait chaque jour au palais où le gouvernement avait installé ses services. Il lui apprit que la crise du logement sévissait, que lui-même occupait, rue du Réservoir, une chambre de bonne louée à prix d'or.

— Nous sommes dans la panade, dit-il, mais ce qui nous console, c'est que ceux d'en face y sont aussi, et encore pire.

Elle le fit parler sur des sujets divers : les relations avec les Allemands, le prix des denrées, la situation de l'armée, la solde, les subsistances… Il lui aurait raconté sa vie si elle avait insisté et si elle avait eu le temps. Le soir, elle retrouverait tous ce détails et rédigerait un rapport à l'intention de Vallès. Elle se répétait en marchant : « Je suis une espionne… Si l'on me reconnaît, on me fusille… » Et cela lui plaisait assez.

Elle alla flâner jusqu'à la prison des Chantiers où des captifs de la Commune étaient, disait-on, enfermés. Elle ne s'y attarda pas : un sergent de faction commençait à la regarder avec intérêt.

Avant de reprendre le chemin d'Issy, elle se dit que, si elle avait persisté dans son projet de tuer Adolphe Thiers, elle n'aurait même pas pu franchir les grilles de la cour d'honneur : les sentinelles s'y tenaient pratiquement au coude à coude ; on l'aurait arrêtée, fouillée ; on aurait découvert le pistolet dissimulé dans son réticule, et son compte eût été bon.

Au retour du palais, tout sonore d'une fanfare militaire, alors qu'elle se trouvait devant la Grande Écurie, un vacarme proche la fit sursauter. Elle vit s'avancer un convoi de fourgons et de charrettes précédant une colonne d'une vingtaine de prisonniers récemment capturés et qui, blessés pour la plupart, traînaient la jambe. Ils étaient assaillis par un groupe de mégères et de garnements qui aboyaient des injures et des menaces. Des fenêtres des maisons bordant la rue tombaient sur les malheureux des bouteilles et des détruits de toutes sortes. Des femmes se ruaient sur eux et les frappaient à coups d'ombrelle ; des enfants leur jetaient des pierres ; des hommes les bousculaient. Les soldats intervenaient mollement pour repousser ces furieux :

— Laissez-les donc en paix, braves gens. Nous allons régler leur compte. Douze balles dans la peau pour chacun...

Crainte d'être reconnue et interpellée par l'un des prisonniers, Louise s'abrita sous une porte cochère, voilette rabattue. Malade de détresse, adossée au montant du porche, elle regarda passer le triste cortège. Elle gardait une de ses mains dans son réticule, crispée sur son pistolet.

Après s'être gavée de pâtisseries, avoir fait l'emplette de quelques friandises pour ses compagnes et de quelques journaux pour Dombrowski, elle reprit le chemin de Paris dans le char à bancs d'un maraîcher, qui la déposa à Sèvres. Elle avait relevé un défi.

Un propos du fonctionnaire lui revenait en mémoire. Il lui avait dit en sirotant la bière allemande, alors à la mode :

— Si, au début du repli du gouvernement à Versailles, les républicains de Paris avaient tenté contre nous une offensive de grande envergure, ça aurait fait un tel chambard que le gouvernement aurait été balayé. Aujourd'hui encore c'est la crainte que nous avons, mais elle s'amenuise de jour en jour.

Il n'y avait pas eu d'offensive générale ; il n'y en aurait pas.

Après avoir revêtu son uniforme de fédérée, rendu ses fringues à Victorine, elle alla retrouver Dombrowski. Retour d'une mission, il buvait au cul d'une barrique. Il dit à Louise en lui proposant un verre de vin :

— Trop tard pour espérer vaincre. Bismarck vient d'annoncer la libération de quarante mille prisonniers, ce qui porte les forces du général Vinoy à environ cent mille hommes, soit dix divisions bien armées et bien encadrées.

Il ajouta en soupirant :

— C'est le 28 mars qu'il aurait fallu prendre l'offensive. Pourquoi ne l'a-t-on pas fait ? Pourquoi a-t-on laissé pourrir la situation ? La parlotte, toujours la parlotte : c'est la maladie congénitale de votre démocratie. Je crains qu'elle n'en guérisse jamais…

Louise lui tendit une liasse de journaux versaillais.

— Prenez et lisez, dit-elle. Vous en apprendrez davantage avec ces feuilles que je ne pourrais le faire.

Elle retrouva Ferré quelques jours plus tard. Ils s'assirent à la terrasse d'un mastroquet voisin de l'église Saint-Bernard de Montmartre, où se tenaient les assises d'un organisme de création récente dont on lui avait proposé la présidence, ce qu'elle avait refusé : le Club de la Révolution. Des gosses évoluaient à vélocipède entre fiacres et omnibus. Des élégantes promenaient sous les tilleuls leurs robes à tournure et leurs ombrelles, saluées par des fonctionnaires gantés montés sur des chevaux de réquisition.

Louise versa les premières gouttes d'eau sur le sucre de son absinthe.

— Tu avais raison de crier : « À Versailles ! » le 28 mars, dit-elle. Si l'on t'avait écouté… Aujourd'hui, Versailles est devenu un énorme camp militaire, à quelques heures de marche de Paris. En cas d'offensive générale, nous sommes foutus !

Elle ajouta en savourant sa première gorgée, les pieds au soleil :

— Ces gens qui passent, là, devant nous, ont-ils la moindre idée de ce qui nous attend ? Regarde ce joli capitaine, celui qui est en train de lisser ses moustaches devant cette grisette à plumes vertes. Il a l'air de se foutre de la situation comme de sa première chemise. J'ai envie de lui dire deux mots…

Avant que Ferré ait eu le temps de la retenir, elle accostait le bellâtre et lui jetait :

— Capitaine, au lieu de faire le joli cœur dans les bistrots, vous devriez être en train de commander un poste aux fortifs. Paraît que nous manquons d'officiers. En êtes-vous un ou avez-vous acheté votre uniforme et vos galons chez un fripier ?

— Mais, madame, protesta le capitaine, vous parlez à un officier d'intendance ! Je vous interdis de mettre en doute mon grade et mes fonctions ! De quel droit m'interpellez-vous aussi grossièrement ?

— Du droit qu'ont tous les citoyens sur leur armée ! Vos fonctions, dites-vous ? Elles consistent sans doute à visiter les cabarets en bonne compagnie ?

— Fichez-moi la paix, madame ! Je n'ai pas de comptes à vous rendre.

— À moi, non, au peuple en armes, oui ! À l'heure où vous savourez votre anisette, des hommes, les nôtres, font le sacrifice de leur vie !

Ferré dut intervenir pour que, encore toute vibrante de colère, elle consentît à lâcher sa proie. Elle regagna sa place et lui dit en vidant son absinthe :

— Pardonne-moi cet esclandre, Ferré, mais je déteste ces militaires en dentelles. Celui-ci en a pris pour son grade et ne l'oubliera pas. Je regrette que l'on ait détruit la guillotine…

Elle lui raconta la scène du convoi de prisonniers, lui dit la férocité de ces gens auxquels on abandonnait les malheureux. Elle voulut savoir si l'état-major des fédérés avait prévu une offensive. Il l'ignorait.

— Oh, toi…, fit-elle en se levant, sorti de tes actes notariés et de tes articles, tu ne sais jamais rien !

Ce qu'il faut, songe-t-elle, c'est rester vigilant, garder l'arme au pied jour et nuit, être prêt à passer à l'attaque ou à faire feu. Jamais sa Remington n'a été plus active que dans ces jours terribles.

Il a fallu évacuer le fort d'Issy, écrasé sous les obus tirés des hauteurs voisines. En compagnie du bataillon de francs-tireurs des Enfants perdus et de leur commandant, le capitaine Paintendre, Louise s'est repliée sur Montrouge où elle a retrouvé un véritable officier : La Cécilia. Il a fallu reculer de nouveau sous une canonnade intensive, sur Neuilly, où Dombrowski, stoïque, toujours ganté de blanc, l'air d'un imperator face à une horde de barbares, tenait toujours.

Dombrowski a demandé à Louise d'assurer le commandement d'un fortin édifié à la hâte : la barricade Peyronnet. Pour soutenir le moral de ses hommes, elle a loué les services d'un joueur d'orgue de Barbarie ; ils ont riposté aux salves ennemies par des valses viennoises.

Entre deux coups de chien, Louise s'informe de la situation sur le reste de la ligne de feu. La désorganisation est complète ; les hommes sont livrés à eux-mêmes ; quand un officier donne un ordre, rien ne dit qu'il sera suivi.

On a vu des civils venus on ne sait d'où diriger le tir des canons fédérés, des officiers ivres incapables de se faire obéir, des soldats désespérés jeter leurs armes et déserter leur poste, des filles de joie débarquer en groupes pour se vendre aux combattants dans le fond d'une casemate ou sur l'affût d'un canon.

— Ce dont nous manquons, dit le capitaine Paintendre, un beau vieillard aux cheveux abondants et au visage serein, c'est d'officiers de métier, capables de tenir leurs troupes, mais l'état-major vit dans la crainte de voir surgir un nouveau Bonaparte qui mettrait tout le monde au pas. Si Rossel n'a pas été écouté, c'est pour cette raison. Si l'on se décide enfin à utiliser ses compétences, ce sera en gardant un œil sur lui.

Il raconta à Louise qu'on avait tiré au sort, pour un grade de colonel, un garçon boucher fort en gueule mais faible d'esprit. On avait décerné un grade de lieutenant à un tailleur de pierre illettré…

Parfois, en s'éveillant de ses brèves somnolences, Louise se demande où elle se trouve. Autour d'elle, c'est toujours le même décor : murs à demi écroulés, qui sentent la suie et la fumée, sol jonché de débris, ciel de nuit et de pluie, avec l'incessant roulement des canonnades tout proche. Rien qu'à Montretout, soixante pièces ont été mises en batterie contre les postes des fédérés…

Intra-muros, la situation a changé, et pas dans le bon sens : la ville grouille d'espions versaillais. Le nouveau chef de la police, Raoul Rigault, un jeune de vingt-cinq ans, à l'allure glacée, sévit sans mettre de gants. En quelques semaines, il est devenu le Javert des espions et des ennemis de la Commune. En pur anticlérical qu'il est, un de ses premiers soins a été de prendre en otage l'archevêque de Paris, Mgr Darboy, un grand magistrat, le président Bonjean, les séminaristes d'Issy, ainsi que quelques notables réputés adversaires actifs de la Commune.

Les gazettes ont relaté l'interrogatoire auquel il a soumis Mgr Darboy :

— Votre profession ?

— Serviteur de Dieu.

— Où demeure votre maître ?

— Partout.

— Greffier, écrivez : « Le citoyen Darboy se prétend domestique du nommé Dieu, en état de vagabondage… »

Rigault s'est entouré d'une camarilla de jeunes dévoyés, habiles à débusquer les adversaires du nouveau régime avec des moyens peu orthodoxes, et qui lui sont dévoués à mort. Il y a du Fouquier-Tinville dans ce Saint-Just.

On n'a toujours pas touché à la réserve de la Banque de France. Tout au plus est-on parvenu à soutirer quelques millions au directeur. Il montre les dents chaque fois que les loups viennent flairer les abords de son antre, mais il finit toujours par céder quelques picaillons.

Depuis le début de la Commune, Louis Rossel a connu une carrière en dents de scie. Ce brillant polytechnicien, qui s'est enfui en Belgique plutôt que de cautionner la trahison de Bazaine à Metz, s'est rallié au gouvernement de Gambetta, à Tours, puis à la Commune après l'armistice qu'il jugeait honteux. En mars, il a commandé avec autorité et compétence la 17e légion de la Garde nationale. Démissionnaire, il a accepté les fonctions de délégué provisoire à la Guerre, qu'il a quittées, les dissensions des responsables de la Commune lui étant insupportables. On l'a incarcéré. Il s'est évadé.

Le commandement général des fédérés a échoué à un vieux briscard bardé de principes révolutionnaires : Louis Charles Delescluze.

Des orages de répression se sont acharnés sur ce chêne toute sa vie durant, sans l'affecter dans ses opinions. Poursuivi par la royauté puis par l'Empire, il a connu la déportation en Guyane et la prison en France. La Commune l'a aspiré comme un gouffre vertigineux. Il ne se plaît qu'au milieu du peuple dont il est issu, et tant mieux si ce peuple a pris les armes contre la tyrannie et la misère, et s'il a fait de cet étendard de la révolte permanente un député. Né libertaire, il aspire à mourir sur les barricades : une satisfaction que les Versaillais ne vont pas lui refuser. Pour souligner à la fois son intransigeance et son honnêteté, on l'appelle « Barre de fer ».

Rossel, en se retirant, lui a laissé une situation difficile, certains disent insoluble. Va-t-il, comme Rossel, baisser les bras ? Ils sont quelques-uns à faire confiance à ce personnage digne de l'antique ; d'autres lui prédisent une brève carrière : il est vrai qu'il a passé la soixantaine.

8

CES MERVEILLEUSES FOLLES

Un matin de la mi-mai, Louise fut tirée de son sommeil par une explosion. Elle sauta sur sa carabine et se jeta dehors à demi vêtue, sa cape noire sur les épaules. Un énorme nuage de fumée noire balayé de lueurs rougeâtres montait dans les parages du pont de l'Alma. La cartoucherie de l'avenue Rapp venait d'exploser. Elle finit de s'habiller pour se rendre sur place. Elle se trouva devant une fourmilière humaine défoncée. Des tonnes de munitions étaient parties en fumée et la déflagration avait fait une quarantaine de victimes, morts ou blessés.

Des cris de rage montaient autour d'elle :

— Trahison !

— C'est un coup des Versaillais !

— Vengeance ! Vengeance !

On ne décommanda pas pour autant le spectacle nocturne donné, quelques jours plus tard, dans les jardins des Tuileries que la Commune entretenait avec soin, de même que l'intérieur, où rien n'avait disparu des trésors que contenait ce palais impérial. La soirée était organisée au profit des orphelins.

Le lendemain, alors que l'on décrochait les lampions, la nouvelle courut que les Versaillais lançaient une puissante offensive sur un large front. Au concert de la veille firent écho les batteries dirigées contre les forts et les quartiers d'Auteuil, de Poissy, de l'Étoile...

— Jamais vu ça ! s'exclamait Dombrowski. C'est comme la

fin du monde. Le repli général va être décrété. Delescluze n'a ni l'autorité ni les moyens requis pour faire face à cette offensive. Nous allons vivre des heures difficiles.

Au petit matin, un détachement des troupes versaillaises, conduit par le général Mac-Mahon, s'était avancé jusqu'au bastion du Point-du-Jour, proche de la porte de Saint-Cloud. Il s'attendait à une salve nourrie des fédérés. Quelle ne fut pas sa surprise en ne voyant se présenter qu'un pauvre bougre tremblant qui agitait un chiffon blanc ! Il était seul dans la redoute ; les autres étaient il ne savait où. L'état-major de la Commune ayant négligé de défendre cette position, les Versaillais avaient franchi l'obstacle sans coup férir. Le soir même, ils étaient vingt-cinq mille à coucher dans Paris.

Lorsqu'elle apprit cette nouvelle stupéfiante, Louise en suffoqua d'indignation, criant qu'il fallait en revenir aux méthodes radicales de 89, fusiller ou envoyer à la guillotine les chefs incapables ou traîtres, faire la grande lessive révolutionnaire, laisser le peuple en armes maître de la situation…

— Calmez-vous, lui dit Dombrowski. Vous souhaitez donner le pouvoir militaire au peuple ? Qu'est-ce que son courage pourrait faire contre les canons ? Les Versaillais ont remporté un succès, mais ils ne sont pas au bout de leurs peines. C'est dans Paris que va se livrer la bataille décisive. Ils devront occuper la ville quartier par quartier, maison par maison, au prix de pertes énormes. Prenez bien soin de votre Remington : vous allez être appelée à vous en servir.

Un articulet paru dans le journal de Vallès lui fit écho : *Les forts peuvent être pris l'un après l'autre. Les remparts peuvent tomber. Aucun soldat n'entrera dans Paris. Si M. Thiers est chimiste, il nous comprendra…* Ce qui revenait à suggérer que l'on ferait brûler et sauter Paris plutôt que de le livrer à l'ennemi.

Il y avait dans l'air comme une odeur de pétrole.

Louise se mêla de toutes ses forces à l'édification des premières barricades.

On allait en compter plus de cinq cents. Les unes étaient

solides comme des bastions, celle de la rue Royale, aux abords de la place de la Concorde, notamment : une véritable maçonnerie que seuls les canons pourraient entamer. D'autres étaient plus précaires, faites de pavés et de sacs de sable. La plupart étaient confectionnées de bric et de broc, à la hâte, par les habitants du quartier ; celles-là, une première canonnade les ferait voler en éclats. Chaque rue de quelque importance, stratégique ou non, voulut avoir sa barricade. On dépava les chaussées, on planta des drapeaux sur ces redoutes si peu redoutables, on y installa une mitrailleuse, parfois un canon. Des femmes paradaient sur la crête, apportaient aux factionnaires des paroles de réconfort, du vin, du café, avec permission de les récompenser d'un baiser ou de quelque autre privauté. On n'a rien à refuser aux héros qui vont se battre.

Des gavroches avaient pris possession de ces bastions et jouaient à la guerre avec des fusils de bois.

— Pan ! pan ! tu es mort. Vive la Commune !

Louise ne ménagea pas sa peine pour édifier la barricade de la rue de Clignancourt, avec le concours de Malvina et de Marie Ferré. On y installa, par groupes de dix, la centaine de volontaires, hommes et femmes, qu'on était parvenu à recruter. On attendait des fusils. Au cours d'une inspection, Delescluze embrassa Louise et dit à ses compagnons et compagnes :

— Vous avez fait du bon travail, citoyens et citoyennes. Je n'en dirais pas autant de certains quartiers chics. Non seulement ils refusent de dresser des barricades, mais ils saluent de loin les Versaillais et les invitent à entrer !

Quelques heures avant, il avait reçu un message de Dombrowski l'informant d'une attaque qu'il allait lancer sur la porte de Saint-Cloud et lui demandant des renforts d'urgence.

— Des renforts..., bougonnait le vieux révolutionnaire. Des renforts... où veut-il que j'en trouve ? On m'en demande de partout, et il me reste tout juste de quoi maintenir l'ordre dans Paris...

Jules Vallès lui succéda quelques heures plus tard ; il paraissait accablé, à la suite d'une promenade sur les quais de la Seine, qui lui avait donné du vague à l'âme.

— Quand j'ai appris, dit-il, que les Versaillais avaient fait irruption dans Paris, j'ai ressenti comme des frémissements de mort. Il ne restait plus de sang dans mon cœur, un monde s'écroulait autour de moi. C'était le néant, Louise, une fosse qui s'ouvrait pour engloutir notre idéal. Malgré ça, je n'ai pas perdu espoir. Le temps qui me reste à vivre, je le consacrerai à la révolution.

— Voilà qui est parler, citoyen ! lui lança Louise. En attendant, tu vas ôter ton veston, retrousser tes manches et venir nous donner un coup de main !

Il n'y a plus de Comité central de la Commune. Il n'y a plus de Commune. Il reste Paris qui s'apprête pour le sacrifice final.

Le peuple qui vivait dans l'insouciance, qui allait en famille, le dimanche, pique-niquer sur l'herbe des fortifications et contempler le mouvement des troupes prussiennes, ce peuple s'est réveillé. Ce n'est plus la France qu'il va défendre, ce n'est pas Paris, c'est son quartier, sa maison et son bout de jardin. Il est citoyen d'un pays qui s'appelle Belleville, Montmartre ou le Temple, qui a ses mœurs et ses lois. Il est prêt à mourir pour ce pré carré où se prélasse cette lionne : la liberté. Il est roi dans son moulin, et ce roi-là n'aime pas qu'on vienne tourner autour de lui.

Le peuple de Paris est d'accord avec Delescluze qui, conscient de son inutilité, a lancé avant de se retirer, cette adresse aux citoyens :

Assez de militaires ! Plus d'états-majors galonnés ! Place au peuple, aux combattants aux mains nues ! Marchez à l'ennemi, et que votre énergie révolutionnaire lui montre qu'on peut vendre Paris mais qu'on ne peut ni le livrer ni le vaincre.

C'est le langage qu'il fallait tenir au peuple : il lui est allé droit au cœur.

Quartier par quartier, rue par rue, les troupes versaillaises progressent. Elles occupent une ligne qui, partant de la place des Ternes, court jusqu'à Montparnasse, soit le tiers de la capitale. Ils sont maîtres de la gare Saint-Lazare, de la Chambre des députés, des Invalides. Ils rampent derrière les parapets de la Seine comme des chenilles processionnaires.

La guerre de rues a commencé. Le cœur de Paris : le faubourg

Saint-Honoré, la rue de Rivoli, la rue Royale, est transformé en champ de bataille. Les combattants de la Commune tiennent encore la place de la Concorde, mais pour combien d'heures ? Les lignards sont maîtres des rives de la Seine. L'étau se resserre. Et soudain…

Un soldat toucha l'épaule de Louise qui somnolait, appuyée à sa Remington.

— Cette lueur rouge, du côté des Tuileries, c'est quoi ?

— Sûrement pas une aurore boréale. Ça ressemble à un incendie. Va t'informer !

Le soldat quitta son poste au galop, revint quelques minutes plus tard, affolé, en criant :

— Les Tuileries ! C'est les Tuileries qui flambent !

— Les salauds…, grinça Louise. Ils ont osé bombarder les Tuileries.

Elle n'allait pas tarder à apprendre que l'incendie n'était pas le fait des Versaillais mais d'un groupe de femmes de la Commune, des extrémistes de l'acabit d'Élisabeth Dimitrieff, dont les armes de prédilection étaient le bidon de pétrole et la dynamite. Louise se laissa glisser à terre, accablée. Les Tuileries en feu… Naguère, en compagnie de Julie Longchamp, puis de Malvina et de Marie Ferré, elle passait des heures, le dimanche, à flâner ou à lire dans les jardins, à contempler les œuvres d'art et le mobilier préservés du vandalisme par le gouvernement populaire.

— Un crime…, murmurait-elle entre ses dents. Un crime inexpiable. Pourvu qu'elles ne touchent pas au Louvre…

Le Louvre n'était pas un objectif pour celles qu'on n'allait pas tarder à appeler les « pétroleuses ». En revanche, d'autres sinistres éclatèrent dans les heures qui suivirent, à l'Hôtel de Ville, au Quai d'Orsay, au Palais de justice. Au Louvre, seule la bibliothèque fut livrée aux flammes. Des déflagrations accompagnaient les incendies, signe que l'on avait fait usage de la dynamite pour hâter la destruction de ces monuments. Peut-être utilisait-on ces petites bombes d'Orsini dont Clemenceau avait parlé à Louise…

C'était l'enfer. À travers les fumées âcres de ces volcans en éruption, les combats ne connaissaient pas de relâche : la bataille se développait quartier par quartier, rue par rue, maison par maison, les incendies ajoutant à la lourde chaleur de mai. Un vent léger suscité par les sinistres dispersait au loin des fragments de papier brûlé, comme des nuées de papillons noirs.

Une aube rouge se leva sur Paris.

De temps à autre des salves crépitaient, de plus en plus nourries, de plus en plus proches : les lignards versaillais procédaient, au fur et à mesure de leur progression, à des exécutions massives de prisonniers : en une seule fois, rue Saint-Jacques, on en fusilla quarante. La réplique du préfet de police, Raoul Rigault, ne se fit pas attendre : il ordonna l'exécution, à la prison de la Roquette, de quarante-sept otages, parmi lesquels Mgr Darboy, des gendarmes, des ecclésiastiques ; le jour suivant, cinq dominicains d'Arcueil étaient passés par les armes. Rigault n'eut pas le loisir de savourer sa vengeance : il fut abattu le même jour.

Louise gardait sa position avec une dizaine de combattants, quand elle vit arriver dans la nuit tombante un cavalier qui s'avançait seul. Elle lui cria :

— Qui va là ? Nommez-vous !

C'était un jeune officier fédéré. À la suite de la tournée d'inspection qu'il venait d'effectuer jusqu'à la barricade de la Muette, il semblait accablé de fatigue et de désespoir. Il accepta le café que lui offrait Louise et raconta son odyssée :

— À la Muette, j'approche prudemment et je demande le responsable. Silence. Je me dis : ces salauds sont sans doute en train de roupiller sans laisser de factionnaire ! Ils vont m'entendre… Je descends de cheval pour contourner la barricade par une brèche sur le côté, et qu'est-ce que je vois ? une dizaine de gars allongés par terre. Je leur crie de se relever et de gagner leur poste. Silence. J'en retourne un, puis un autre. Tous morts, citoyenne, tous abattus ! Les gars de la ligne ne font pas de prisonniers.

— Ça ne se produira pas ici, dit Louise. Je te garantis que nous ne nous laisserons pas surprendre, ni par-devant ni par-derrière. Je veille à ce que la garde soit strictement assurée, par des hommes ou des femmes. Je distribue aux sentinelles de la gnôle dans laquelle je verse un peu de poudre à cartouche. Radical pour te tenir éveillé !

Quand Ferré se présenta le matin, Louise le reçut mal : elle était d'une humeur de chien, à la suite d'une nuit de veille coupée d'alertes, de somnolences, de réveils subits au moindre bruit suspect. Elle lui dit en le voyant sans arme :

— Où est ton fusil ?

— Je n'en ai pas, tu le sais.

— Je vais t'en donner un. Tu sauras t'en servir ?

— J'en sais foutre rien ! Jamais tiré un coup de feu de ma vie. Pas courageux. Ça aussi, tu le sais.

— Du courage, j'en aurai pour deux. Je vais t'apprendre à manier un chassepot. C'est pas sorcier. Quand tu verras arriver ton premier lignard, le coup partira tout seul.

Elle lui fit une démonstration sommaire, lui servit du café brûlant et, assise près de lui, sa cape sur leurs épaules, elle lui dit, la rage aux dents :

— Paris est devenu une ville maudite. Nous avons été trahis de toutes parts : le Comité central, le Comité de salut public, la Sûreté... Tous des monstres...

— Louise...

— Il n'y a plus de Louise : il y a une conscience qui se réveille et qui voit les choses et les gens tels qu'ils sont. Et c'est pas beau à voir... Il y avait deux hommes capables de sauver la Commune. Sur le plan militaire, Rossel. On l'a découragé. Sur le plan civil, Delescluze. Il était trop vieux et trop exigeant, paraît-il, et on l'a fait taire.

Elle inclina sa tête sur l'épaule de Ferré qui, après avoir bu son café, bourrait sa pipe.

— Pardonne-moi, dit-elle d'une voix rassérénée. C'était ma chanson de colère. Tu entends ces cloches ? le tocsin sonne à Montmartre. Ça n'annonce rien de bon pour nous.

Elle glissa un bras sous le sien, se serra contre lui.

— Si tu m'aimes un peu, reste avec moi. Ce serait beau de mourir ensemble, comme dans une tragédie.

— J'aimerais bien, dit-il en se dégageant, mais je dois rejoindre Dombrowski à la mairie de Montmartre.

— Tu ne le trouveras pas, Ferré. J'ai appris sa mort dans la nuit.

Lorsque Louise reçut l'ordre de se rendre à la mairie de Montmartre, elle obtempéra de mauvaise grâce, persuadée que sa place était sur la barricade qu'elle et ses amies avaient construite de leurs mains. On lui apprit que plus de cent mille lignards étaient entrés dans Paris. C'étaient pour la plupart de jeunes hommes venus de la province et dont certains, comme les Bretons, parlaient un peu de français, ou pas du tout. Ils ne faisaient pas de quartier.

Un véritable conseil de guerre se tenait dans la salle édilitaire. Entouré de quelques membres du comité de vigilance bien connus de Louise, le général Napoléon La Cécilia s'interrompit pour venir vers elle. Comme elle se montrait surprise de ne pas voir dans l'assistance le maire d'avant la Commune, Georges Clemenceau, La Cécilia lui répondit qu'il s'était rendu à Bordeaux pour un congrès de l'Union républicaine, un organisme dont elle entendait parler pour la première fois. Ce qu'elle ne pouvait savoir c'est que, depuis quelques jours, Georges tentait vainement de rentrer dans Paris par les banlieues est, plus calmes que celles de l'ouest, mais qu'il était repoussé par des barrages.

— Nous allons tout faire, dit La Cécilia de son air le plus glacial, pour que les Versaillais n'accèdent pas à Montmartre. S'ils y parvenaient, nous devrions faire sauter la Butte, et eux avec…

Un vertige aux tempes, Louise se laissa choir dans le fauteuil du maire, des visions d'Apocalypse plein la tête : des tonnes de dynamite, une monstrueuse déflagration ébranlant Paris jusqu'au plus profond de ses assises, des immeubles s'écroulant comme des châteaux de sable, les moulins battant des ailes dans des ouragans de feu…

— Fameuse idée…, dit-elle. Je vous aiderai.

— Nous y comptons bien, citoyenne ! Dans quelques heures, nous aurons fait le compte des immeubles à dynamiter. Il faudra aussi des fûts de pétrole en quantité. L'ennui… euh… l'ennui, c'est que nous n'avons pas la moindre cartouche de dynamite et pas le moindre fût de carburant… À tout hasard, je vais adresser une demande au Comité central… si je retrouve sa trace !

Il lui demanda de pousser une reconnaissance, avec deux hommes, jusqu'aux barricades de la place Blanche et du Château-d'Eau qui, une heure avant, tenaient encore, et de revenir lui faire son rapport.

La barricade de la place Blanche était tenue par des femmes de toutes conditions sociales : commerçantes, épouses de fonctionnaires, petites et grandes bourgeoises, avec une majorité de prostituées et de modèles de peintres. Élisabeth Dimitrieff et son amie André Léo en assuraient le commandement avec Malvina et Marie Ferré.

Pour cette fête de mort, Lisa avait revêtu ses vêtements d'amazone : chapeau de feutre orné d'une plume, écharpe de soie rouge à franges dorées, large ceinture d'où dépassaient des crosses de pistolets… Malvina portait une cocarde rouge à la tempe. André Léo, en uniforme de la Garde nationale, fumait cigarette sur cigarette, assise, jambes pendantes, sur la crête de la barricade. Elle ne se déplaçait que lorsqu'elle voyait des ombres suspectes déambuler sous les arbres, de l'autre côté de la place. Debout, les mains en porte-voix, elle lançait de sa voix virile :

— Bande de chenapans, allez dire à M. Thiers et au général Vinoy que nous les attendons pour le café ! Ça nous coûtera dix balles, mais ce sera de bon cœur !

Parfois des coups de feu répondaient à ces provocations. Une balle trancha comme au rasoir la hampe du drapeau rouge qu'elle brandissait. Une fille de l'Élysée-Montmartre escalada la barricade et, soulevant ses jupes, montra ses fesses au tireur.

— Citoyenne, lui lança André Léo, je te rappelle à la décence. On n'est pas au cancan, et cette barricade n'est pas un bordel ! Reprends ton poste. Quand nous aurons chassé les Versaillais, tu montreras ton cul à qui tu voudras !

Louise admirait Lisa et le lui dit :

— Tu ressembles à une image de légende, Élisabeth !

— C'est ce que me dit André Léo. Elle aurait aimé faire ma conquête, mais ce n'est pas à cette virago que je vais m'attacher.

— Toujours amoureuse de Benoît Malon ?

— Non, de Frankel. Et c'est un amour partagé. L'ennui, c'est que j'ignore où il se trouve et même s'il est encore en vie.

Elle raconta à Louise, entre deux salves, qu'elle avait connu à Londres, chez Karl Marx, cet émigré hongrois. Après avoir été élu député de Paris et avoir légiféré sur la condition ouvrière il s'était engagé dans le combat de la Commune. Ils n'avaient éprouvé l'un pour l'autre, au début de leurs rapports, qu'une solide amitié qui, à la longue, avait donné naissance à la passion.

Louise la quitta pour se rendre, en longeant les murs, à la barricade du Château-d'Eau. Elle y trouva Frankel, bien vivant, et qui faisait le coup de feu avec l'ardeur d'un novice. De retour place Blanche, elle dit à Lisa :

— Ton Frankel, je viens de le voir. Il est vivant et il se bat comme un lion.

— Il faut que je le voie. Tu vas me guider.

Par des rues calmes, encombrées de quelques cadavres de chevaux abandonnés aux chiens et aux mouches, elles parvinrent à la vaste place où la fusillade faisait rage. Au-delà du parapet de la barricade gisaient des cadavres de lignards et des blessés qui rampaient pour se dégager.

— Frankel ! s'écria Lisa, je le vois, là-bas, debout sur la barricade. Il va se faire tuer !

Lorsqu'elles parvinrent à s'approcher, elles aperçurent des ambulanciers qui ramenaient Frankel sur une civière. Il avait reçu une balle dans l'épaule et avait perdu connaissance. On rassura Lisa : la blessure était grave, mais pas mortelle. Le mieux était qu'on le transportât au bistrot voisin. Elles allongèrent le blessé sur une banquette, lui firent avaler un petit verre de cognac qui le ranima. Il ouvrit les yeux, murmura le nom de Lisa et sombra de nouveau dans l'inconscience.

— Que vas-tu faire ? demanda Louise. Veiller sur lui, le mettre davantage à l'abri ou retourner te battre ?

— Rester. Il a besoin de moi. Des gens m'aideront à le

conduire à mon appartement, à deux pas d'ici. Je le cacherai jusqu'à la fin de la guerre. Après... après, nous quitterons la France. Pour aller où ? je n'en sais rien, mais nous irons ensemble.

La barricade des femmes, place Blanche, tenait ferme. Le général Vinoy avait envoyé contre ces furies un peloton de tirailleurs qui, embusqués derrière les arbres, leur menaient la vie dure, dans l'attente du canon qui tardait à venir. Elles avaient déjà couché à terre une dizaine d'imprudents qui leur lançaient des défis salaces. L'un des deux hommes qui escortaient Louise dans sa prospection proposa de leur envoyer du renfort.

— Non, dit Louise. Ces garces n'aimeraient pas ça. Elles doivent et elles veulent rester entre femmes. Revenons sur la Butte...

Louise ne souhaitait demeurer à la mairie que le temps nécessaire pour faire son rapport. En débouchant dans la salle d'attente, elle sentit ses jambes se dérober sous elle. On l'allongea sur une banquette. Quand elle rouvrit les yeux, le visage de sa mère était penché sur elle.

— Vous..., dit-elle. Que faites-vous là ?

— Je t'ai cherchée partout, pleurnicha Marianne. J'étais morte de peur. On m'a dit que tu avais été tuée, mais je n'ai pas voulu le croire. Un instinct me disait que tu étais encore en vie. Il faut te reposer, à présent. Tu en as déjà trop fait. C'est quoi, ce sang ?

— Celui d'un blessé que j'ai aidé à transporter.

— Oh ! ma fille... ma petite fille...

Elle dissimula son visage derrière son mouchoir pour cacher ses larmes, fit effort pour étouffer ses sanglots, répétant que cela suffisait, que sa petite Louise finirait par se faire assassiner.

Une ombre massive s'interposa entre elle et Louise qui sursauta :

— Dombrowski ! s'écria-t-elle. Je croyais... on m'a affirmé...

— ... que j'étais mort ? C'est le bruit qui a couru. Blessé, simplement, et sans gravité. On enterre beaucoup de gens sur des apparences, par les temps qui courent. Il vous faudra attendre pour porter mon deuil !

Il s'agenouilla, caressa d'une main affectueuse les cheveux rèches, qui sentaient la poudre, la laissa glisser sur la peau jaunâtre qui portait une éclaboussure de sang séché, sur la bouche aux lèvres minces et blanches. Ce regard qu'elle avait : un regard de louve traquée…

— Votre mère a raison, Louise, dit-il. Je vais vous faire transporter rue Houdon où vous vous cacherez en attendant la fin des événements, ce qui ne saurait tarder. Ce que vous avez fait, je connais peu d'hommes qui en auraient été capables.

Elle se redressa sur un coude, bascula, les deux pieds en appui sur le parquet, réclama sa Remington, et dit posément :

— J'en aurai fini quand le dernier coup de feu aura été tiré. Après, le drame continuera, sur une autre scène, mais là aussi j'en serai. Faites reconduire ma mère à son domicile, je vous prie.

Elle s'informa de la situation : l'unité qui occupait la barricade de Clignancourt venait de se replier derrière les hauts murs du cimetière de Montmartre. Elle fit signe aux deux soldats qui l'avaient escortée pour qu'ils l'assistent de nouveau. Dombrowski lui prit les mains, les porta à ses lèvres.

— Vous êtes une grande dame, Louise. Bonne chance !

Louise et ses deux escorteurs pénétrèrent dans le cimetière par une brèche, alors que les obus avaient commencé leur danse infernale. Une voix d'homme hurlait :

— Ce sont les nôtres qui nous canardent. Ils sont fous ? Faut faire cesser le feu !

À la tombée de la nuit, alors qu'elle se trouvait près de la tombe de Henri Murger, l'auteur des *Scènes de la vie de bohème*, un obus tomba à quelques mètres de Louise, soulevant une gerbe de terre et mettant à nu le couvercle d'un cercueil. La déflagration avait secoué un arbre en fleur qui laissa tomber sur elle une pluie de pétales. C'était le dernier obus. Le tir cessa complètement avec la tombée de la nuit. Mêlés aux odeurs de la poudre et aux relents putrides qu'exhalaient les caveaux entrouverts, des parfums de printemps passaient par bouffées au-dessus des combattants dont certains, épuisés, dormaient à même le sol, entre les tombes. Louise avait trouvé place dans une allée, près du gisant de bronze représentant Godefroy Cavaignac, président de la Société des droits de l'homme. Elle ne pouvait rester en place ; de temps à autre un sursaut l'obligeait à se lever et à marcher.

— Allez-vous cesser de déambuler ! lui lança un sergent. Vous faites une cible idéale pour les gens d'en face. Reposez-vous, nom de Dieu !

Elle haussa les épaules. Qu'avaient-ils tous à vouloir lui imposer le repos ? Parfois elle se sentait accablée de fatigue et de sommeil ; parfois prête aux efforts et aux veilles. Ce soir, elle était parfaitement reposée ; il lui vint même des idées de poèmes : cette pluie de fleurs sur la tombe, ces stèles blanches dans la pénombre, ce silence habité d'un chant lointain et rauque, sous un rideau d'ifs :

J'aimerai toujours le temps des cerises
C'est de ce temps-là que je garde au cœur
Une plaie ouverte...

Le jour à peine levé, un cri retentit sur la nécropole :

— Tous à vos postes ! Ils arrivent. Une centaine, peut-être plus…

— Il nous faudrait du renfort, dit le sergent, du café et du pain si possible. Nos gars n'ont rien dans le coco depuis hier. Tiendront pas le coup. Faut envoyer une estafette au quartier général.

— J'y vais, dit Louise.

Alors qu'elle approchait de la mairie dans les premiers feux de l'aube, elle aperçut un adolescent qui, assis sur un perron, essuyait ses larmes. Elle posa la main sur son épaule, lui glissa à l'oreille :

— Alors, petit, un chagrin d'amour ?

— Non, madame. C'est bien pire. Je suis volontaire pour me battre et personne ne veut de moi, parce que je suis un étudiant et que je n'ai pas de papiers. J'ai un grand frère à venger, vous comprenez…

— Suis-moi, dit Louise.

Le général La Cécilia sabrait de coups de crayon un plan de Montmartre. Il paraissait soucieux. Il leva un œil sur l'étudiant.

— Encore toi, gamin ! Je t'ai déjà dit…

— Il veut de la poudre et des balles, comme dans le poème de Hugo, *L'Enfant de Chio*. Ne lui refusez pas cette satisfaction. Pour lui c'est un point d'honneur.

— C'est bon ! bougonna le général. Qu'on lui donne ce qu'il demande. Louise, vous l'embarquez. Comment ça se passe, au cimetière ?

— Mal, et ça risque d'empirer. Il nous faut du café, du pain, du vin si possible, et des renforts.

— Va pour le café, le vin et le pain, mais pour les renforts… Je ne suis pas César : ce n'est pas en frappant du pied que je vais faire sortir de terre des bataillons ! Je viens de réceptionner une cinquantaine de gars en retraite mais qui ne demandent qu'à repartir à la riflette. Ça vous convient ?

— Ça me convient, dit Louise. À la guerre comme à la guerre… Toi, l'étudiant, ton nom ?

— Damien.

— Tu connais le maniement du chassepot ? Non ? Bien, je t'apprendrai en cours de route. Suis-nous !

Ils repartirent dans le plein jour, en rasant les murs. Des salves tirées des fenêtres, les unes occupées par les Versaillais, les autres par les soldats de la Commune, faisaient pleuvoir des balles autour d'eux. Un des escorteurs s'écroula, frappé en plein front.

— Damien, dit Louise, prends son képi. Ça te donnera un air plus martial. Abritons-nous là une minute, et écoute bien la leçon. Tu prends le fusil bien en main, tu ouvres… Tu m'écoutes, oui ou merde !

— Madame…, murmura Damien. Madame, je crois que…

Il tomba sur les genoux, se laissa glisser sur le trottoir. Le sang commençait à suinter de sa chemise bien blanche et bien propre, au niveau du cœur.

Il ne restait qu'une quinzaine de combattants au cimetière. Par chance, les renforts purent pénétrer aisément par la brèche, Louise les ayant fait couvrir par des tirailleurs. Tandis qu'elle procédait à la distribution des vivres, les nouveaux arrivants prenaient position en haut des murs et entamaient un feu nourri contre les lignards qui, postés aux fenêtres de l'immeuble voisin, tiraient sans discontinuer.

La situation devint très vite intenable. Louise fit appeler le sergent et lui dit d'un air accablé :

— Nous faisons tuer nos hommes pour rien. Nous pouvons tenir une heure, guère plus. Ne vaut-il pas mieux abandonner cette position perdue d'avance et aller nous battre ailleurs ?

— C'est bien mon avis, répondit le sergent. Foutons le camp. Il y a une barricade pas loin d'ici. Nous y serons plus utiles. Je vais demander aux ambulanciers d'évacuer les blessés. Quant aux morts, ils sont déjà à leur place…

Les rescapés parvinrent à échapper au piège du cimetière pour se replier sur la barricade obstruant l'entrée de la chaussée de Clignancourt, près de l'embranchement dit du Delta. On y faisait encore le coup de feu. Dombrowski venait d'arriver à cheval, épaules basses, précédant une dizaine d'éclopés.

— Décidément, vous êtes incorrigible ! lui lança-t-il avec un triste sourire. Je vous croyais au cimetière de Montmartre…

— Nous avons dû abandonner la place. A-t-on des nouvelles de la place Blanche ?

— Terminé ! Il reste une dizaine de combattantes sur cinquante. Nous les avons réparties sur diverses autres positions. Louise… nous sommes perdus. Il me reste trois balles dans ma giberne. Les dernières…

— Tout peut encore arriver. Nous nous reverrons et nous en reparlerons.

Louise revit Dombrowski un moment plus tard. Allongé sur une civière, une balle dans le ventre, à l'agonie. Elle le fit conduire à Lariboisière. Il était mort en arrivant.

Ils étaient sept à tenir la position lorsque Louise les avait rejoints. Avec le renfort, cela faisait une vingtaine d'hommes, la plupart incapables de tirer juste, sous le déluge de feu qui s'abattait sur eux. Au bout d'une heure de combat, lorsque les Versaillais reçurent un canon et une mitrailleuse, ils n'étaient plus que trois autour de Louise. L'un d'eux, un vigoureux gars d'Armor, manifestait une singulière alacrité chaque fois qu'il faisait mouche, et c'était un fameux tireur : il éclatait de rire et jurait en breton :

— Boum ! *Ma doué !* Un de plus pour l'Ankou...

Lorsque l'attaque générale se décida, après qu'un obus eut ouvert une brèche dans la barricade, Louise se dressa, face aux assaillants qui arrivaient, baïonnette au canon. Elle leur cria :

— Approchez, les gars ! Vous ne risquez pas grand-chose. Nous ne sommes plus que quatre...

— Cessez le feu ! lui répondit un lieutenant. Vous êtes cernés.

Louise n'eut pas le temps de riposter. Elle se sentit soulevée, emportée comme par une lame de fond, le froid du métal sur sa nuque. Une voix criait :

— Mon lieutenant, c'est une femme. Qu'est-ce qu'on en fait ?

Elle n'entendit pas la réponse. Un moment qui lui parut durer une éternité, elle resta allongée, la tête entre ses bras repliés, le visage contre terre. Quand elle se releva, encore étourdie, elle constata que le Breton était allongé près d'elle, la poitrine constellée de fleurs rouges, la bouche et les yeux ouverts, comme pour lâcher un dernier *Ma doué*. Ses deux autres compagnons avaient disparu, peut-être mêlés aux cadavres qui s'amoncelaient en retrait. Quant aux lignards, ils fouillaient à grands cris les maisons voisines d'où l'on avait tiré sur eux. Un homme tomba en hurlant d'une fenêtre du deuxième étage.

Stupéfaite d'être encore vivante et indemne, elle prit à pas lents le chemin de la mairie. Le général La Cécilia n'avait pas perdu tout espoir. Il venait d'accueillir un groupe de femmes rescapées de la barricade de la place Blanche et leur désignait les dernières positions que la Commune tenait encore sur la Butte. Malvina et Marie Ferré, qui avaient quitté la barricade de Clignancourt pour se mêler à leurs compagnes de la place Blanche, étaient parmi elles. Malvina portait au bras une blessure enveloppée d'une charpie sanglante. La poudre l'affublait d'un masque qui lui faisait un sourire de cannibale.

— Et toi, Marie ?

— Moi, rien, ou presque : une éraflure à la cuisse et une entorse. À croire que la mort ne veut pas de moi.

— Je pourrais en dire autant, murmura Louise.

Louise se dit que le général Napoléon La Cécilia ressemblait à l'Empereur au soir de la bataille de Waterloo : un visage de tragédie, le comportement du héros qui ne renonce jamais. Il dressait des plans sur la comète : on pouvait encore tenir une journée ici, marquer une avancée là, peut-être… Que faudrait-il pour le décourager ? Une balle, comme celle qui avait, quelques heures avant, abattu Dombrowski.

— Tout cela est inutile, lui dit Louise. Toute cette stratégie, c'est du vent ! Le miracle que vous attendez ne se produira pas.

Il jeta son crayon sur la carte d'un geste rageur.

— Si vous croyez que je ne le sais pas… Nous sommes perdus, Louise.

Les mêmes mots que Jaroslav Dombrowski avait prononcés quelques minutes avant sa mort. Louise apprit que son corps avait été conduit en cachette devant l'Hôtel de Ville, ce fantôme de pierres noircies par le sinistre, d'où montaient encore quelques fumerolles. Un groupe de fédérés l'avait conduit à la nuit tombée, pour un ultime hommage, au pied de la colonne de la Bastille, malgré les combats qui, aux alentours, faisaient rage. On avait dressé à la hâte une chapelle ardente rudimentaire avec, à la place des cierges, des torches de bois sec. En marche pour les dernières barricades, une colonne de combattants lui avait rendu un ultime hommage. Le lendemain, à l'aube, dans un prélude de fusillades et de canonnades, on avait conduit le corps, enveloppé d'un étendard rouge, au cimetière du Père-Lachaise. Un groupe de fédérés se battait encore à cet endroit contre un bataillon de fusiliers marins.

9

MAIS IL EST BIEN COURT, LE TEMPS DES CERISES

Les derniers bastions de la Commune ont cédé un à un.

Après Montmartre, les fédérés ont évacué Belleville, Montrouge, les Batignolles, la Villette, Charonne, les Buttes-Chaumont. Le cimetière du Père-Lachaise, soumis au même orage de feu que celui de Montmartre, a dû céder à son tour et livrer ses derniers défenseurs aux salves des marins. Le 28 mai, rue Ramponneau, sur les hauteurs de Belleville, les Versaillais ont pris d'assaut la dernière barricade qui tînt encore : les défenseurs n'avaient plus de canon, de munitions, de vivres, et seulement une poignée d'hommes valides.

Ce dimanche de la fin mai, à midi, le dernier coup de canon a été tiré ; il a arraché le drapeau rouge que tenait encore un cadavre.

Louise faillit vomir de dégoût, un matin, après une nuit passée rue Houdon, auprès de sa mère, de Malvina et de Marie, en lisant sur une affiche la proclamation d'Adolphe Thiers, placardée boulevard de Clichy :

Nous sommes maîtres de Paris. Les Tuileries sont en cendres, le Louvre est sauvé, le ministère des Finances et le palais d'Orsay ont été incendiés. Tel est l'état dans lequel Paris nous est livré par les scélérats qui l'opprimaient et le déshonoraient. Ils nous ont laissé douze mille prisonniers, et nous en aurons certainement vingt mille. Le sol de Paris est jonché de cadavres. L'armée a été admirable. Elle a essuyé très peu de pertes...

Le sol de Paris est jonché de cadavres... Dans l'odeur des chevaux morts, des ambulanciers ramassent à la hâte les corps qu'ils chargent dans des fourgons militaires, des charrettes, des carrioles, et fouette cocher ! Ils traversent la ville en trombe pour aller où ? Dans la proche banlieue, dans les jardins et les parcs, où on les fera brûler dans des fosses communes, avec du pétrole, du goudron, du chlore. On répandra sur leurs cendres un tapis de chaux vive. De tous ces héros morts on pourrait faire une montagne du sommet de laquelle on ne verrait pas se lever une aube de promission mais un crépuscule de fin du monde.

Quelques vers du poème qu'elle a composé quelques jours avant, au fort d'Issy, entre deux tasses de café, reviennent à la mémoire de Louise :

Les cadavres sont la semaille
L'avenir fera les moissons...

Les moissons à venir s'annoncent sous un jour sombre.

La bataille terminée, place aux représailles ! Compter sur la clémence de Thiers serait illusoire : la façon dont il a craché sur les morts de la Commune laisse deviner un impitoyable châtiment. C'est d'ailleurs le mot qu'il a employé : *Je serai impitoyable !* Il l'a déjà montré. Des salves de peloton éclatent un peu partout ; on fusille hommes et femmes par groupes, sans jugement. Des patrouilles arrêtent des passants.

— Fais voir tes mains ! C'est quoi, ces traces noires ? De la poudre, hein ? Au rang !

« Au rang » signifie au « poteau d'exécution ». On fusille à tort et à travers, pour un simple détail suspect. On a abattu, rue des Martyrs, une jeune femme qui, son enfant dans les bras, revenait de chercher du lait.

— Qu'est-ce que tu as dans tes poches ? Tiens… une queue-de-rat, des allumettes… Une pétroleuse, hein ?

On l'abat d'une balle dans la tête, on lui arrache son enfant, on piétine à mort cette graine de communard ! Comme dit un capitaine, on « nettoie Paris de sa racaille ». Dans sa tenue de veuve, Louise passe inaperçue. Ou presque. Un officier des fusiliers marins, de ceux qui ont exécuté les derniers défenseurs du Père-Lachaise, l'a interpellée.

— Tu es en deuil de qui ? De ton mari ?

— De la Commune.

Il a haussé les épaules. Une pauvre folle, sans doute. Qu'on la laisse passer…

On fusille dans les jardins de l'Élysée-Montmartre, qui n'ont jamais connu une fête aussi étrange. Il en monte des cris et les roulements des feux de peloton. On en retire des cadavres sanglants que l'on embarque pour les fosses communes. Un grand bûcher digne de l'Inquisition brûle aux Buttes-Chaumont ; on respire dans tout Paris l'odeur de la chair brûlée, qui a fait fuir les gens du voisinage. On fouille avec des chiens les égouts, les catacombes, les carrières ; les malheureux qui s'y abritaient sont passés instantanément par les armes.

Louise se demande si Thiers et Vinoy ont décidé d'exterminer tout ce qui respire encore dans Paris.

Elle remontait à pas lents la rue Houdon, dans un jour gris et humide, qui sentait la cendre froide et la mort. La concierge semblait l'attendre sur le seuil ; elle lui jeta :

— Mademoiselle Michel, il faut vous cacher ! Des policiers sont à votre recherche. Ils ont passé par l'école tout à l'heure et, comme vous étiez absente, ils ont emmené votre mère et Malvina.

— Où les ont-ils conduites ?

— Ils n'en ont rien dit.

Insoucieuse du danger qu'elle courait, Louise se rendit au poste de police du boulevard de Clichy, bouscula le factionnaire, pénétra en coup de vent dans le local, lança :

— Ma mère ! Dites-moi où est ma mère : Marianne Michel. Et Malvina Poulain. Elles sont innocentes.

— Eh bien quoi, votre mère ?

— On l'a embarquée tout à l'heure à ma place. Cherchez son nom sur votre registre. Et celui de Mlle Poulain.

Le commissaire, de mauvaise humeur, chaussa ses besicles, chercha dans son grand livre.

— Michel… Michel… Poulain… Elles ont été conduites aux fortifications, bastion 37. Je crains… hum… je crains que vous n'arriviez trop tard.

Accompagnée d'un policier, Louise prit au pas de course la direction des hauteurs de Montmartre, parcourut les fortifs, découvrit le bastion 37, sursautant chaque fois qu'éclatait un feu de peloton. Les abords des bastions étaient pleins d'une foule de malheureux, hommes et femmes, qui grelottaient sous la pluie. Le souffle lui manquait, mais elle poursuivait sa course.

Bastion 37… Elle se jeta dans les bras de Marianne et de Malvina.

— Oh, mère… mère… Ils ne vous ont pas brutalisée, au moins ? Et toi, Malvina, ma chérie…

Un traîneur de sabre, le cigare au bec, le képi sur le côté, lui demanda ce qu'elle faisait là et ce qu'elle voulait.

— Je veux que vous libériez ces deux innocentes ! Vous les imaginez en pétroleuses ou le fusil au poing ?

— Moi, ma belle, je prends ce qu'on m'envoie, sans faire le détail. On m'a confié ces deux femmes avec ordre de les fusiller. Innocentes ou pas, c'est pas mes oignons !

— Je m'offre pour les remplacer. Une coupable contre deux innocentes, vous ne perdez pas au change… Je me suis battue, moi ! Vous avez peut-être entendu parler de Louise Michel ?

— Connais pas ! fit le traîneur de sabre. Faut que j'en réfère à l'autorité supérieure.

L'« autorité supérieure » était un gros pâté d'homme à l'uniforme avachi, au col dégrafé sur un cou à fanons. Assis devant une petite table de campagne, devant un gros registre, il écouta d'un air distrait le rapport de son subordonné, fronça les sourcils en regardant Louise et bougonna :

— Drôle d'affaire, saperlotte ! Tu dis que ta mère et cette femme sont innocentes ? Faudrait peut-être le prouver. Enfin… pourquoi pas, après tout ? Quant à toi, ton compte est bon.

Marianne s'accrocha au rebord de la table et s'écria :

— Ne la croyez pas, monsieur l'officier ! Cette femme est folle ! Elle est soignée par le docteur Clemenceau, l'ancien maire de Montmartre. Il vous le confirmera...

— Cessez cette comédie, mère ! protesta Louise. Vous pouvez partir toutes deux, alors partez ! Je me débrouillerai. On fusille rarement les femmes, n'est-ce pas, monsieur l'officier ?

— C'est à moi d'en décider ! s'écria l'« autorité supérieure ». Toi, la vieille, et toi, la gamine, foutez le camp. Toi, je te garde. Va te mêler aux autres prisonniers.

Ils se tenaient, au nombre d'une centaine, debout ou accroupis sous la pluie, contre les murs du bastion. Le sol boueux était jonché de ces papillons noirs que les sinistres avaient poussés jusque-là. Au milieu de la cour se dressait le poteau destiné aux exécutions individuelles. Louise n'eut pas de mal à reconnaître quelques compagnons et amis des clubs, des femmes des barricades, dont certaines portaient des blessures qui les accusaient. Elle chercha des yeux Ferré, demanda si quelqu'un l'avait rencontré. Personne.

Un tumulte agita l'entrée du bastion. On amenait un jeune homme aux mains liées, qui protestait avec véhémence, disant qu'il n'était pas le Mégy qu'on recherchait, qu'il lui ressemblait peut-être, ce qui provoquait la confusion.

— Ce garçon n'est pas Mégy, dit Louise. C'est vrai qu'il lui ressemble, mais le vrai a une tache de vin sur le cou.

On l'écarta à coups de crosse.

— Laissez ! dit le faux Mégy. Après tout, je m'en fous. Vive la Commune !

On l'attacha au poteau. Un peloton fut hâtivement constitué. De tout le temps que durèrent les préparatifs, il ne quitta pas Louise du regard.

— Merci, citoyenne ! lui lança-t-il. Mégy, c'est bien moi.

Il mourut avec courage, un sourire de défi aux lèvres.

Louise ne trouva pas Ferré mais tomba nez à nez avec Julie Longchamp, qu'elle n'avait pas revue depuis des mois, mais avec qui elle correspondait de temps à autre. Elle avait entendu parler de Ferré : il avait été arrêté et conduit à Satory, haut lieu des emprisonnements et des exécutions massives. Et Vallès ? Julie ne put lui en donner des nouvelles.

La nuit tomba dans une odeur de boue, de cendres et d'excréments. Près du cadavre de Mégy, on distinguait, à la lueur d'une lanterne, celui d'un chien mort, éventré d'un coup de sabre pour avoir aboyé contre un officier qui malmenait l'étudiant.

— Qu'est-ce qu'on va faire de nous ? gémit Julie. Je n'ai rien à me reprocher, moi ! Je suis innocente.

— Innocente, coupable, ils s'en foutent. Tu n'avais pas à être là où ils t'ont arrêtée. C'est leur logique.

Elles avaient trouvé à s'abriter de la pluie dans un renfoncement de la muraille, en compagnie de quelques autres femmes, de pauvres créatures accablées de fatigue, de faim et de détresse. Lorsque l'une d'elles avait demandé à un fusilier marin un morceau du pain qu'il mangeait, il lui en avait craché une bouchée au visage en lui disant :

— Crever le ventre plein ou le ventre vide, c'est du pareil au même…

L'aube en se levant dessina un spectacle pitoyable : une cohue de spectres transis de froid et de faim. Le commandant du bastion avait fait rassembler les prisonniers dans la cour d'où l'on avait enlevé les deux cadavres. Quelques loupiotes brûlaient encore. Brumes et fumées pesaient au loin sur Paris d'où montaient les derniers grondements des batteries. On devait se battre encore à Belleville ou au Père-Lachaise.

— Sens-tu cette odeur de café frais ? dit Louise. Je donnerais un an de ma vie pour en boire un bol, et deux pour une grosse tartine beurrée. Je n'ai rien mangé depuis hier matin. Si je ne meurs pas au poteau, ce sera d'inanition.

— Ce sera au poteau, je le crains, dit Julie. Regarde ce qui nous arrive. Un véritable état-major…

Un officier à cheval s'avançait à la tête d'une escorte. Un général, rien de moins. Le poing au creux de la hanche, il fit, comme au cirque, un tour de piste en jetant des regards de mépris aux prisonniers. On l'entendit bougonner :

— Canaille... Vermine... Assassins...

Il avait l'allure satisfaite, un brin arrogante, des gens qui, au sortir d'un bon restaurant, se trouvent devant un malheureux titubant de faim. Il arrêta son cheval près du poteau et, d'une voix forte, lança :

— Je suis Gaston Auguste de Galliffet, général de l'Armée française et ci-devant marquis. Gens de Montmartre et autres lieux, apprenez que j'ai reçu une blessure grave au Mexique et que je me suis battu devant Sedan ! C'est dire que le ramassis d'anarchistes et de jacobins que vous êtes ne me fait pas peur. Vous me croyez impitoyable ? Je le suis plus encore que vous ne pensez !

Tandis qu'il pérorait dans ce style de chanson de geste, les prisonniers se préparaient à mourir. Les femmes peignaient leurs cheveux et soignaient leurs chignons, les hommes époussetaient leurs habits et brossaient leurs chapeaux d'un revers de manche. Un groupe de jeunes femmes se disputaient pour accéder à un petit miroir posé sur le mur ; elles mouillaient de salive le coin d'un mouchoir pour donner un peu d'éclat à leur teint.

— Comment crois-tu qu'ils vont nous passer par les armes ? demanda Julie. Dans cette cour, en tirant dans la masse, par petits groupes, un par un ?

Louise haussa les épaules : Julie se posait trop de questions. Elle, non. Elle se sentait singulièrement sereine. N'eût été la faim qui lui faisait grouiller le ventre, elle eût abordé cette ultime épreuve avec un sentiment de délivrance. La Commune morte, elle pouvait bien disparaître. Les allures provocatrices de cette ridicule marionnette, de ce bourreau qui se disait général, marquis, et se prenait pour un héros, la faisaient sourire. Elle faillit même éclater de rire en entendant ce porc galonné lancer d'une voix grinçante :

— Oui, troupeau de pouilleux que vous êtes, c'est moi, Galliffet ! Vous ne me connaissiez pas ? Vous allez apprendre à me connaître !

Louise se souvint d'un chant qui, par association d'idées, lui vint aux lèvres : le grand air d'un opéra italien que Mme Demahis lui avait appris, à Vroncourt.

— Qu'est-ce que tu chantes ? Oui, toi, l'épouvantail !

Sans se démonter, Louise se mit à chanter :

C'est moi qui suis Lindor, berger de ce troupeau...

Des éclats de rire montèrent autour d'elle. Julie lui pinça le bras. Dressé sur ses étriers, Galliffet brandit son sabre en hurlant :

— Soldats, tirez dans le tas !

Les soldats s'interrogèrent du regard. Aucun n'obtempéra. Galliffet cria de nouveau :

— J'ai donné un ordre ! Exécution !

Il leva son sabre et allait l'abattre pour donner le signal, lorsqu'un brouhaha lui fit tourner la tête. Un couple d'épiciers se défendait avec véhémence d'avoir aidé des communards ; ils criaient qu'ils vomissaient la Commune, qu'ils avaient refusé de vendre du carburant à des pétroleuses, qu'ils ne savaient pourquoi on les avait arrêtés. Ils avaient tenté d'échapper à la surveillance d'un factionnaire ; on les avait rattrapés. On les attacha dos à dos au poteau. Une double salve les abattit.

Le regard du général-marquis de Galliffet revint à cette roturière qui avait osé le braver ; elle le soutint avec hardiesse, certaine que son tour était venu, qu'elle allait prendre la place des épiciers que l'on venait d'achever d'une balle derrière l'oreille.

C'est alors qu'un officier d'ordonnance s'avança vers le général, le salua et lui dit quelques mots que Louise ne comprit pas. Galliffet fit virer son képi sur son crâne en rouspétant, disant qu'« on ne lui foutrait jamais la paix ». Au grand soulagement des détenus, il donna l'ordre de surseoir aux exécutions et fit demi-tour.

L'un des sous-officiers chargés d'une distribution de pain de munition dit à Louise :

— Tu as de la chance. Sans l'ordre que le général a reçu de se rendre d'urgence à l'état-major, tu serais déjà morte, et tous les autres avec toi.

Il raconta que Galliffet avait, la veille, fait preuve d'une férocité sans précédent. Alors qu'il remontait avec une escorte une colonne de captifs, il avait fait sortir du rang des dizaines d'entre eux dont l'allure lui paraissait suspecte et les avait fait fusiller contre le parapet de la Seine.

Le bastion 37 était en ébullition. On entendit l'« autorité supérieure » vomir des imprécations :

— Il en a de bonnes, Galliffet ! Qu'est-ce qu'il veut que je foute de tous ces prisonniers ? Et on m'en amène toujours de nouveaux ! Si je leur donne rien à boire et à bouffer, ils vont faire un chambard de tous les diables. Et, s'il y a du grabuge, qui c'est qui va trinquer ? c'est Bibi… Faut que j'informe Vinoy de la situation. Ça peut pas durer…

Il fallut attendre deux jours avant que le général Vinoy daignât s'intéresser au sort des prisonniers des bastions de Montmartre. Opérer le transfert de quelque trois cents captifs en des lieux plus propices à leur détention n'était pas une mince affaire, alors que s'achevait le « nettoyage » de Paris. Pour le ravitaillement de cette canaille, que l'« autorité supérieure » se débrouille ! On envoya des estafettes réquisitionner du pain dans les boulangeries de Montmartre et du vin chez les mastroquets.

De deux jours, le général-marquis ne se montra pas.

Encadrée par des chasseurs à pied, la pitoyable colonne quitta les fortifications à la tombée de la nuit. Pour aller où ? Certains pensaient à Versailles, d'autres à Satory, une perspective qui faisait froid dans le dos. Le convoi fit halte à la Muette, entre la Seine et le bois de Boulogne.

— Cette fois, dit Louise, je crois que nous devons nous préparer à mourir.

Les chasseurs firent descendre les détenus dans un ravin au fond duquel coulait un ruisseau dont on distinguait éclats et méandres dans l'ombre, entre les peupliers : un lieu discret, propice à des exécutions massives. Louise, toujours accompagnée de Julie, suivit le mouvement du troupeau. Malgré la fatigue et la faim qui l'accablaient, elle s'attachait au spectacle des rayons de lune passant entre les jambes des chevaux et faisant briller des micas sur le sol. De temps en temps elle prenait Julie par le bras et lui disait :

— Courage, ma belle. Nous avons vécu le pire.

La colonne remonta la pente opposée du ravin pour retrouver la route de Versailles. Alors que le jour naissait, on arriva en vue des premières fermes, disséminées au milieu des prés où paissaient des ruminants. Il faisait plein jour lorsque l'on pénétra dans la ville par une longue avenue dont les hauts murs cachaient des parcs ruisselants d'odeurs de lilas et de seringas. Versailles s'ébrouait dans une noria de véhicules militaires. Alors que la colonne approchait du palais, une femme se mit à fredonner *Le Temps des cerises*, que les autres reprirent en chœur :

Cerises d'amour aux lèvres pareilles
Saurez-vous jamais calmer ma douleur ?

C'est alors que se produisirent les premières agressions. Des « petits crevés », comme disait Louise, les couvrirent d'injures, de boue et de crachats. Près de la Grande Écurie que l'on avait transformée en dépôt de prisonniers, des coups de feu partirent des fenêtres aux contrevents entrebâillés. Près de Louise, un vieil homme s'écroula, la mâchoire fracassée ; des femmes hurlaient de peur. Sans l'intervention d'un peloton de cavalerie qui repoussa la foule, les prisonniers eussent été écharpés.

Le terme de cette marche épuisante n'était pas Versailles où l'on se borna à une simple halte pour une distribution d'eau et de pain. La colonne reprit dans la matinée la direction du sud. Un prisonnier s'écria :

— Satory ! Ils nous conduisent à Satory ! C'est la fin. On va nous fusiller !

Louise lui ordonna de se taire : une panique eût été fatale à tous ; les chasseurs n'auraient eu aucun scrupule à faire usage de leurs armes, et Vinoy aurait inscrit trois cents victimes de plus à son palmarès.

C'est bien à Satory que l'on allait. Les premières vagues du plateau étaient déjà sensibles, dans un décor agreste de prés en fleurs, de troupeaux, de mares dans lesquelles pêchaient des gamins, de masures avec, sur le seuil, des femmes qui tenaient leurs enfants dans leurs bras en regardant passer la colonne. La pluie avait repris depuis le départ de Versailles.

Les remparts crénelés de la forteresse se dessinaient sur le ciel gris. À la première entrée, des brutes hurlaient, fusil au poing :

— Plus vite que ça, fainéants ! Au pas de charge ! Comme si vous montiez à l'assaut de Montmartre.

Alors que le sinistre convoi, à bout de souffle, s'engageait dans la cour centrale, Julie bredouilla :

— L'abattoir… Ça sent l'abattoir… J'ai peur, Louise.

— C'est la fin de nos épreuves. Dis-toi que nous avons eu beaucoup de chance et que ça peut continuer.

La cour était bordée d'une frange de misère. Des prisonniers, hommes et femmes, se tassaient contre les murs, pieds nus dans la boue, pour tenter de s'abriter de la pluie qui tombait à verse. D'autres, peut-être des cadavres, gisaient dans des flaques d'eau, recroquevillés.

Les prisonniers qui paraissaient le plus mal en point furent conduits à l'infirmerie. On sépara les femmes des hommes et on leur affecta une pièce proche du grenier à foin, où se trouvaient déjà des détenues, dont certaines connues de Louise. Parmi elles : Malvina.

— Si je m'attendais à te trouver là…, dit Louise.

Malvina expliqua que des policiers l'attendaient chez sa mère, à laquelle ces événements avaient détraqué le cerveau, et qui se tenait au fond de la pièce, repliée sur elle-même, avec un regard de fauve terrifié. Le visage d'adolescente prolongée de Malvina portait des traces de coups et une balafre. Elle s'était débattue lorsque les policiers avaient voulu embarquer sa mère. Elle avait encore maigri, et sa poitrine s'était creusée.

— Tu connais certaines d'entre nous, ajouta Malvina. Mmes Dereure, Barois, Mariani, Béatrix, Excoffon… La plupart sont, comme moi, des rescapées de la barricade de la place Blanche. Quelques autres se demandent pourquoi elles sont là, comme Mme Millières, dont le mari a été fusillé sous ses yeux…

— Nous aimerions faire notre toilette, dit Louise.

Malvina lui montra un bidon placé au centre de la pièce, plein d'une eau boueuse puisée dans la mare qui, au milieu de la cour, servait d'abreuvoir aux chevaux et d'urinoir aux hommes.

— Je préfère garder ma crasse, dit Louise.

La nuit venue, elles dormirent à même le plancher. Mme Excoffon avait procuré à Louise des vêtements secs car, avant de partir, elle avait eu le temps de préparer son balluchon. Elle dit à Louise et à Julie :

— Si vous portez sur vous des papiers compromettants, je vous conseille de les déchirer et de les jeter dans la tinette.

Louise retrouva le carnet sur lequel elle notait des impressions, des vers, des idées. Elle le déchira feuille à feuille et le jeta dans le seau.

Le matin, on leur servit un mauvais pain de munition, rassis et moisi. Louise demanda au sous-officier chargé de la distribution ce qu'on allait faire des détenues. Il trouva la question saugrenue.

— Que veux-tu qu'on en fasse ? Au poteau, toutes, mais pas avant demain. Aujourd'hui, trop de boulot, et les hommes en ont marre. Te voilà en sursis…

Le boulot dont parlait le sous-officier, c'étaient les exécutions, que l'on effectuait par petits groupes. De temps à autre, on entendait dans le lointain le claquement sec, répercuté en écho, des salves de peloton, précédées de cris et de chants révolutionnaires. La forteresse étant saturée, des groupes de femmes et d'enfants furent reconduits à Versailles ; on ne garda, pour les exécuter sans appel, que les cantinières et les ambulancières, classées parmi les plus suspectes.

Le lendemain, rien.

Des jours passèrent, traversés sur un rythme obsédant par le crépitement des fusillades. De la fenêtre de la grande pièce, par laquelle, sous peine de mort, les prisonnières avaient interdiction de regarder, c'était le même spectacle affligeant : des malheureux couchés à même le sol, des va-et-vient de fourgons qui faisaient gicler la boue sur les détenus, des soldats qui défilaient ou effectuaient l'exercice sous la pluie. De temps en temps, un sergent procédait à l'appel des prisonniers : ils s'arrachaient à la boue ou se détachaient de la muraille et partaient en file avec une pelle ou une pioche à l'épaule, pour aller creuser la tombe qui recueillerait leur cadavre. Entendre prononcer son nom à cette occasion était signe de mort.

Lorsque Louise entendit prononcer le sien, ce fut comme si une aiguille lui traversait le cerveau. Elle embrassa Julie, Malvina, ses amies des barricades, pour suivre le sergent. Il s'agissait d'un simple interrogatoire.

Un vieil officier glabre, son visage maigre ourlé de côtelettes grisâtres, assis dans l'entrée du bâtiment, lui dit :

— Où vous trouviez-vous le 14 août dernier ?

La surprise laissa Louise pantoise.

— Le 14 août..., bredouilla-t-elle... Au diable si je m'en souviens ! C'est si loin... Rappelez-moi ce qui s'est passé ce jour-là, je vous prie.

— Vous le savez mieux que moi ! C'est le jour où les révolutionnaires ont attaqué la caserne de pompiers de la Villette. Vous étiez de la partie.

— En effet, mais je ne suis pas entrée dans la caserne. J'étais là en simple spectatrice.

L'officier rédigea laborieusement la réponse, ajouta qu'elle se trouvait également aux obsèques de Victor Noir, et qu'elle s'y était distinguée par son agressivité. Elle en convint.

— On vous a vue également à l'attaque de l'Hôtel de Ville. C'était le... le...

— Le 22 janvier. Oui, j'étais présente et ne regrette rien. Je ne pouvais manquer cet événement.

Elle sourit en constatant que ce brave homme d'officier commençait à perdre patience, stupéfait qu'on osât lui tenir tête aussi effrontément. Il lui demanda de lui parler de son action durant la Commune.

— J'étais à ma place, dans une compagnie de marche du 61e, et j'ai fait ce que vous auriez fait à ma place : le coup de feu.

Il se prit la tête à deux mains, tâtonna pour chercher un cigare qu'il alluma d'une main tremblante, et lança au factionnaire :

— Qu'on me débarrasse de ce diable en jupon. Expédiez-la à Versailles avec les autres...

Le groupe des détenues quitta Satory le jour même pour la prison des Chantiers, à Versailles. On les installa dans une vaste bâtisse dont le premier étage était réservé aux enfants et le deuxième, auquel on avait accès par une simple échelle, aux prisonnières. On avait pris soin de truffer ce convoi de créatures chargées d'espionner leurs compagnes, mais on eut vite fait de les repérer et de les tenir à l'écart. Aucun mobilier : on s'asseyait le dos au mur ; on couchait à même le parquet ; on recevait une nourriture de chien. Un photographe nommé Appert vint prendre quelques clichés destinés à des publications étrangères, sous le titre : *Groupe de pétroleuses et de femmes chantantes...*

À force d'insister, les pétroleuses obtinrent une botte de paille pour deux et une boîte de conserve pour quatre, avec un pain de soldat. De nouveaux contingents arrivaient chaque jour. Certaines des femmes qui les composaient avaient été brutalisées au départ de Paris : attachées aux grilles de la gare, elles avaient été cinglées de coups de ceinturon sur la poitrine. On se serra pour leur faire place et l'on écouta les nouvelles de Paris, qu'elles rapportaient : la terreur s'étendait partout, on comptait les victimes par milliers. Adolphe Thiers régnait sans partage.

Louise tenta en vain d'obtenir des nouvelles de Ferré et de sa sœur, Marie, dont elle avait été séparée. Personne ne put lui en fournir. Elle parvint, par des prisonnières libérées, à donner des siennes à sa mère.

Des semaines passèrent sans que les détenues pussent changer de linge et de vêtements. Elles étaient dévorées de vermine : puces, poux, punaises, que l'on voyait la nuit, dans la lumière des loupiotes, grouiller sur le parquet.

De temps à autre, elles avaient de la visite : des femmes d'officiers ou de notables venues s'enquérir *de visu* de la condition de vie des emmurées. Louise s'amusait à voir des poux grimper en file le long des robes à guipure, se fondre dans la dentelle et les dessins délicats. Une de ces élégantes aux allures de dame patronnesse s'arrêta devant Louise qui était en train de somnoler sur sa demi-paillasse et ne daigna pas se déranger.

— Ma fille, dit la dame, savez-vous lire ?

— Un peu, répondit négligemment Louise.

La dame sortit de son sac un petit livre à la couverture ornée d'une croix.

— Je vais vous laisser cet ouvrage, dit-elle. Il vous permettra de vous entretenir avec Dieu.

— Dieu..., soupira Louise, est trop versaillais à mon goût. En revanche, j'aimerais que vous me laissiez le journal qui dépasse de votre sac. *Le Figaro*, je crois. Ainsi nous aurons des nouvelles du massacre.

Elle prit le journal que lui tendait la dame, le confia à Malvina puis elle se leva et se mit à crayonner sur le plâtre du mur avec un morceau de charbon de bois.

— Que faites-vous là, ma fille ? demanda la dame.

— Votre portrait, *ma chère* ! Vous serez en bonne compagnie : ici, c'est M. Thiers, là le général Vinoy, à côté de Galliffet...

— Mais ce sont des caricatures ! C'est interdit !

— Certes : des caricatures, mais ressemblantes, je vous l'assure. Ce sont celles des bienfaiteurs qui veillent sur notre bien-être.

— Et cette inscription qui parle des « mouches », cela veut dire quoi ?

— C'est une requête, ma chère, pour demander que l'on nous débarrasse de nos anges gardiens, je veux dire des femmes chargées de nous espionner.

Autant de comportements qui ressemblaient fort à de la provocation. Louise y ajouta un forfait inexcusable : jeter à la tête d'un gendarme le bol du café que sa mère, venue en visite aux Chantiers, venait de lui porter. Interrogée sur les motifs de cet acte de rébellion, elle dit simplement :

— Ce gendarme s'était montré discourtois. Je regrette que ce soit lui qui ait reçu ce camouflet, mais il n'y avait pas d'officier à proximité...

Nouveau changement de décor : trois semaines après leur installation aux Chantiers, Louise et ses compagnes de Montmartre, choisies parmi les plus fortes têtes, furent transférées, sans motif avoué, à la maison de correction de Versailles.

À leur grande surprise, on les traita comme des détenues civiles ordinaires : on leur donna du linge, une nourriture convenable, la permission de faire leur toilette et de recevoir des visites. Elles comprirent vite que ce n'était qu'un décor en trompe-l'œil. Elles subirent des interrogatoires brutaux, des punitions sévères à la moindre impertinence, et des voies de fait pour les plus rebelles. Pour avoir refusé de dénoncer des membres de leur famille que l'on recherchait, des enfants furent passés à la baguette. Victimes de mauvais traitements, voire de tortures, des femmes perdirent la raison et furent évacuées. À ces cas de démence s'ajoutaient des menaces d'épidémies et des cas de gangrène, Malvina recommençait à se plaindre de la poitrine et crachait du sang. Elle fut conduite à l'infirmerie.

Au moins Louise put-elle avoir des nouvelles de Ferré, par l'intermédiaire de l'aumônier des prisons, l'abbé Folley, dont elle s'était fait un ami et un complice : son compagnon avait été arrêté et incarcéré, quelques jours avant la chute de la Commune, en compagnie de Rossel, du peintre Gustave Courbet, du journaliste Rochefort, mais on ne savait où.

Louise commençait à perdre en même temps patience et raison. Dès les premiers jours de son internement, elle avait demandé à passer en jugement, pour en finir, plutôt que de traîner de prison en prison. On lui avait ri au nez :

— Tu souhaites vraiment passer devant le peloton ? Prends ton mal en patience : ça ne saurait tarder…

Ça tardait, au point qu'elle se demandait si elle n'allait pas traîner toute sa vie dans cette misère. Un matin, un lieutenant de chasseurs vint la chercher pour la mener au greffe. Persuadée que les dés étaient jetés, elle fit ses adieux à Malvina et à ses compagnes, leur abandonna sa petite réserve de nourriture et ses écrits.

— Nous ne nous reverrons plus, mes amies, dit-elle en les embrassant. Je suis satisfaite de ce qui m'arrive, car je sais que mon exécution ne passera pas inaperçue et qu'elle servira la cause de la révolution et de la Commune.

— La Commune ! s'écria Malvina. Elle est morte, la Commune.

— Détrompe-toi, ma chérie. Il y a des cadavres récalcitrants…

Elle dut déchanter, une fois de plus. Ce n'étaient pas son jugement et son exécution qui l'attendaient mais la nouvelle de son transfert dans un autre lieu de détention, et le jour même : la prison d'Arras.

— Laissez-moi un jour ou deux de plus, mendia-t-elle. J'attends une visite de ma mère. Elle est âgée et elle habite à l'autre bout de Paris. Si elle ne me trouve pas, elle pensera qu'on m'a exécutée.

On lui répondit qu'elle ne ferait qu'anticiper sur l'événement. Elle demanda le registre du greffe afin d'y inscrire sa protestation. On la laissa faire. Elle couvrit une pleine page, demandant, *in fine*, que l'on prévînt sa mère de son nouveau lieu d'incarcération ; on promit puis on oublia.

10

NOUMÉA : MATRICULE 2182

Il neigeait, au cœur de novembre, quand un fourgon emporta Louise et quelques autres prisonnières de la Commune vers les plaines du Nord. Elle avait l'impression de s'embarquer pour les antipodes, avec une perspective qui l'effrayait : celle de mourir de froid sur cette route interminable.

Elle et ses compagnes de misère ne restèrent à Arras que quelques jours, sans que rien ne pût justifier ces déambulations. Une semaine plus tard, c'était de nouveau la prison de Versailles. Elle avait voyagé en train, exposée à la curiosité sarcastique des voyageurs. En arrivant à la gare, elle croisa dans la salle des pas-perdus un groupe de femmes. L'une d'elles lui tomba dans les bras : Marie, la sœur de Ferré, plus maigre, plus pâle que jamais.

— Marie ! s'écria Louise. Que fais-tu ici ?

— Je viens, répondit Marie, réclamer le corps de mon frère...

Théophile Ferré n'avait pas eu la chance de Jules Vallès qui, lui, après avoir échappé à la police et à l'armée, avait pu fuir pour Londres. Ferré s'était caché lui aussi, ne laissant à son domicile que son père, sa mère et sa sœur. Les argousins vinrent frapper à leur porte, les interrogèrent. Devant leur mutisme, ils s'énervèrent, cassèrent quelques meubles, jetèrent le chat par la fenêtre et, pour faire bonne mesure, brisèrent la vaisselle.

— Puisque vous refusez de nous livrer l'adresse de l'homme que nous recherchons, nous allons embarquer sa sœur à sa place. De là où nous allons la conduire, elle a peu de chances de revenir.

— Ma fille est malade de la poitrine, dit la mère. Si vous l'emmenez, elle ne survivra pas.

— Eh bien, tant pis pour elle. Vous l'aurez voulu. Alors, cette adresse…

— Rue Saint-Sauveur, dit la mère.

On avait arrêté Ferré. Il avait macéré des semaines et des mois en prison. Le jour du procès venu, il avait refusé le secours d'un avocat, disant qu'il était capable de se défendre seul. Il avait lancé au conseil de guerre appelé à le juger :

— Les journées funestes que nous avons connues nous reportent à un autre massacre historique : celui de la Saint-Barthélemy. Moi, membre de la Commune de Paris, je suis entre vos mains. Il vous faut ma tête ? Eh bien, prenez-la ! Libre j'ai vécu, libre je mourrai. Je confie à l'avenir le soin de ma mémoire et de ma vengeance…

— Votre mémoire ! s'était écrié le président. C'est celle d'un assassin.

Le conseil de guerre s'était prononcé pour la peine capitale. Le 28 novembre, au camp de Satory, en compagnie de Rossel, Ferré était tombé sous les balles du peloton. On l'avait inhumé dans la tombe de sa famille, à Levallois, enveloppé dans un drapeau de la Commune, un œillet rouge entre les mains et, autour du cou, un foulard que Louise lui avait offert. Marie et son père étaient seuls aux obsèques. Devenue folle de chagrin et de remords, la mère avait dû être internée.

— Mon frère a laissé cette lettre pour toi, dit Marie. On m'a raconté qu'il est mort courageusement, ses lorgnons sur le nez, sa pipe aux lèvres, en refusant de se laisser bander les yeux. Cette lettre, il l'a écrite une heure avant sa mort. Ces traces que tu vois sont celles de son sang, et ces brûlures celles d'une balle. Depuis, je garde cette lettre sur moi en espérant pouvoir te la remettre. Voilà qui est fait…

Chère citoyenne, écrivait Ferré, *je vais bientôt quitter toutes les personnes qui m'étaient chères et m'ont montré de l'affection… Je serais un ingrat si je ne manifestais pas à ce moment toute l'estime que je ressens pour votre caractère et votre bon cœur. Plus heureuse que moi, vous verrez luire des jours meilleurs, et les idées auxquelles j'ai tout sacrifié triompheront. Adieu, chère citoyenne, je vous serre fraternellement la main. Votre tout dévoué Théophile Ferré, au terme de ses jours.*

Louise n'avait jamais compris pourquoi Ferré la tutoyait dans leurs rapports courants et la vouvoyait dans sa correspondance. Le ton de cette lettre ne la déçut pas : elle n'en attendait pas d'effusions, Ferré l'ayant toujours aimée comme citoyenne, jamais comme femme.

Le jour de sa mort, il avait écrit une autre lettre, adressée, celle-ci, à sa sœur : il lui recommandait de prendre soin de leurs vieux et insistait pour qu'on lui fasse des obsèques civiles si l'on parvenait à récupérer ses restes. Sa mère ne lui survécut guère : elle mourut chez les folles de Sainte-Anne, quelques jours après l'exécution de son fils.

— Ton frère, dit Louise. Il n'aura jamais su ou pas voulu savoir combien je l'aimais...

Les dernières exécutions eurent lieu au camp de Satory le 22 janvier 1873. À la prison de Versailles, Louise écrivait sur son carnet : *La Commune est morte mais la Révolution est bien vivante.*

Son assignation à comparaître lui avait été signifiée le 16 décembre. Elle la trouva bien décidée à ne pas faire amende honorable, à se conduire de façon à faire honneur à Ferré. À côté de son nom figurait la mention : « Institutrice ».

Peu avant sa comparution, elle avait appris qu'un journal la comparait à Théroigne de Méricourt, *la bacchante furieuse de la Terreur, type révolutionnaire par excellence, l'inspiratrice sinon le souffle de la Révolution.* Ce compliment à double tranchant la fit sourire. Le journaliste la couvrait à la fois de fleurs et d'épines. Elle apprit par la même voie qu'elle était aimée de ses élèves, mais qu'elle avait une *imagination exaltée et un langage qui rappelait celui des énergumènes de 93.*

Elle décida de ne rien nier de ce qui pourrait lui être imputé. Entre deux poèmes d'une rare violence adressés aux officiers de Satory et de Versailles, elle rappelait imprudemment ses combats, au fort d'Issy notamment. Elle se présenta, vêtue de noir comme à son habitude, devant le tribunal de la 1re division militaire, présidé par le commandant Appert. Comme Ferré, elle avait refusé le concours de l'avocat qu'on lui proposait, Me Haussmann. Elle déclara :

— Je ne veux pas me défendre et je ne veux pas être défendue. J'appartiens tout entière à la révolution sociale. J'accepte sans restriction la responsabilité de mes actes. Vous me reprochez dans votre rapport d'avoir participé à l'exécution des généraux Thomas et Lecomte, qui voulaient faire tirer sur le peuple. Je n'aurais pas hésité à faire feu sur quiconque aurait donné des ordres semblables…

Elle ne fut ni surprise ni ébranlée d'entendre le rapporteur réclamer la peine de mort. Elle répliqua d'une voix calme :

— C'est ce que je réclamais : mourir au camp de Satory où sont tombés tant de mes frères. Vous voulez me retrancher de la société ? Vous avez raison. Tout cœur qui bat pour la liberté n'a droit qu'à un peu de plomb. Eh bien, j'en réclame ma part ! Si vous me laissez vivre, je ne cesserai de crier vengeance.

— Ce sont des propos insensés ! s'écria le président. Je dois vous retirer la parole.

— J'en ai fini. Si vous n'êtes pas des lâches, tuez-moi !

Les juges furent-ils impressionnés par la sérénité et le courage de la prévenue ? Toujours est-il qu'on substitua à la peine de mort requise par le rapporteur une détention dans une enceinte fortifiée.

Elle se retrouva quelques jours plus tard dans une localité de l'Aube, à l'est de Reims : Auberive. Elle fut logée au château, en compagnie de quelques vieilles connaissances, parmi lesquelles une pétroleuse, Nathalie Lemel, qui, pour ne pas moisir dans les prisons du régime, avait décidé de mettre fin à ses jours mais avait échoué. Elle avait, comme Louise, été traduite devant un conseil de guerre ; placée dans un hospice, elle avait eu un comportement singulier : plusieurs possibilités d'évasion s'étant présentées, elle les avait repoussées avec hauteur. C'était une forte femme : un visage volontaire, coiffé de cheveux plats, et une croupe de Junon. Célibataire, comme Louise.

Ce séjour n'avait rien d'un bagne. Le château dressait ses murailles de pierre blanche au milieu d'un grand parc traversé par un ruisseau. On pénétrait dans ce domaine sous un porche imposant gardé par des factionnaires en armes qui n'avaient rien des cerbères de Versailles et de Satory. Les détenues étaient autorisées à se promener dans le parc ombragé de grands sapins, vêtues d'une tunique de grosse étoffe grise et coiffées d'un bonnet de laine de même couleur.

Un matin, le gardien-chef leur dit :

— Dimanche prochain sera le jour de la Fête-Dieu. Il est tous les ans marqué, à Auberive, par une grande procession à laquelle les prisonnières sont tenues d'assister. Pour celles qui refuseraient, ce sera le cachot. À vous de choisir. Moi, je me contente d'appliquer le règlement…

Elles furent unanimes à choisir la procession.

Jamais, de mémoire d'Auberivois, on n'avait vu une telle foule. Avertis par les journaux que les pétroleuses de la Commune seraient de la fête, les gens étaient accourus de toute la région, par familles entières. L'auberge affichait complet, le vin coulait à flots, et cette fête religieuse prenait l'allure d'une kermesse : il n'y manquait qu'un orchestre et un bastringue.

Louise et ses compagnes s'amusèrent comme des folles, brocardant le curé qui, obèse, peinait à suivre le cortège, et les enfants de Marie qui chantaient atrocement faux. Les rappels à l'ordre du gardien-chef n'y firent rien.

La fête passée, la vie reprit à Auberive son cours monotone, coupé à heures carillonnées par le passage du tambour de ville. Dès qu'il approchait, elles se collaient aux grilles pour écouter les nouvelles diffusées par cet argus champêtre.

Louise trompait son ennui en écrivant des poèmes et des essais : *La Femme à travers les âges, La Conscience, Le Livre des Morts*… Elle ne retrouverait pas trace de la plupart de ces écrits.

Sa plume courait à une allure folle, grignotant page après

page, avec une magnifique négligence pour les majuscules, la ponctuation et l'orthographe. Elle se comparait elle-même à une mécanique parfaitement rodée : les mots coulaient comme d'une fontaine, ne cessant leur cours que lorsque l'encrier était vide ou que les cloches des repas venaient l'interrompre. Alors que le vent d'hiver soufflait par les fenêtres aux vitres brisées, elle écrivait de nuit, en s'éclairant avec les reliquats de cire de la chapelle. De temps en temps, tirée de son sommeil par une idée, elle rallumait sa bougie et se remettait au travail, avec un regard sur le parc où les ramures des sapins ployaient sous la neige, où le ruisseau batifolait entre ses rives gelées.

Elle se levait la première, la tête pleine d'un brouillon de poème qu'elle jetait en hâte sur sa page blanche :

Soufflez, ô vents d'hiver, tombe toujours, ô neige
On est plus près des morts sous tes linceuls glacés
Que la nuit soit sans fin et que le jour s'achève
On compte par hivers chez les froids trépassés...

Elle pensait à Ferré chaque jour, à chaque heure presque. Elle pensait à Hugo qui, aux premiers temps de la Commune, avait pris la route de Bruxelles pour un nouvel exil ; des exaltés lui rendaient le séjour inconfortable : ils assiégeaient son domicile, criblaient d'ordures sa porte et ses fenêtres, le couvraient d'insultes à chaque tentative de sortie ; on le tenait pour responsable des troubles qui agitaient Paris. Était-il de retour ? Serait-il tenté de la revoir ? Il était de retour et, à cor et à cri, réclamait des mesures de clémence pour les communards. Comme il était célèbre dans le monde entier, on ne pouvait, à défaut de lui donner satisfaction, étouffer sa voix.

Elle pensait à Georges Clemenceau. De retour à Paris, il avait fait des pieds et des mains pour éviter un sort fatal à ses amis, à Louise notamment, mais il s'était heurté à la machine répressive qui broyait ce qui restait de la Commune. Le duelliste redoutable qu'il était commençait à défrayer l'opinion : il s'était battu au pistolet avec un officier et lui avait logé une balle dans la cuisse.

Elle pensait au petit père Auguste Blanqui. Ce théoricien des révolutions avait passé la majeure partie de sa vie en prison ou en exil. Il avait soixante-sept ans lorsqu'on l'avait enfermé à Sainte-Pélagie, au secret, sans doute pour la dernière fois. Il avait déclaré à ses juges : « Je suis un vieil homme aux cheveux blancs qui n'a jamais eu de sang sur les mains. Je souhaite que vos héros puissent en dire autant… » Il avait résumé les événements de sa longue existence dans un ouvrage intitulé *L'Enfermé*. Il en méditait un second qui aurait pour titre *L'Éternité dans les astres*.

Louise pensait à sa mère. Elle lui écrivait plusieurs fois par semaine, en recevait des billets dictés à Mme Pottin, qui lui apprenaient peu de chose : la mort de la chatte Finette, une querelle avec la concierge, la difficulté à se procurer de la bonne viande à bas prix…

L'année suivante lui apporta une grande joie : un éditeur parisien lui fit parvenir les épreuves d'un ouvrage destiné à la jeunesse, écrit peu avant la Commune : *Le Livre du Jour de l'An*, où se conjuguaient contes et légendes. Elle en fit la lecture à ses compagnes auxquelles, par ailleurs, elle tenait lieu d'écrivain public.

Deux ans avaient passé depuis qu'elle avait quitté Versailles pour Auberive. Elle n'avait pas perdu sa foi dans la revanche, qui lui paraissait plus que jamais inéluctable. Des réunions clandestines qu'elle tenait avec ses compagnes, il ressortait la même idée : une fois libérées, elles reprendraient le combat. Un tel feu couvait en elle que ni les hommes ni le temps ne pouvaient l'étouffer.

L'avenir demeurait incertain. Qu'allait-on faire de ces malheureuses ? Allait-on les cloîtrer à vie dans ce monastère laïque, les jeter dans une autre forteresse, les déporter vers un bagne des antipodes ?

Un matin d'août, une dépêche parvint au château-prison d'Auberive. Le gardien-chef réunit ses pensionnaires et leur dit d'une voix tremblante d'émotion :

— Mes filles, il va falloir préparer vos bagages. Vous allez quitter cette maison dans trois jours. Je garderai le meilleur souvenir de vous. Pas la moindre tentative d'évasion ! Pour moi, c'est du pain bénit. Dieu vous garde !

— Connaissez-vous, demanda Nathalie Lemel, notre nouvelle destination ?

— Je n'ai pas le droit de vous la communiquer, mais, comme vous êtes de bonnes filles, je puis vous dire que ce sera fort loin, hors de France.

— En Algérie ? demanda Nathalie.

— Non, pas en Algérie. Plus loin encore.

— En Guyane ? hasarda Louise.

— Encore plus loin : en Nouvelle-Calédonie…

24 août au matin. Le château s'éveille dans un cocon de brume. On entend le meuglement des vaches dans les étables du village, le murmure du ruisseau sous les grands sapins, les premiers jeux des enfants sur la route. Un fourgon vaste comme une diligence vient de franchir le portail et stationne dans la cour. Un brigadier de gendarmerie en descend, écrase du pied le mégot de son premier cigare et lance d'un ton jovial :

— Ces dames sont prêtes pour le petit voyage ? Faut pas trop tarder à partir. Il y a du chemin jusqu'à Langres.

— Elles le sont, répond le gardien-chef. N'en manque que deux qui sont malades. Tu vas pouvoir faire l'appel.

On amène les détenues. Elles ont revêtu la tenue civile qu'elles avaient en arrivant. Le brigadier s'éclaircit la voix, lance :

— À mon appel, répondez « présente » ! Marie Caïeux... Nathalie Lemel... Adélaïde Germain... Adeline Régissard... Louise Michel...

Elles sont là toutes les vingt, à part les malades dont parlait le gardien-chef, leur petit bagage sous le bras, alourdi, chez Louise, par ses paperasses.

— Z'avez de la chance, les filles, lance le brigadier en replaçant la liste dans sa ceinture. Vous allez vous dorer le cul au soleil des tropiques...

— Si vous voulez prendre ma place..., dit Louise.

— Toi, la forte tête, tâche de bien te tenir. Les pétroleuses, je les ai à l'œil, et le voyage ne fait que commencer.

Dans une dernière lettre à sa mère, Louise a tenté de la rassurer : c'est bien loin, la Calédonie, mais elle ne tarderait pas à revenir : il suffirait d'un changement de régime et d'une amnistie générale ; Georges Clemenceau la tiendrait informée. Elle lui conseillait de quitter Paris et de se réfugier chez ses parents de Lagny, où c'est presque la campagne. Ça lui rappellera Vroncourt…

La voix mouillée du gardien-chef lui parvient alors qu'elle a un pied sur la marche du fourgon.

— Au revoir, les filles. Que Dieu protège votre voyage. Ne commettez pas d'imprudence.

— Te fais pas de mourron ! lui lance le brigadier en montant près du cocher. D'ici peu nous te livrerons d'autres pensionnaires. Heureux homme : un château, quelques jolies filles. Comme au paradis, quoi… Fouette, cocher !

Les déportées ne s'arrêtèrent à Langres que le temps de changer de voiture cellulaire. Lors de la halte, place des Boulets, des ouvriers, retour de leur chantier, les saluèrent en ôtant leurs casquettes. On prit la direction de Paris par une chaleur suffocante. À l'arrivée, comme il était tard, on abandonna les captives à leur sort ; elles dormirent dans une chaleur d'étuve, à même le sol ou sur les banquettes.

Deux jours plus tard, on arrivait à La Rochelle. En jetant un regard par la fenêtre grillagée, Louise dit à Nathalie :

— La mer… Il y a longtemps que je souhaitais la voir. Depuis mon enfance à Vroncourt. M. Demahis m'en parlait souvent, mais j'avais de la peine à l'imaginer.

Des vers de Hugo, qu'elle murmura à mi-voix, déroulaient dans sa mémoire leur magie incantatoire. De la mer, on ne distinguait qu'une ligne grisâtre dans une brume de chaleur, les nuées de mouettes criardes suivant un chalutier. On la respirait dans un air chargé d'odeurs d'embruns. Des femmes de pêcheurs passèrent avec des filets sur l'épaule.

Le navire qui les attendait à quai portait le nom de la *Comète* ; il allait les conduire de La Rochelle à Rochefort, où devait avoir lieu l'embarquement sur la *Virginie*, un nom qui fleurait le bois des îles. Cette ancienne frégate de guerre reconvertie en transport avait l'apparence d'une bonne marcheuse : ample voilure, lignes bien profilées, allure élégante... Louise eut le temps d'en faire un croquis avant l'embarquement. Ce navire avait dû assurer déjà des transferts de déportés, ou peut-être d'esclaves noirs, car on sentait partout la même odeur de souffrance et de misère.

Louise se trouva logée dans une cellule, en compagnie d'une dame Leblanc, accompagnée d'un garçon de six ans et d'une fillette née durant sa détention à Versailles. La cale se partageait entre hommes et femmes : les uns à bâbord, les autres à tribord. Surprise de Louise en s'installant : la cellule qui faisait face à la sienne était occupée par une vieille connaissance : Henri Rochefort, ci-devant marquis de Luçay. Au temps de la Commune, elle l'avait perdu de vue, occupé qu'il était par ses doubles fonctions d'homme politique et de polémiste. Emprisonné lors de la manifestation qui avait accompagné les obsèques de Victor Noir, celui qu'on appelait le « Marquis rouge » avait été relâché quelques semaines plus tard. Élu député de Belleville, il avait rendu son mandat devant la tournure que prenaient les événements. Le journal qui l'avait rendu célèbre : *La Lanterne*, avait cédé la place à un nouveau titre : *Le Mot d'ordre*. Entré d'un pied léger dans la Commune, il en avait filé à l'anglaise, mais n'avait pu échapper au conseil de guerre au temps des représailles.

Cet escogriffe moustachu comme un mousquetaire, gestes vifs et visage couleur de buis, verbe âpre et volontiers populacier, observait une tenue aristocratique. Ses adversaires politiques – et il en avait ! – le surnommaient le « révolutionnaire de café-concert », mais en aparté car il avait l'épée aussi chatouilleuse que la plume. Le fils du préfet de police Andrieux, qui l'importunait de ses sarcasmes, en avait fait les frais.

Louise et Rochefort, à bord de la *Virginie*, étaient allés spontanément l'un vers l'autre pour une embrassade fraternelle.

— Ravi de vous revoir ! dit-il, mais j'aurais préféré que ce fût à la terrasse du Voltaire, comme la dernière fois.

— Ravie de même, citoyen ! mais j'aurais aimé me présenter à vous dans une autre tenue.

— Puis-je vous offrir une tasse de café ?

— Du café ! Comment vous l'êtes-vous procuré ?

— Avec de la galette on obtient tout ce qu'on veut. Enfin, presque tout…

Leur entretien avait été interrompu par l'arrivée d'un gardien ; il leur rappela sèchement qu'il était interdit aux détenus de communiquer entre eux. En cas de récidive, c'était le cachot. En fait, il suffisait de se montrer discret et vigilant. Les gardiens savaient mettre leurs yeux et leurs oreilles dans leur poche quand on leur graissait la patte.

Alors que les côtes de Vendée s'effaçaient dans la brume, elle dit à Rochefort :

— J'ai un peu honte du plaisir que me donne ce voyage, en me souvenant de nos compagnes qui sont encore sous les verrous. De plus, j'ai cette chance : ne pas éprouver le mal de mer, alors que cette pauvre Mme Leblanc est pour ainsi dire à l'agonie.

Il lui montra la ligne grise qui disparaissait insensiblement et lui dit d'un air songeur :

— Nous allons passer des mois, peut-être des années avant de revoir la France, mais nous la reverrons. Je me dis que j'ai posé là mon bagage en attendant de venir le reprendre pour le dernier voyage, sans espoir celui-ci. J'ai le mal du pays, déjà…

Ils échangeaient des poèmes à travers les grilles de leurs cellules.

Lorsque le temps de cette fin d'été le permettait, Louise s'installait sur le pont pour écrire sur ses genoux, adossée à la rambarde. Elle parlait dans ces brefs écrits de la mer et de la révolution, de l'amour et de l'amitié, faisait des bouquets de ses espoirs, des gerbes de ses rêves, brassait les idées libertaires que, durant sa captivité en France, des détenus lui avaient glissées à l'oreille. Elle bâtissait la cité future, celle qui avait hanté les rêveries utopistes de Gustave Flourens.

Poète autant que polémiste, Rochefort partageait avec Louise l'attente fiévreuse d'une révolution universelle qui ferait un bûcher des tabous du vieux monde. Il lui adressait des poèmes dédiés à « sa voisine du tribord arrière » :

J'ai dit à Louise Michel
Nous traversons pluie et soleil
Sous le cap de Bonne-Espérance
Nous serons bientôt tous là-bas
Eh bien ! je ne m'aperçois pas
Que nous ayons quitté la France...

Elle répondait par des poèmes qu'il lisait et relisait dans sa cellule :

La neige tombe, le flot roule
L'air est glacé, le ciel est noir
Le vaisseau craque sous la houle
Et le matin se mêle au soir...

À travers ce lyrisme un peu convenu, Rochefort n'avait pas de peine à déceler la passion de l'hugolâtre. Il lui en fit la remarque.

— J'en conviens, répondit-elle. J'ai beaucoup lu et beaucoup aimé Hugo. Depuis que j'ai appris à lire, il est mon maître : le plus grand poète de tous les temps.

— N'empêche… Il a joué les « francs-fileurs » au début de la Commune. Pas très courageux de sa part, trouvez pas, de jouer la fille de l'air quand le temps tourne à l'orage ?

— Il a bien fait et je m'en réjouis. S'il était resté à Paris, qui sait ce qu'il serait advenu de lui. Ce rebelle aurait pu finir ses jours à Satory…

— … ou dans le gouvernement du maréchal de Mac-Mahon, qui a pris la place toute chaude laissée par Thiers !

Alors que la *Virginie* cinglait vers les îles Canaries, le froid était tombé brutalement, avec une première neige. On grelottait dans la « cage aux fauves », comme disait Louise. Compatissant, le capitaine Launay lui offrit une paire de chaussons fourrés ; elle les donna à Mme Leblanc qui souffrait plus qu'elle de la froidure. Le vieil officier avait dispensé les mêmes attentions à cet autre déporté notable, Rochefort : il l'accueillait dans sa cabine, bavardait avec lui, offrait à cet hôte de choix alcool et cigares.

— Un brave homme de bourlingueur..., dit Rochefort. Il m'a confié qu'il est très attaché à cette vieille frégate vermoulue, parce qu'elle lui ressemble et qu'ils font leur dernier voyage ensemble...

La mer de septembre laisse éclater ses colères. Paradoxalement, Louise se sent sereine sur la scène de ce spectacle d'Apocalypse, qui lui rappelle certaines séquences de son opéra mort-né : *Rêves de sabbats*. Au plus fort des tempêtes, elle grimpe sur le pont, s'accroche au bastingage et, cheveux dénoués, visage fouetté par l'écume, pénétrée par un froid boréal, elle engage avec les éléments déchaînés un dialogue et des défis. Aucune crainte ne l'habite quand elle voit surgir, face à la proue, des vagues hautes comme le navire ou que soudain, à travers la brume, apparaît la silhouette éblouissante d'un iceberg.

Elle songe avec un sourire de pitié à ces pauvres créatures : Mme Leblanc, Nathalie Lemel, Rochefort et tous les autres qui vivent un calvaire dans la pénombre de la cale.

Louise dit un matin à son compagnon, alors que la *Virginie* pénétrait dans les eaux du Pacifique à travers les dernières brumes antarctiques :

— Je crois que je suis en train de devenir libertaire. Anarchiste, si vous préférez.

Il éclata de rire.

— Louise... vous m'annoncez cette nouvelle comme si vous m'avouiez que vous êtes enceinte !

— C'est peut-être le mot qui convient..., dit-elle rêveusement. J'ai rencontré à Satory et à Versailles des prisonniers qui appartenaient à l'Internationale des travailleurs, d'autres au socialisme, quelques-uns à l'anarchie. J'avais déjà été à bonne école avec Élisabeth Dimitrieff. Je les ai écoutés et, comme je suis curieuse de toutes les idées, j'en ai fait mon miel. Celles des anarchistes bourdonnent dans ma tête et donnent le miel le plus nourrissant. Aujourd'hui, être révolutionnaire ne signifie pas grand-chose. Même le gouvernement de Mac-Mahon pourrait y prétendre. Une révolution, c'est quoi : un ouragan qui chasse un pouvoir pour en mettre un autre à sa place. Il est parfois meilleur, souvent pire lorsqu'il fait preuve d'une mansuétude apte à décourager les plus âpres de ses partisans, à leur rogner les griffes. J'ai un mot pour exprimer ce que je ressens : *Ah, que la République était belle sous l'Empire*... Je veux dire par là...

— ... qu'on se bat avec plus de conviction contre une tyrannie sévère que contre une démocratie mollassonne. J'aime votre formule, et je la resservirai, si vous me le permettez. Cependant, méfiez-vous, Louise ! L'anarchie est une tentation redoutable. Je l'approuve quand elle dénonce le pouvoir absolu que certains hommes exercent sur d'autres, et quand elle fait souffler sur le monde un vent de liberté, mais là est le danger. L'humanité n'est pas mûre pour l'anarchie, et je crains qu'elle ne le soit jamais. Épris de liberté que je suis, j'ai moi-même failli céder à cette sirène, mais son idéologie exigeait de moi une abnégation dont je suis incapable. Vous, Louise, c'est différent. Vous avez le cœur républicain et la tête anarchiste...

Alors que la *Virginie* faisait voile hors des eaux froides, Louise s'en prit violemment à certains membres de l'équipage.

Des matelots capturaient en plein vol des albatros qui survolaient la frégate. Comme dans le poème de Baudelaire, qui compare ces *princes des nuées* aux poètes, ils leur arrachaient des plumes, leur fourraient leur pipe dans le bec, les attachaient, la tête en bas, à une corde, pour se donner le spectacle de leur agonie. Bouleversée, elle protesta auprès du capitaine Launay qui haussa les épaules : ses hommes avaient si peu l'occasion de s'amuser !

— Et puis, ces bestioles, lui dit-il, ça ne souffre pas... C'est sur le sort des humains, mademoiselle Michel, qu'il faut vous pencher. Ils méritent votre commisération plus que les foutus oiseaux...

Un matin, alors que la frégate fendait allègrement la houle du Pacifique en direction des îles, Louise dit à Rochefort :

— Vous connaissez cette détenue de tribord arrière, la petite Joséphine ? Elle déborde de zèle protestant et s'est mis en tête de me convertir. Elle m'a offert une petite bible reliée en cuir, avec une dédicace de sa jolie main. Elle souhaite que nous nous rejoignions en Dieu ! J'ai arraché cette page pour la garder mais j'ai jeté le livre par-dessus bord. J'en éprouve un peu de remords. Pas pour avoir offensé Dieu, mais pour avoir trahi la confiance de Joséphine. Voici cette page. Respirez le parfum qui l'imprègne. Je n'arrive pas à le définir.

Rochefort lut la dédicace, porta la feuille à ses narines et dit, les yeux mi-clos :

— Myrrhe ou cinnamome…

Toutes voiles dehors, la *Virginie* fit son entrée dans la baie de Nouméa par une passe entre les récifs coralliens. Sous un ciel d'un bleu intense, tournant au violet à l'horizon, une ronde de collines verdoyantes entourait une ville aux maisons basses disséminées entre des jardins luxuriants. Des pitons volcaniques d'un rouge sombre semblaient posés en sentinelles sous une couronne de nuages d'un blanc de céruse.

— Notre paradis…, murmura Rochefort. Il ne lui manque que les belles créatures qui accueillaient les compagnons de Bougainville à Tahiti…

L'amiral Ribourt, gouverneur de l'île, et le capitaine Alleyron, commandant militaire, étaient présents pour réceptionner ce convoi, mais sans fanfare ni tapis rouge. Comme aux plus sombres jours de Satory, on sépara les hommes des femmes et on les parqua comme du bétail entre des cordons de soldats. Cette formalité se déroula sous un soleil implacable. Épuisées par le voyage, des femmes s'affaissèrent ; des soldats les relevèrent et les traînèrent à l'ombre pour leur rafraîchir le visage à grande eau.

— Nous avons décidé, dit le gouverneur, de vous installer au camp de Bourail. Vous n'aurez pas à vous en plaindre. Comparé à la presqu'île Ducos, où les détenus ont adopté le mode de vie des Canaques, l'endroit est agréable.

Des murmures s'élevèrent dans les rangs des déportés.

— Qui n'est pas d'accord ? demanda le gouverneur en fouettant de sa badine son pantalon de toile blanche. Approchez…

— Moi, dit Louise.

— Nom et matricule ?

— Michel Louise, matricule 2182. Mes amies et moi ne souhaitons pas être internées à Bourail, mais dans un endroit où nous pourrons être utiles à ceux qui souffrent. C'est à la presqu'île Ducos que nous demandons à être transférées.

Elle tenait ce choix de Rochefort qui, lui-même, l'avait appris du capitaine Launay. L'intervention de Louise souleva parmi les autorités un mouvement de stupéfaction. Launay se pencha à l'oreille du gouverneur, qui écarta les bras d'un air déconcerté et lança :

— Eh bien, soit ! Faites votre choix. Bourail à ma droite, Ducos à ma gauche !

Il ajouta avec un sourire :

— Pas de candidat pour l'île de Nou ?

Des rires éclatèrent dans les rangs des colons : Ribourt faisait allusion à la sinistre réputation de cette île transformée en bagne et réservée aux fortes têtes. La plupart des déportés, hommes et femmes, suivirent le choix de Louise.

— Je serai des vôtres, dit Rochefort, mais uniquement par solidarité. Aux dires du capitaine Launay, la vie dans ce district est rude, on y est loin de la capitale et les indigènes n'ont rien de ceux qu'affectionnait Rousseau.

— Mon intention n'est pas de prendre des vacances mais de me rendre utile.

Rochefort ne partirait pas le seul de son groupe d'amis pour Ducos. Ils furent plusieurs à le suivre : les journalistes Henri Place et Henry Bauer, Auguste Passedouet, membre de l'Internationale, le Polonais Wolowski et quelques autres.

— Henry Bauer, précisa Rochefort, n'est pas le premier venu : il est le fils naturel d'Alexandre Dumas. Vous ne vous en êtes peut-être pas rendu compte, mais il est très attiré par vous et m'en parle dans des termes que je n'ose répéter.

— C'est un beau garçon, mais il pourrait être mon fils ! De

plus, je ne vois pas ce qui peut l'attirer en moi. Nous avons autre chose à faire, Henri, qu'à tramer des idylles exotiques à l'ombre des cocotiers. Une tâche importante nous attend : rendre leur dignité aux prisonniers, les aider à vivre. C'est pourquoi nous avons choisi Ducos. Si le gouverneur m'avait refusé cette faveur, je me serais jetée à la mer.

Des chaloupes conduisirent les déportés à la presqu'île Ducos. Louise retrouva sur le rivage, au bas de la pente où s'étageait le village de cases de Numbo, quelques connaissances qui l'avaient précédée, et notamment le père Mazélieux, ce patriarche de la révolution, qui avait bravement fait le coup de feu devant l'Hôtel de Ville et montrait avec fierté son habit troué de balles ; il pleurait d'émotion dans sa barbe de prophète, sous son chapeau de palmes.

Après qu'elle eut embrassé ce vestige vivant de la Commune, Louise vit venir vers elle un jeune homme d'allure timide, qui lui dit :

— Vous avez dû m'oublier. Moi pas. Lieutenant Lacour, du 61e bataillon de marche de la Commune, pour vous servir. Je garde le remords d'avoir interrompu votre récital d'harmonium dans le temple protestant proche d'Issy. Mon intervention a été rude. Veuillez accepter mes excuses, mais les ordres, voyez-vous…

— Je ne vous en veux pas, lieutenant, et même je trouve que vous aviez raison. J'étais un peu folle…

On affecta à Louise une case à partager avec son amie d'Auberive, Nathalie Lemel. Plus âgée qu'elle de trois ans, cette forte femme était une inconditionnelle de la révolution. Elle avait été avec Élisabeth Dimitrieff, durant l'insurrection, l'initiatrice de l'Union des femmes pour la défense de Paris ; elle avait défendu la barricade de la place Blanche. C'était une belle nature de femme : pure, intransigeante, mais d'un caractère difficile.

N'eût été le décor envahi par d'énormes arbres niaoulis, on aurait pu se croire, le premier soir, à une assemblée révolutionnaire. Des déportés déjà sur place étaient venus se mêler aux nouveaux venus, comme Amilcare Cipriani, l'ancien officier d'ordonnance de Gustave Flourens, Croiset, de l'état-major de Jaroslav Dombrowski, Paschal Grousset, rédacteur en chef de *La Marseillaise*, et quelques vieux durs à cuire de blanquistes.

Mazélieux leur parla d'un instituteur déporté nommé Verdure. Sans nouvelles des siens, il était mort de chagrin. Les lettres qu'il attendait étaient arrivées le lendemain de son enterrement.

À quelques jours de l'installation, Rochefort décida de garder intacte sa réputation d'amphytrion. Il organisa, avec le concours d'un indigène francophile, le cantinier Daoumi, un banquet canaque qui se termina par des chants et des danses des îles.

Accompagnée de Daoumi, de Rochefort et de Bauer, Louise consacra quelques jours à une prospection des environs, qui étaient d'une beauté sauvage. De temps à autre, elle faisait halte pour noter, sur les indications du Canaque, les noms et les particularités de la faune et de la flore. Elle sentait naître en elle une vocation de naturaliste.

Bâties d'une sorte de pisé fait de boue et d'herbes sèches, coiffées de palmes, les cases de Numbo s'étageaient sur des pentes déferlant vers une mer d'un bleu violent, au centre d'une baie qui portait à ses extrémités les bâtiments administratifs : poste, cantine, infirmerie et prison. D'immenses forêts dévoraient le bas des pentes, précédant une montagne abrupte et torturée où se dressaient des pitons de roche rougeâtre. Le moindre vent venu de l'intérieur faisait déferler jusqu'au rivage les odeurs puissantes des lianes en fleurs. La variété des plantes était affolante. Louise passait des heures à les répertorier et à les classer dans un herbier, en confiant à Daoumi le soin de lui révéler leur nom et leurs vertus médicinales. Jour après jour, elle plongeait dans un monde nouveau pour elle, en se disant que toute sa vie ne serait pas de trop pour en explorer les merveilles et les mystères.

Les cyclones constituaient pour elle un spectacle de choix, après les tempêtes du cap de Bonne-Espérance. Celui qui s'abattit sur l'île, au début de son séjour, la bouleversa par sa violence et sa beauté sauvage. Sensible aux humeurs des éléments, et loin de chercher à s'en abriter, elle se portait au-devant d'elles comme pour les défier. Elle passa une nuit à courir la montagne et la grève à travers les bourrasques et en revint fascinée, en se disant que Hugo aurait aimé ce spectacle.

Elle apportait à la faune autant d'intérêt et de soins qu'à la flore. Un pêcheur canaque lui apporta un jour un serpent marin qu'il avait capturé dans une anse rocheuse ; elle le lâcha dans une mare proche de sa case, en prenant soin de la clôturer, surveilla son comportement, et, en dépit des protestations de Nathalie, l'emmena dans leur case et lui fit partager leurs repas, de même que les chiens à demi sauvages vadrouillant dans la montagne, qu'elle recueillait et soignait, au point que leur intimité tournait à la ménagerie et que l'odeur, avec la chaleur, devenait insoutenable.

Son activité ne se résumait pas à des prospections et à des promenades. Parmi les déportés, certains devenaient fous, d'autres mouraient à petit feu, la plupart vivaient dans le dénuement, sinon la misère.

Astreints à des travaux pénibles, comme la construction de routes à travers la montagne et le long du littoral, à des opérations de défrichage en brousse, d'édification, avec des moyens rudimentaires, de bâtiments pour des colons libres, les prisonniers, pour la plupart des commerçants, des artisans ou des intellectuels, s'y épuisaient vite, d'autant que la nourriture leur était mesurée. À la moindre protestation, les gardes-chiourme leur montraient la direction de l'île Nou. Certains, des fortes têtes, avaient déjà fait l'expérience de ce pénitencier et, souffrant d'une promiscuité atroce avec des détenus de droit commun et des rebelles indigènes, en étaient revenus brisés ou y avaient laissé leurs os.

Les autorités se montraient relativement clémentes avec les déportées. Elles leur laissaient la liberté de mouvement et d'action, avec obligation, comme pour leurs compagnons, de ne pas dépasser les limites du secteur qui leur était concédé, sous peine d'une amende ou de sévices. Certaines, qui avaient omis de respecter ces recommandations, avaient essuyé des coups de feu, en guise d'avertissement.

Si nombre de détenus sombraient dans la folie, c'est que, sans nouvelles de leurs familles durant des mois, parfois des années, ils se sentaient abandonnés. Ils étaient sujets à une lente érosion de leurs facultés mentales, de leur mémoire, de leurs nerfs. La chaleur et la mauvaise nourriture aidant, ils s'abandonnaient à des comportements insensés qui les rejetaient en marge de la communauté et les poussaient au suicide. On les conduisait en cortège, une fleur rouge de cotonnier sauvage accrochée à la vareuse de toile blanche, au petit cimetière fleuri comme un jardin.

Lorsque Rochefort, Bauer et quelques autres déportés furent transférés sur la côte ouest, leurs relations avec leurs compagnons n'en cessèrent pas pour autant, malgré la distance et les dangers des incursions à travers la montagne, d'autant qu'un courrier quotidien maintenait leurs rapports. Ils en profitaient pour se communiquer livres, écrits et nouvelles. Louise préparait un recueil de légendes canaques, sous le titre d'*Océaniennes*. Bauer était parvenu à se constituer une petite bibliothèque, avec, comme pièce principale, ce trésor inestimable : un dictionnaire encyclopédique en plusieurs volumes, dont Louise faisait amplement usage. Elle écrivait à son compagnon :

Mon cher Henri, envoyez-moi le premier volume du dictionnaire. Mousseau (le vaguemestre) *me l'apportera et vous le rapportera. Sinon, je ne puis aller plus loin dans mon travail. Envoyez-moi également les* Commentaires *de César et la* Retraite des Dix Mille (l'*Anabase*, de Xénophon).

Pour lui témoigner sa reconnaissance, elle lui envoyait une pommade de sa composition contre les moustiques que Bauer redoutait par-dessus tout.

Les rapports entre Louise et Nathalie Lemel tournaient souvent à l'orage. Nathalie lui reprochait avec aigreur son comportement insolite :

— Lire… écrire… soigner tes chiens, ton serpent et tes oiseaux… cueillir des herbes… Tu ne sais faire que ça ! Pendant ce temps, qui s'occupe de trouver de la nourriture, d'aller à la pêche, de prendre soin du potager, de faire la tambouille ? La pauvre Nathalie ! J'en ai marre, à la fin ! Et ces lettres que tu écris tous les jours à ce gamin, Bauer… Qu'est-ce que tu peux bien lui raconter ? Il est amoureux de toi, hein, et ça te flatte plus que ce qu'on raconte sur nous…

Ces rumeurs que l'on colportait sur leurs rapports intimes faisaient sourire Louise. On avait clabaudé de même sur ceux qu'elle entretenait avec André Léo, Malvina, Marie Ferré, et cela provoquait la même réaction : indifférence et mépris. Y eût-il eu quelque apparence de vérité, elle ne se fût pas sentie en faute et promise à l'enfer. Elle n'avait de haine que pour la prostitution et l'avait montré naguère en demandant à Clemenceau de l'interdire dans sa circonscription et de procéder à la rééducation et à la réinsertion des filles publiques dans la société. Elle se moquait bien qu'on lui attribuât des mœurs contre nature. Pas Nathalie. En fait, celle-ci nourrissait d'autres griefs contre Louise, estimant qu'elle avait pris trop d'importance et s'était érigée en chef occulte de la petite communauté ; les Canaques eux-mêmes étaient à sa dévotion. Ambitieuse, elle jalousait le charisme qui auréolait sa compagne.

Louise écrivait à Hugo ; il lui répondait.

Ce n'étaient plus les lettres-fleuves, débridées, qu'elle lui adressait jadis de Vroncourt, mais des messages de quelques lignes : elle lui recommandait tel ou tel de ses anciens compagnons de lutte encore incarcéré, lui faisait part de ses travaux littéraires, lui parlait de la nature sauvage qui l'entourait. Elle terminait ses missives par des formules chaleureuses : *Au revoir, cher Maître, nous pensons à vous et nous vous aimons.* Elle s'exprimait à la deuxième personne, mais pensait à la première. Comment aurait-elle pu écrire : *Je vous aime* ? Dans ses lettres, il lui disait son souhait de la voir revenir dans la métropole et reprendre le combat pour la liberté. Elle lui avait interdit de solliciter sa grâce : ce qu'elle voulait, c'était une amnistie générale pour les condamnés de la Commune. Il répondait : *Si mon nom signifie quelque chose, il signifie amnistie !*

L'idée d'une évasion lui vint à l'esprit. Ce n'est pas à Nathalie, dont elle se méfiait, qu'elle en parla, mais à la femme d'un médecin déporté, Mme Rastoul, qui lui avoua que son mari y pensait aussi et s'y préparait. Ce n'était pas un projet insensé : il suffirait, après l'appel du soir, de prendre subrepticement le sentier de la montagne pour arriver à Nouméa, par le cimetière ; elle y retrouverait une connaissance de Mme Rastoul, Achille Ballière, qui pourrait lui procurer les moyens de se rendre en Australie ; une fois à Sydney, elle alerterait l'opinion anglo-saxonne sur les mauvais traitements infligés aux détenus politiques par le gouverneur et le commandant militaire ; elle enverrait un brick pour ramener d'autres détenus…

Si Rochefort avait eu connaissance de ce projet, il en eût ri. Il préparait sa propre évasion, avec le plus grand sérieux. Il possédait ce qui manquait à Louise : l'argent.

Au mois de mars de l'année 1874, avec cinq de ses compagnons parmi les plus décidés à tenter l'aventure, il prit la mer sur un trois-mâts anglais commandé par le capitaine Law. La complicité de Ballière et de quelques acolytes de Nouméa lui fut précieuse. Il put gagner les côtes d'Australie sans encombre. Henry Bauer avait refusé, pour des raisons sentimentales, de le suivre : ce n'est pas Louise qui l'avait fait renoncer à cette équipée, mais une jeune cantinière de la Commune, Marie Delfine Dupré.

Branle-bas dans la colonie !

Quelques jours après cet exploit audacieux, sans précédent, des fonctionnaires furent licenciés et des représailles engagées contre les déportés, jugés complices : surveillance accrue, discipline plus tatillonne, punitions plus rudes. Manquer à l'appel, tenir tête à un gardien, dépasser les limites du district relevaient du cachot. Au moindre signe de rébellion, on risquait la relégation au bagne de l'île Nou.

Louise acceptait sans rechigner ces mesures humiliantes : c'était le prix à payer pour que Rochefort et ses amis pussent proclamer à la face du monde l'oppression dans laquelle le gouvernement français maintenait les détenus de la Commune.

— Ce que je trouve singulier, lui disait Nathalie, c'est que ton ami Rochefort ne t'ait pas embarquée dans cette aventure. Ce qui me surprend plus encore, c'est que toi-même n'y aies pas songé, tête folle comme tu l'es…

— J'y ai songé, avoua Louise, mais ce qui m'a retenue, c'est la peur des requins. Ils abondent, au-delà de la barrière de corail…

Le docteur Rastoul, lui, avait poursuivi ses préparatifs. Un an après Rochefort, il avait réussi à prendre la mer avec quelques comparses, mais sans Louise et sans sa femme. L'embarcation s'était brisée sur les récifs et l'équipage avait disparu corps et biens.

Les prisonniers de Numbo recevaient parfois des visites qui leur apportaient quelque distraction : celles des dames de la bonne société de Nouméa (un « ramassis d'abruties », disait Louise).

Ces perruches surgissaient par groupes sous leurs ombrelles, entraient sans prévenir dans les cases, fouillaient partout. Elles s'étonnaient, malgré la prolifération des animaux, de la bonne tenue de celle abritant Louise et Nathalie, qui avaient pu se procurer, grâce à l'argent envoyé par le fidèle Clemenceau, un mobilier sommaire mais convenable. Ces visites étaient intéressées : les dames étaient déléguées par les autorités pour des opérations de surveillance et de détection des complots et des tentatives d'évasion. Louise tenta de soustraire à leurs investigations un bouquet de fleurs séchées, des œillets rouges, que Marie lui avait envoyé. En vain. En le découvrant, elles gloussèrent :

— Des fleurs… Le cadeau d'une femme, peut-être… Ce qu'on raconte à votre sujet serait donc vrai ?

À une telle provocation, Louise préféra répondre par le silence.

Les rapports entre Louise et les Canaques étaient exempts de mépris et d'agressivité. Elle avait vite compris que ces gens n'étaient pas, comme on le disait à Paris et à Nouméa, des cannibales plus proches de l'animal que de l'homme ; de leur côté, ils avaient deviné en elle une alliée. Au cours de ses visites en brousse, elle rassemblait les gosses autour d'elle pour leur distribuer des friandises préparées par Nathalie, et leur apprendre, avec des rudiments de la langue métropolitaine, *Le Temps des Cerises* et *La*

Marseillaise. Elle avait manifesté son souhait de pouvoir ouvrir une école. Elle-même s'attachait à apprendre la langue canaque, si bien qu'elle parvenait à converser avec le chef Ataï, un rebelle chez qui elle retrouvait ses propres élans révolutionnaires.

Ataï lui disait :

— Un jour prochain tu entendras gronder la révolte. Nos chants de guerre amusent les gens de Nouméa alors qu'ils devraient leur donner à réfléchir. Nous sommes las d'être traités comme des esclaves ou des bêtes de somme, privés de nos terres les plus fertiles. Nous avons nos traditions, notre dignité, et nous entendons qu'on les respecte.

— Je te comprends, répondait Louise, mais prends garde ! Contre les fusils, les mitrailleuses, les canons, vous n'avez que des casse-têtes et des sagaies. Une guerre ouverte contre les colonisateurs tournerait pour toi et les tiens au massacre.

— La mort ne nous fait pas peur.

Il s'insurgeait contre les chercheurs d'or qui violaient leurs filles et pillaient leurs réserves de vivres, les prospecteurs de nickel qui ne respectaient pas leur territoire, la construction d'une usine à sucre qui allait développer des plantations sur leurs terres. On mettait les ressources de l'île au pillage, sans contrepartie.

La plupart des déportés, sans haïr ni détester les Canaques, les tenaient pour des êtres inférieurs. Ces « nègres » étaient tellement différents des êtres civilisés qu'ils étaient ! À choisir entre les représentants de l'ingrate patrie et cette nation de cannibales, ils n'hésitaient pas. En cas d'insurrection, les coloniaux pourraient compter sur eux.

Louise les rabrouait :

— Vous avez déjà oublié la Commune ! Vous avez lutté les armes à la main pour votre liberté et vous tireriez sur de pauvres gens qui réclament la leur, sous prétexte que leur peau est noire ?

Elle se sentait impuissante devant un tel obscurantisme. Impuissante et révoltée. Elle savait bien, elle, de quel côté elle se trouverait le jour où elle entendrait tonner dans les villages de la brousse les tambours de guerre.

Ataï, malgré son charisme, n'était pas, loin de là, le chef suprême des Canaques. La tribu sur laquelle régnait ce petit homme chafouin, vif comme un lézard, d'une intelligence subtile, se situait dans la grande vallée de Fonwhary et, avec ses quelque cent habitants, dont quatre-vingts femmes, ne brillait ni par son opulence ni par sa puissance. En revanche, il était devenu le symbole de la résistance à l'oppression. Il avait gardé en mémoire les événements qui, trente ans auparavant, avaient mis l'île à feu et à sang, lorsque les colons s'étaient approprié leurs meilleures terres et les avaient repoussés dans la brousse. Avec le temps, Ataï était devenu une légende vivante.

Ses rapports avec les autorités étaient tendus. Au gouverneur qui lui demandait d'enlever son couvre-chef pour se présenter à lui, il avait fièrement répondu : « Je l'enlèverai quand tu feras de même. »

Louise le retrouvait parfois dans son village de brousse, vêtu à la mode canaque d'un simple étui pénien, le *bagayou*. Pour ses rares incursions dans la capitale, il revêtait l'uniforme protocolaire : tunique ornée de galons de fantaisie, képi à visière carrée. N'eût été la couleur de sa peau, on aurait pu le prendre pour un Garde national.

Il comptait sur la prestance que lui conférait son uniforme pour entrer dans les bonnes grâces d'une voisine, Mme Fournier, veuve quinquagénaire qui vivait en famille entre son poulailler et son jardinet. Il lui faisait une cour assidue : elle lui offrait du café ; il lui apportait des fruits de la forêt, avec quelques fleurs. Il avait fait sa demande en mariage, mais elle atermoyait, ce qui provoquait la réprobation des autorités : qu'elle accepte de l'épouser et les perspectives récurrentes de l'insurrection s'estomperaient…

L'insurrection était dans l'air.

Ataï avait laissé éclater sa colère en apprenant le projet d'installation sur son territoire d'un centre pénitentiaire à vocation agricole. On lui avait fait miroiter des promesses d'embauches qui pourraient apporter de la richesse à sa tribu.

La belle affaire ! Il ne connaissait que trop bien l'exploitation éhontée que l'administration faisait de ses sujets. Il révéla à Louise des documents irréfutables qui démontraient que les salaires de la main-d'œuvre locale étaient soumis à des ponctions, une partie passant dans la poche de fonctionnaires peu scrupuleux. Louise dénonça cette injustice flagrante au gouverneur ; sa lettre n'eut pas de réponse.

Un incident allait déclencher la révolte.

Ataï, un soir de juin, réunit sa tribu sous le grand banian proche de la rivière Fonwhary, où se tenaient d'ordinaire les palabres. Il venait d'apprendre qu'un Blanc, connu pour ses mœurs dépravées, avait enlevé et violé une fille de sa tribu, Katia. Il s'écria :

— Le Blanc est la ruine de notre peuple ! L'honneur de notre village a été bafoué. Notre devoir est de le venger. Nos bonnes terres sont entre les mains des Français ; leurs troupeaux piétinent les tombes de nos ancêtres. Nous ne pouvons supporter plus longtemps de tels outrages. Il faut voir dans les malheurs qui accablent notre peuple la vengeance des dieux. Notre lâcheté risquerait de faire fondre sur nos têtes un nouveau courroux et la réprobation de nos ancêtres. Nous ne sommes pas les seuls, nous, gens de la rivière Fonwhary, à gémir et à pleurer. Si nous prenons les armes, les autres tribus suivront notre exemple…

Paroles lourdes de menaces. Ce soir-là, sous le grand banian,

Ataï venait de semer les graines de la révolte. Ses guerriers entonnèrent leur chant de mort, vérifièrent le fil et les liens de leurs casse-tête, plongèrent leurs sagaies dans des récipients d'eau bouillante. Katia était devenue un symbole : le fruit volé qu'il fallait reprendre au voleur par les armes. Leur mémoire faisait resurgir le souvenir des ancêtres, les Pohas, cette nation de mangeurs d'hommes et de chefs prestigieux. En une soirée, tout fut décidé. La mélopée ancestrale, qui parlait de feu et de sang, dicta leur conduite. Ils burent la tisane d'herbe *adoueke*, l'herbe de la guerre, qui donne du courage aux combattants.

Quelques jours plus tard, le chantier du pénitencier agricole subit une première vague de violence : les détenus employés à sa construction, qui n'avaient à leur disposition d'autres armes que leurs outils, furent massacrés. Lorsqu'un détachement français, sous la conduite du commandant Rivière, arriva sur les lieux du drame, le pénitencier n'était plus qu'un cimetière.

Stupeur à Nouméa et dans toute l'île. Les colons n'étaient pas au bout de leurs surprises.

La révolte gagna vite du terrain. Le nouveau gouverneur, Olry, prit des dispositions draconiennes pour juguler l'incendie et mettre Nouméa en défense. Le nom d'Ataï faisait peur ; une attaque des Canaques sur Bouloupari, à peu de distance au nord de la capitale, qui avait fait une trentaine de victimes parmi les Blancs, suscita un début de panique. La répression ne se fit pas attendre : les soldats s'attaquèrent aux villages, brûlant les cases et coupant les cocotiers. Les insurgés répliquèrent en incendiant des plantations, des maisons de colons, et en massacrant les troupeaux à coups de sagaie.

L'enchaînement des violences semblait vouer la Calédonie à une guerre sans merci, quand un jeune officier, Servan, se posa en médiateur. Il rencontra l'un des principaux chefs de la rébellion, Nondo, qui se distinguait à la tête de ses guerriers par son visage de momie et sa tignasse d'un rouge flamboyant. Il se tira sain et sauf des palabres mais n'obtint aucune garantie de paix.

Ataï, dans cette tempête, était partout et nulle part. Affublé de son costume de Garde national, accompagné en permanence de son *taka*, un sorcier aux allures de singe, il frappait comme la foudre là où on ne l'attendait pas et disparaissait comme une ombre dans la brousse où nul ne se serait hasardé à le poursuivre.

Est-ce lui qui mit le feu à l'usine à sucre de La Ouaménie, propriété prospère de l'ingénieur Boutan ? Nul n'aurait pu l'affirmer, mais l'attentat portait sa signature. Furieux, Boutan mit ses hommes à cheval et, à la tête de cette milice, alla prêter main-forte à la troupe de ligne.

Le 12 juin, en représailles, une douzaine de suspects furent passés par les armes. Contre-représailles (signées Ataï ?), le lieutenant-colonel Gally-Passebosc tomba dans une embuscade au plus profond de la vallée des Montagnes-Rouges.

La révolte, jour après jour, avait gagné toute l'île. Un événement déclencha un sentiment d'horreur dans la capitale. Un parti de Canaques avait tué sept colons et dévoré l'un d'eux.

Le gouverneur décida d'en finir. Pour cela, une seule solution : capturer Ataï, l'âme de la rébellion. Il lança une vaste opération de ratissage, tendit des embuscades avec le concours de Nondo qui, jaloux de la puissance d'Ataï, avait juré de l'abattre. Le chef tomba dans un piège, se défendit vaillamment mais, cédant sous le nombre, fut décapité, ainsi que son *taka*, par ses congénères.

Soulagement à Nouméa. La révolte battait de l'aile à la suite de dissensions entre tribus qui faisaient renaître d'anciennes querelles claniques mal éteintes. L'unité préconisée par Ataï avait volé en éclats.

Curieusement, le village de Numbo avait échappé aux affres de la guerre, comme la plupart des localités de la côté orientale. Fallait-il y voir la volonté d'Ataï, soucieux de ne pas compromettre son amitié pour Louise et sa passion pour Mme Fournier ? Personne n'aurait pu le dire, ni durant le combat qui avait fait de lui un guerrier de l'ombre ni après sa mort.

Les mesures de pacification du gouverneur furent draconiennes mais efficaces : il décida un vaste déplacement de tribus. Cette dispersion provoqua chez les indigènes une perte de leur mémoire collective attachée à leur milieu, au point qu'ils eurent du mal à se remettre de cette diaspora. Les abus ne leur furent pas épargnés : des villages entiers étaient vendus à des colons, habitants compris. Habitants pour ne pas dire esclaves.

En même temps qu'on avait organisé des massacres, on avait tué un mythe vivant : Ataï. Recueillie sur les lieux de l'embuscade, sa tête avait été ramenée triomphalement, à la pointe d'une baïonnette, à Nouméa et, enfermée dans une boîte métallique, envoyée à la Société d'anthropologie de Paris.

On eut l'idée d'une autre méthode de domestication des Canaques : l'alcool. Ils y prirent goût, y noyèrent les reliquats de leur culture, la mémoire de leurs dieux et de leurs ancêtres, et jusqu'au souvenir du grand chef Ataï.

Louise n'avait suivi que de loin, et par ouï-dire, le cours des événements. L'essentiel lui en parvenait par les femmes indigènes descendues de la montagne pour se procurer du poisson ou faire du troc avec les détenus, mais ces nouvelles étaient tellement confuses et contradictoires qu'il était ardu d'en tirer des conclusions. Elle était tenue au courant de la révolte par le journal officiel de l'île : *Le Moniteur*, qui avait publié certaines de ses œuvres, mais elle n'accordait à ces informations qu'un crédit limité. Elle était, pour ainsi dire, assise au bord d'un volcan en éruption ; elle en percevait le souffle brûlant et le tumulte mais demeurait étrangère à ses activités, contrairement à ce qu'elle avait envisagé dans ses entretiens avec Ataï.

Sa solidarité avec les Canaques s'était bornée à offrir au chef, au cours d'une rencontre précédant de peu l'insurrection, la moitié de son foulard rouge, avec une recommandation : éviter massacres et atrocités. Le chef avait promis, mais avait trahi sa parole. Un guerrier ne peut tenir longtemps ce genre de promesse.

Il lui avait dit en nouant le foulard autour de son cou :

— Quand tu reverras Mme Fournier, dis-lui que je resterai jusqu'à ma mort son *tayo*, son compagnon, son ami. Si elle m'avait écouté, peut-être aurions-nous évité cette guerre avec les *zozos*, les *grandes z'oreilles*, comme disent nos gens.

Louise n'a pas revu Mme Fournier : la tourmente l'a emportée vers d'autres lieux de la Grande Île, ou plus loin encore, au paradis des Blancs.

Louise avait songé à se mêler aux rebelles, puis elle avait renoncé : ces indigènes étaient trop différents d'elle, elle ignorait tout de leurs méthodes guerrières et surtout répugnait de faire, de nouveau, le coup de feu contre ses compatriotes, aussi exécrables fussent-ils. Elle se sentait écartelée par ce conflit. Les massacres perpétrés par les soldats de la ligne ou les milices des colons l'exaspéraient, mais tout autant les atrocités commises par les Canaques. Elle s'efforçait de tromper son angoisse par ses écrits et les tâches domestiques que lui imposait Nathalie. Elle avait d'autres sujets d'intérêt : le sauvetage d'une variété d'arbustes, les papayers, qui dépérissaient à la suite d'on ne savait quelle épidémie ; elle procédait à leur vaccination par des entailles pratiquées sur les tiges et grâce à une substance que lui avait révélée Daoumi ; elle put ainsi sauver sa petite plantation, en dépit des sarcasmes de ses voisins et de ses amis. Elle s'attacha de même à créer une variété de vers à soie et y parvint. Ces petites victoires la consolaient de ses grandes peines.

Elle fulmina lorsque lui parvint une lettre de Georges Clemenceau lui apprenant que beaucoup d'hommes politiques militaient pour son amnistie. Parmi eux, une institutrice, ancienne combattante de la Commune, arrêtée puis libérée : Céleste Hardouin. Elle faisait circuler une pétition portant ce texte : *Loin de sa vieille mère, sous le ciel brûlant de la Calédonie, Louise ne figure pas encore sur la liste des amnistiés.* Cette pétition avait trouvé une oreille complice dans la presse, qui avait surenchéri.

— De quoi se mêle cette femme ? s'écria Louise. Sa démarche est infâme et stupide. Elle est pire que mes anciens ennemis. Eux, au moins, ne m'ont pas salie ! Je vais demander à Clemenceau de faire cesser cette comédie, lui répéter que je veux l'amnistie pour tous ou pas d'amnistie du tout. Je me demande… je me demande si cette femme n'est pas stipendiée par la police afin de me discréditer auprès de mes anciens compagnons de lutte en obtenant une faveur personnelle…

Elle écrivit à Céleste Hardouin une lettre qui, dit Nathalie Lemel, n'était pas piquée des vers :

À Mme Céleste Hardouin, instigatrice des lettres et suppliques, en mon nom et malgré ma défense personnelle et réitérée... Mes ennemis m'avaient respectée, et vous venez aujourd'hui ajouter à l'affront... Que faites-vous de l'honneur, puisque vous vous permettez d'agir au nom de ceux dont la volonté, à six mille lieues de la France, devrait être aussi respectée que celle des morts... Vous avez aggravé ma situation, puisque, après cinq ans de séjour dans la colonie, il m'est permis d'habiter Nouméa : votre intervention risque de me faire reléguer à l'île des Pins...

Nathalie s'insurgea contre une sévérité qu'elle jugeait exagérée :

— Cette femme est une sainte ! À l'évidence, elle ne te veut que du bien. Peut-être serait-elle parvenue à nous faire amnistier. Et toi...

— Eh bien ! riposta Louise, écris-lui et tâche de la convaincre d'agir pour ton compte. Tu gagneras peut-être ta liberté, mais tu perdras une amie : moi...

Céleste Hardouin n'eut pas à intervenir pour faire amnistier Nathalie. La déportée obtint sa libération à la suite d'une maladie qui exigeait son retour en France, quelques mois plus tard.

Louise ne constatait pas sans amertume que la plupart de ses compagnons acceptaient leur sort avec résignation, comme s'ils devaient achever leur existence sous ces latitudes. Certains faisaient venir leurs familles après avoir trouvé une situation à Nouméa ou s'être installés sur des concessions pour y créer plantations et élevages. D'autres avaient épousé une indigène et fondé une famille. Après cinq ans de détention, ils bénéficiaient d'un traitement plus clément, pouvaient s'installer dans la capitale mais y subsister par leurs propres moyens.

Rochefort avait fait des émules : des idées d'évasion tournaient encore dans la tête de certains détenus. L'un d'eux, Trinquet, un cordonnier qu'on appelait le Bouif, avait été surpris dans ses préparatifs et envoyé à l'île Nou, avec double chaîne. Il apprit peu après qu'il venait d'être élu, par contumace, conseiller municipal du XXe arrondissement.

Louise bénéficia de la mesure de clémence qui l'autorisait à vivre à Nouméa. Le maire, M. Simon, n'était pas un tyran. Il accueillit Louise non comme une criminelle mais comme une visiteuse. Il lui dit en la recevant sur sa véranda, devant un verre de jus de papaye :

— J'ai pris connaissance de votre dossier, mademoiselle. Ainsi, vous étiez institutrice à Paris, et vous avez tous les diplômes requis pour poursuivre cette activité ici même. Qu'en pensez-vous ?

Louise donna son accord. Les enfants de déportés, ceux des fonctionnaires et des commerçants furent ses premiers élèves, principalement pour des cours de musique, de chant et de dessin. Elle réserva sa journée du dimanche aux petits Canaques. Ils investissaient à grands cris sa case et son jardinet, proches du port, avides d'apprendre la langue, la musique et les chansons de France. Elle leur donnait satisfaction en veillant à ne pas dénaturer leur propre culture. M. Simon lui avait fait don de planchettes sur lesquelles elle leur apprit à sculpter des formes traditionnelles.

Son cœur se serrait d'émotion lorsque, debout dans le soleil, au seuil de sa case, elle les voyait descendre en groupe, main dans la main, et la saluer de loin, en chantant *Frère Jacques* ou *Il pleut bergère*. Ils se montraient dociles, studieux, exempts de l'agressivité méprisante des enfants de déportés ou de colons qui les malmenaient en les traitant de « nègres ».

Elle ne manquait pas de témoigner sa gratitude à M. Simon :

— Vous avez trouvé la bonne méthode pour vous concilier les indigènes. Cependant… ce ne sont pas des soldats qu'il faudrait envoyer dans les tribus, mais des maîtres et des maîtresses d'école.

— J'y ai songé, soupira ce brave homme de maire, mais le temps n'est pas venu. Le feu de la rébellion couve encore sous la cendre, si bien qu'une présence militaire est nécessaire. Les colons comprendraient mal que je leur retire ce soutien…

Par un parent de Daoumi, Louise avait des nouvelles de son cantinier, resté à Numbo. Il était tombé amoureux, comme Ataï, d'une Française qui l'avait aguiché puis méprisé. Il s'était laissé mourir de chagrin en apprenant son mariage avec un fonctionnaire.

Elle écrivit à Henry Bauer, quelques jours après son installation : *Je vis mieux à Nouméa qu'à Numbo. L'administration m'alloue une somme raisonnable pour mes cours ce qui, avec ce que m'envoie Clemenceau, me permet de vivre normalement. J'ai, avant de partir, rejeté mon serpent dans son milieu naturel, confié mes chiens à quelques détenus mais emporté mes chats. La patronne des bains de mer, Victorine Orlowska, est devenue mon amie et m'ouvre sa maison en permanence, ce dont j'use volontiers. Un de nos compagnons, Gantelet, m'a offert une paire d'escarpins qui me changent des godillots qui avaient perdu leurs semelles sur les pistes de la montagne et les rochers de la grève.*

Elle assista, le 14 Juillet, à une cérémonie patriotique sur la place des Cocotiers. Au milieu d'un groupe d'enfants canaques, elle avait chanté *La Marseillaise* et avait pleuré. Le soir, du seuil de sa case, elle avait assisté au feu d'artifice. Les nuits étaient exemptes des moustiques qui la harcelaient à Numbo, et elle n'avait pas à redouter, comme naguère, une invasion de sauterelles.

Elle se rendit un jour dans la montagne pour assister à la cérémonie du *pilou*, à laquelle on l'avait conviée. Cette danse ancestrale, qui se déroulait autour d'un grand feu, au centre du village, n'était pas exempte d'accents guerriers et d'un sourd grondement de révolte. Elle se retrouva au milieu d'un groupe d'anciens sujets d'Ataï qui avaient échappé aux représailles. L'un d'eux portait autour du cou le morceau de foulard que Louise avait offert au chef défunt. Entièrement nus, hormis le *bagayou*, ils avaient, en signe de deuil, en chantant, traversé les flammes et piétiné les braises.

11

« IL ÉTAIT TEMPS QUE TU TE RÉVEILLES ! »

Au début de l'automne, l'année 1880, deux nouvelles parvinrent à Louise : une mauvaise et une bonne. Marie Ferré lui annonçait que sa mère avait été victime d'une attaque de paralysie qui lui imposait de garder la chambre ; l'amnistie générale avait été décrétée.

Il fallut songer au départ. Louise sollicita du gouverneur la permission de prendre le courrier le plus rapide, celui de Sydney, et obtint satisfaction. Le jour de son départ, la foule indigène l'attendait sur le quai, en larmes. Elle avait promis aux chefs canaques d'aller enseigner d'une façon plus régulière dans leur tribu, et voilà qu'elle les abandonnait ! Elle leur lança, au moment d'embarquer :

— Vous êtes mes amis. Ne soyez pas affligés : je reviendrai bientôt.

Une voix en elle lui assurait qu'elle tiendrait parole ; une autre que cette promesse était fallacieuse.

À Sydney, après des palabres affligeantes avec le consul de France, elle trouva place, ainsi que quelques dizaines de rapatriés, sur le *John Elder*, en partance pour Londres par le canal de Suez. Surprise en arrivant à Londres : des centaines de voix montaient des chaloupes qui escortaient le navire ; elles chantaient :

Bonhomme, bonhomme
Il était temps que tu te réveilles...

Les exilés de la Commune, dont le gouvernement de Sa Majesté avait refusé l'extradition demandée par Thiers puis Mac-Mahon, étaient nombreux dans la capitale britannique et n'avaient pas baissé les bras. La Commune était défunte, mais la révolution restait vivante dans les cœurs et les esprits. Durant des jours, Louise et ses compagnons furent promenés de familles en clubs, fêtés, adulés, sollicités pour des entretiens et des conférences. Ils furent raccompagnés en cortège à la gare de New Haven.

Marie Ferré l'attendait à Dieppe. Malade de la poitrine mais non abattue, elle n'était plus que l'ombre d'elle-même, une sorte de parchemin jaunâtre et ridé, mais où s'inscrivaient encore les mots de la révolution, comme un vieux poème délavé par le temps. Elle apprit à Louise que sa mère allait mieux depuis qu'on lui avait annoncé le retour de l'enfant prodigue.

— Attends-toi, lui dit Marie, à être accueillie par la foule à la gare Saint-Lazare. Les journaux ont annoncé ton retour. Partons sans plus tarder.

— Il va falloir attendre qu'on ait débarqué mes chats. Ils sont encore dans la cale.

— Tes chats ? Tu es venue avec tes chats ?

— Les cinq, que j'ai choisis parmi les plus vieux et qui me sont le plus attachés. Je n'ai pas pu m'en séparer. Ç'aurait été un véritable crève-cœur…

Des milliers de personnes attendaient les rapatriés sur le quai de la gare Saint-Lazare, chantant *La Marseillaise* et brandissant des gerbes d'œillets rouges. Louise dut se débattre pour n'être pas, elle et ses chats, portée en triomphe. Hissée sur le banc d'un fiacre, elle lança à la foule :

— Mes amis, ce n'est pas mon retour qu'il faut fêter aujourd'hui, mais la révolution sociale et, à travers moi, nos compagnes qui ont laissé leur vie sur les barricades et sous les feux des pelotons d'exécution ! On disait la révolution morte ? Elle a ressuscité. Nous sommes désormais maîtres de notre destinée. Le peuple opprimé reconquerra ses libertés…

Elle apprit par Marie que c'est à l'un de ses compagnons, qui l'avait précédée, Amilcare Cipriani, que Louise devait cette réception digne d'un chef d'État. Il faillit à cette occasion, ainsi que Rochefort, être écharpé par la police qui repoussait un groupe de femmes, où se trouvait Nathalie Lemel, venues offrir des œillets à l'héroïne du jour. À quelque temps de là, Cipriani était reconduit à la frontière italienne où la police l'attendait pour le jeter en prison.

Louise se sépara de ses compagnons de déportation et courut au chevet de sa mère, installée provisoirement dans l'appartement que Marie occupait, rue d'Aboukir, dans le quartier de Bonne-Nouvelle.

Marianne l'attendait, assise dans un fauteuil, une canne en travers de ses genoux, sa pèlerine sur les épaules. Elle voulut se lever ; Marie le lui interdit. Elle accusait sa vieillesse et son handicap : ses cheveux avaient blanchi, son visage s'était ratatiné comme une vieille pomme ; elle avait perdu toutes ses dents, ses lèvres s'étaient résorbées, et son élocution était devenue lente et suraiguë.

Louise lui dit en s'agenouillant près d'elle :

— Ne pleurez pas, mère : c'est jour de fête. Nous n'allons plus nous quitter. Pour rester près de vous, j'ai décliné des invitations et des conférences…

— Tu dis ça, mais je te connais ! Tous ces gens qui crient sous ma fenêtre, c'est moi qu'ils réclament, tu crois ? Oh, ma petite fille… Tu m'as tant manqué. J'ai cru que j'allais mourir sans t'avoir revue. J'ai cru…

Et elle fondit en larmes.

Louise écarte le rideau de la chambre. Des groupes stationnent sous la pluie. Qu'elle apparaisse et ce sera le grand charivari : il faudra chanter avec eux *La Marseillaise*, leur parler, répondre aux journalistes qui ont tenté, tout à l'heure, de la suivre jusque chez Marie.

Louise ne se montrera pas, malgré son envie d'ouvrir grande la fenêtre, de respirer les odeurs de cette pluie automnale, si différente de celles de la Calédonie, lourdes, épaisses et tiédasses comme une soupe de pois, qui tombait durant des jours à la saison, gonflait la mare au serpent, faisait ruisseler des torrents de terre rougeâtre de la montagne, transformait les pistes de la vallée en ruisseaux. Cette pluie presque tiède la réconcilie déjà avec Paris : elle fait s'animer la rue où les gens trottent, s'engueulent, hèlent des fiacres, chantent et plaisantent. En débarquant de son train, elle a tendu la main à la pluie et la pluie y a déposé un baiser humide ; elle a porté ce baiser à ses lèvres. Pluie de Paris, bonne pluie…

À peine l'a-t-elle formulée, Louise sait bien que cette promesse faite à sa mère n'est que du vent. En attendant que la tourmente la reprenne et l'emporte, il y aura cette correspondance à dépouiller, un monceau de lettres et de journaux : l'hommage de Paris à l'héroïne de la Commune retour des antipodes.

— Tous les jours, le facteur dépose une masse de courrier depuis l'annonce de ton retour, dit Marie. Et ça ne fait que croître. Si tu veux, je t'aiderai.

— J'en ai le vertige par avance, dit Louise. Il va falloir des jours et des jours. Et s'il n'y avait que ça…

Elle sait que le moment est venu, après des années d'attente, de se colleter avec les autorités : Jules Grévy qui a remplacé Mac-Mahon à la présidence, Gambetta, ce politicien véreux, pourri d'argent et couvert de femmes… Se battre contre la misère surtout. Son combat, elle le sait, sera à la fois politique et social. Les gouvernements changent ; la misère du peuple demeure.

Malvina lui manque déjà. Alors qu'elle se trouvait à Nouméa, elle a appris par une lettre de Georges Clemenceau qu'elle avait disparu au cours des représailles qui avaient ensanglanté la fin de la Commune. Disparu à jamais. A-t-elle encore de la famille ? Nul n'a pu lui répondre. Dans la mémoire de Louise, cette petite flamme blonde, tremblotante, déjà marquée par la mort, rayonne encore, comme l'étoile du matin que le grand jour va dévorer.

Aux premiers temps de son retour, Louise a senti se diffuser autour d'elle, chaque jour plus dense, une auréole de légende. Elle devenait un mythe : celui de la révolution permanente et de l'anarchie. Elle écrivit pour un journal de Bruxelles :

Nous sommes athées parce que l'homme ne sera jamais libre tant qu'il n'aura pas chassé Dieu du domaine de la Connaissance. Nous sommes communistes parce que nous voulons que la terre, les richesses naturelles ne soient plus la propriété de quelques-uns. Nous sommes pour l'instruction ouverte à tous : elle donnera cette égalité intellectuelle sans laquelle l'égalité matérielle serait sans valeur. Nous mènerons la lutte jusqu'à la destruction de la bourgeoisie, jusqu'au triomphe final...

Cette profession de foi, généreuse mais confuse, lui ouvrait un horizon de lutte où elle allait s'engager à corps perdu, sans ménager son temps, sa santé, sa sécurité, le peu d'argent qu'elle allait gagner et qu'elle distribuerait à plus misérable qu'elle...

Une de ses premières visites fut pour Clemenceau.

Absent de Paris, il n'avait pu assister à son arrivée, gare Saint-Lazare. Elle savait que sa notoriété avait atteint des sommets, qu'il était l'homme politique le plus en vue de l'opposition. Par son éloquence, la virulence et l'humour ravageur de ses propos, il transformait en meetings les séances du Parlement. Il jouait aux quilles avec les hommes politiques en place, bousculait les têtes du régime, frappait comme un punching-ball le ventre mou de la république bourgeoise. On disait de lui qu'il était un « tombeur de ministères ». Il s'attachait à mériter ce qu'il tenait pour un compliment.

Ils s'embrassèrent avec effusion. Elle le remercia des secours dont il ne l'avait pas laissée manquer en Calédonie, de ses lettres chaleureuses.

— L'argent que je vous ai envoyé, lui dit-il en plaisantant, je suppose que vous ne vous en êtes pas servie pour faire des effets de toilette !

Il l'emmena souper au Brébant, sur les boulevards, lui exposa la situation politique, la fièvre qui agitait la nation, les craintes du géant allemand de voir la France mûrir des idées de revanche, la faillite des monarchistes dont on avait craint à tort le retour, mais auxquels manquait un chef incontesté, celle des bonapartistes qui, avec la mort tragique du prince Eugène, tombé dans une embuscade chez les Zoulous, avaient perdu tout espoir de reprendre les rênes du pouvoir…

Dix ans d'expérience politique l'avaient mûri. Dans la presse, au Parlement, dans les réunions publiques, il déployait une intelligence et une violence verbale qui rendaient redoutables ses moindres interventions. Son visage de Kalmouk avait pris rudesse et majesté.

— Vous et moi, dit-il, sommes engagés dans le même combat : moi dans la politique, vous dans le social.

Il la mit en garde contre une dangereuse utopie, une offensive dérisoire contre des moulins à vent, de beaux effets de nuages aux apparences de cités radieuses.

— Prenez garde, Louise, dit-il en allumant un cigare, la police vous surveille en permanence. Le préfet Andrieux est une crapule de la pire espèce, mais bougrement futé [1]. J'ai appris que Victor Ricois vous a proposé de collaborer à son journal : *La Révolution sociale*. Gardez-vous-en bien. Cette feuille infâme, qui proclame des idées avancées, est en fait entre les mains d'Andrieux. Un véritable piège à mouches…

Ce que Louise n'osa lui avouer, c'est qu'elle y avait déjà fait paraître un article…

1. Le préfet Andrieux était le père du poète Louis Aragon.

Louise ne tarda pas à se rendre compte de l'omniprésence de la police. Il y avait toujours, à quelques pas de sa porte, une « mouche » en civil, à l'apparence d'un promeneur inoffensif, en train de lire un journal, assis sur un banc ou adossé à un arbre. Tous les propos qu'elle tenait dans ses réunions étaient rapportés à la préfecture. Cela l'amusait au lieu de l'inquiéter, protégée qu'elle était par sa notoriété : qu'on ose l'interpeller et l'emprisonner, des émeutes mettraient le régime en difficulté.

La police n'était pas la seule à la harceler ; les journalistes la suivaient comme son ombre, où qu'elle allât. Un jour qu'elle se trouvait à Conches, localité proche de Lagny, où elle avait installé sa mère en famille, elle avait évincé un groupe de plumitifs qui avaient tenté de s'introduire dans l'appartement.

Elle laissa sa mère quelques semaines dans cette paisible demeure où elle recevait des soins attentifs de sa sœur. Lorsqu'une amélioration se déclara, Louise la fit transférer dans l'appartement occupé par Marie Ferré, rue d'Aboukir, où elle pourrait mieux veiller sur elle.

Louise dut refuser nombre de propositions de conférences et de réunions publiques, non seulement à Paris mais en province et à l'étranger. Elle ne put repousser l'offre qui lui fut faite par des anciens de la Commune de se produire à l'Élysée-Montmartre, dans ce quartier où elle avait vécu ses années d'enseignante et de combattante.

Des milliers de militants et de curieux s'entassaient, le dimanche 21 novembre, dans la salle décorée de banderoles et de drapeaux rouges ou noirs. Toutes les tendances de la gauche radicale : anarchistes, blanquistes, marxistes, socialistes, libres penseurs, membres de l'Internationale ouvrière, étaient présentes, chacun la revendiquant comme son égérie, hormis certains anarchistes qui voyaient d'un œil soupçonneux ses relations avec Rochefort et Clemenceau : le marquis et le bourgeois.

Dès qu'elle se montra, bien droite dans sa robe noire, sans le moindre ornement, avec son visage osseux d'ermite retour du désert, le tumulte amorça un ressac. Même les loustics stipendiés par la préfecture de police pour faire du chahut et provoquer des incidents se turent.

Elle parla sans hausser le ton, puis, insensiblement, comme reprise par une sorte de fièvre, elle retrouva le verbe ardent de la révolution.

— Mes amis, mes camarades, lança-t-elle, la Commune est reconstituée. Elle vient de renaître au pied de la colline de Montmartre. Elle est moins repentante et plus menaçante que jamais !

Des huées et des coups de sifflet commencèrent à fuser ici et là quand elle fit l'éloge de l'anarchie. Son intervention s'acheva dans un tel chambard que ses derniers propos furent couverts par le bruit des protestations et des ovations. Lorsqu'une fillette habillée en Garde national vint lui porter des fleurs, elle réclama le silence et parvint à lancer :

— Ce bouquet, mes amis, nous allons le déposer, Marie et moi, sur la tombe d'un héros de la Commune, mort au champ d'honneur, Théophile Ferré.

Dès le lendemain, accompagnée de Marie, elle se rendit au cimetière de Levallois où reposait son compagnon. Un bouquet d'œillets achevait de se faner sous la pluie. Elles restèrent un moment, main dans la main, devant la tombe. Sans une larme : elles se disaient qu'il n'aurait pas aimé cette marque de faiblesse.

— Nous le vengerons, dit Louise. J'y consacrerai toute ma vie s'il le faut.

« Il était temps que tu te réveilles ! »

Comme elle l'avait prémédité pour Adolphe Thiers, Louise songea à commettre un attentat contre Gambetta. Elle s'ouvrit de ce projet à ses amis ; ils l'en dissuadèrent et elle n'insista pas. Elle se contenta de le fustiger dans ses propos, en rappelant l'opinion d'Émile Eudes, son ancien compagnon de la Commune : *Après dix ans de pouvoir, Gambetta a les poches pleines d'or et de la graisse à revendre aux charcutiers de Paris...*

— Que vous jouiez les Charlotte Corday, soit ! lui dit Clemenceau. Mais soyez une Charlotte Corday *platonique*...

Elle avait fait de l'appartement de Marie, rue d'Aboukir, son quartier général et son havre. Entre deux conférences éprouvantes, dont elle revenait brisée et aphone, elle trouvait auprès de sa compagne aide et réconfort, mais elle évitait d'abuser de cette hospitalité : la santé de Marie déclinait de jour en jour, sujette à des alertes qui la laissaient sur le flanc. Elle ne survivait qu'accrochée à sa compagne.

À l'issue d'une de ses conférences parisiennes, Louise avait retrouvé une vieille connaissance du temps de la Commune : Victoire Guerrier, dont le prénom et le nom étaient révélateurs d'une destinée révolutionnaire.

Cette Auvergnate native d'Issoire était d'un an sa cadette. Ni belle ni laide, elle ne suscitait l'attention que par son abondante chevelure d'un brun profond, ses yeux d'un noir intense, contrastant avec son teint clair. Elle avait quitté sa province pour rejoindre son père, impliqué dans la révolution de 1848. Dix ans plus tard, elle épousait Jules Tinayre [1]. Sa passion pour l'enseignement avait pris peu à peu le pas sur celle qu'elle avait vouée à son mari, un névropathe en perpétuelle dépression, triste comme la porte de la prison de Mazas.

Elle avait rencontré Louise lors d'une réunion de l'Internationale ouvrière, alors qu'elle venait de créer une école professionnelle. Leurs idéaux, leurs goûts communs, une destinée identique avaient fait d'elles des amies.

1. Grand-père de la romancière Marcelle Tinayre.

La Commune a failli être fatale à Victoire. Dénoncée par sa concierge pour avoir sali l'escalier de son immeuble en y traînant des blessés, elle est arrêtée et conduite à la prison du Châtelet, accompagnée de son mari l'abritant sous son parapluie. À la fin de la Semaine sanglante, libérée, elle est partie à la recherche de son mari ; il a disparu. Elle a décidé de quitter la France et de se réfugier en Suisse où elle a retrouvé quelques compagnes de lutte : André Léo, Élisabeth Dimitrieff, Paule Minck... Elle a gagné sa vie en confectionnant des robes pour des dames russes. Son mariage avec un utopiste d'origine polonaise, Babick, inventeur de la religion hyménéenne et de la médecine à base de parfums, ne lui a pas apporté le bonheur qu'elle en attendait. Elle disait, en parlant de cette union insolite : *Quand une femme fait des bêtises, elle les fait énormes...*

Elle a quitté la Suisse pour la Hongrie, flanquée de son utopiste de mari, puis est retournée seule vers ce miroir aux alouettes : Paris. Ce n'est plus l'enseignement qui occupe ses pensées et lui montre la voie de l'avenir, mais la littérature.

Sa petite-fille, Marcelle, née à Tulle, en Corrèze, écrivait en parlant de son aïeule : *Patriote et humanitaire, déiste et anticléricale, pacifiste, socialiste, fouriériste, elle crut fermement que la Commune apportait dans les plis de son drapeau rouge la justice sociale...*

Cette nature complexe avait de quoi séduire Louise. Leur amitié n'allait pas tarder à se charger d'orages.

Victoire, comme Louise, se piquait de littérature. Elles conçurent une collaboration en vue d'un roman dans le genre illustré par Émile Zola, qu'elles choisirent d'intituler *La Misère*. Victoire signerait Jean Guetré et Louise de son patronyme. Le roman parut par livraisons chez Arthème Fayard, une des grandes maisons d'édition de Paris.

Collaboration difficile, sujette à des conflits. Louise se voulant avant tout poétesse, Victoire devait sans cesse la rappeler aux tristes réalités du monde qu'elles évoquaient. Louise débordait d'idées ; Victoire se chargeait de les traduire en prose populaire. Le fils de Victoire, Louis Tinayre, était chargé des illustrations. Elle dit un jour à Louise :

— Mon fils aimerait faire votre portrait. Il n'est pas seulement graveur, comme vous le savez, mais peintre.

Louise s'esclaffa :

— Mon portrait ? Quelle idée ! Que pourrait-il tirer du laideron que je suis ? S'il m'embellit, ce sera un mensonge ; s'il me montre telle que je suis, ce sera une horreur !

Elle finit par céder et accepta des heures de pose. Insupportable ! La toile terminée, elle resta perplexe. C'était elle, telle qu'elle pouvait se contempler dans un miroir : fidèle comme une photographie de Nadar. Louis avait eu le talent de faire de ses défauts physiques des avantages : il avait fait de sa laideur une sorte de sombre majesté. Elle était telle qu'on pouvait la voir à la tribune, debout dans sa robe de veuve, foulard rouge autour du cou, appuyée des deux mains au pupitre ou l'index de la senestre tendu, comme posé sur un point géodésique.

Lorsqu'on reprochait à Louise d'être antiféministe, elle protestait, rappelant qu'au sein même de la Commune, qui s'était opposée au vote des femmes, elle avait milité dans la Ligue pour l'égalité des sexes. Si elle avait persisté dans son célibat, c'était pour ne pas devenir l'esclave d'un César. Elle disait : *Esclave est le prolétaire, mais esclave plus encore la femme du prolétaire. Nulle douleur n'est comparable à celle de la femme...*

Elle défendait les travailleuses en toutes circonstances. Appelée à patronner une grève des blanchisseuses, elle laissa dans leur tablier l'argent de ses dernières conférences.

À ceux qui l'accusaient de vivre grassement de ses interventions, elle répliquait qu'elle ne gardait pour elle que le strict nécessaire pour vivre et faire soigner sa mère. Elle ne faisait qu'exercer un métier nouveau pour elle. Elle avait songé, à son retour d'exil, à reconstituer son école de la rue Houdon, mais avait vite renoncé, dépourvue qu'elle était de moyens financiers, emportée par la ferveur populaire, harcelée de demandes de conférences et d'articles destinés à la presse révolutionnaire. Quand elle manquait d'argent, elle savait à quelle porte frapper : celle de Rochefort ne lui était jamais interdite ; elle « empruntait », mais ne rendait jamais. Lassé de ces requêtes répétées, il finit par lui servir une pension, *jusqu'à la fin de ses jours*.

La police lui témoignait plus d'attentions que jamais. Le préfet Andrieux supportait de plus en plus mal ses attaques répétées contre le régime et avait fini par interdire son journal. On l'avait entendue, lors d'une réunion publique, lancer à la foule :

— Nous en avons assez des imbéciles qui nous gouvernent…

Et la foule de hurler :

— Jules Grévy !

— … et de ces crapules qui se disent républicains !

— Gambetta !

À l'occasion des obsèques de Blanqui, elle avait proclamé, dans un foisonnement de drapeaux rouges ou noirs, devant cent mille personnes :

— Le rouge et le noir contre le tricolore ! La République universelle contre la République conservatrice ! Faisons le serment de continuer le combat !

Clemenceau la sermonnait :

— Louise, vous en faites trop et vous allez trop loin. Que cherchez-vous ? La palme du martyr ? Tenez-vous à retourner en prison en provoquant des troubles ? Andrieux attend un abus de langage de votre part pour vous coffrer.

Elle ne le savait que trop bien : le préfet de police voulait sa peau. Lorsque des inconnus déposèrent des explosifs sous la statue de Thiers, à Saint-Germain-en-Laye, on accusa Louise d'avoir fomenté cet attentat. Elle n'y était pour rien : la provocation venait d'Andrieux lui-même.

L'inéluctable se produisit au début de janvier de l'année 1882. La police se présenta rue d'Aboukir où Louise se reposait du meeting animé de la veille, en banlieue. Le motif : outrage à agent de la force publique. Elle profita de cette vacuité inattendue pour commencer la rédaction d'un roman dont l'idée tournait dans sa tête depuis son adolescence champêtre, et auquel elle donna un titre d'une simplicité évangélique : *Les Paysans.*

À quelques jours de sa libération, une nouvelle la frappa au cœur : Marie Ferré venait de s'éteindre. Surprise de ne pas l'avoir vue sortir faire ses courses, sa voisine de palier l'avait découverte inerte, à même le parquet, au milieu de ses chats. Elle avait couru alerter le docteur Clemenceau comme Louise l'avait priée discrètement de le faire à la moindre alerte, inquiète qu'elle était de l'état de santé de sa compagne. Marie avait succombé à une de ces crises cardiaques qui l'éprouvaient depuis des années. Clemenceau enveloppa le corps dans une écharpe rouge et veilla à ce qu'il fût déposé près de celui de son frère, au cimetière de Levallois.

Louise resta prostrée, incapable d'écrire une ligne, deux jours durant. Le directeur de la prison avait refusé de lui rendre sa liberté, le temps d'assister aux obsèques.

— Jamais de la vie ! s'écria-t-il. Vous en profiteriez, selon vos bonnes habitudes, pour ameuter l'assistance et vous en prendre au gouvernement…

À sa sortie de Saint-Lazare, Louise alla s'incliner sur la tombe de ses deux amis, puis se rendit chez sa mère à qui elle avait caché les véritables motifs de son absence prolongée. Outre la paralysie qui la tenait pratiquement immobile dans son fauteuil, près de la fenêtre, ses chats sur les genoux, la pauvre vieille n'avait plus tous ses esprits. Elle ne se souvenait même plus de cette Marie dont sa fille lui parlait.

— Encore une de ces folles qui t'entraînent et te font faire des bêtises…

— Mère, dit Louise, je veux vous avoir près de moi dorénavant. Nous ne nous quitterons pour ainsi dire plus. Nous allons nous installer rue Polonceau, dans le XVIIIe arrondissement, et je trouverai quelqu'un pour s'occuper de vous et de vos chats.

Sur les instances répétées de Clemenceau, elle avait fini par renoncer à collaborer à *La Révolution sociale*, dont Jules Guesde, membre de l'Internationale ouvrière, avait dénoncé la collusion avec le préfet de police Andrieux, qui constituait des dossiers compromettants sur elle et ses autres collaborateurs, réputés anarchistes.

Sa mère installée dans leur nouveau domicile, dont Rochefort assurait pour une bonne part le loyer, elle plongea avec une ardeur accrue dans son élément naturel : l'agitation politique et sociale. Dans le train pour Bruxelles où elle était conviée à prononcer des conférences et à animer des débats, elle composa un poème pour Marie, la scansion des rails accompagnant celle des alexandrins :

Modeste, elle savait être héroïque et fière
Souvent nous admirions ce contraste charmant...

Marie lui manquait déjà. Elle était pour elle plus qu'une compagne de combat, plus qu'une militante discrète mais irréductible : une sœur. À aucun moment de leur vie commune elles ne s'étaient heurtées, malgré certaines divergences qui ne les engageaient jamais, comme c'était le cas avec Ferré, sur la voie des conflits idéologiques. Aucune complaisance dans cette attitude : simplement le souci d'éviter à Louise les conséquences de ses excès.

L'accueil qu'elle reçut à Bruxelles, où Hugo avait essuyé les pires avanies de sa vie d'exilé, n'avait rien pour la surprendre. La foule qui se pressait pour l'entendre présentait un mélange détonant, des trublions royalistes et cléricaux se mêlant aux révolutionnaires. C'était chaque fois le même tableau : un meeting qui menaçait de dégénérer en bataille rangée, malgré l'intervention personnelle du bourgmestre et de la police royale pour arrêter le ballet infernal des cannes plombées, des couteaux et des revolvers. À l'hippodrome de Gand, les compagnons de Louise durent lui faire un rempart de leur corps pour lui éviter d'être lapidée ; ils ne purent éviter les injures, les crachats et la chanson reprise en chœur par un groupe d'étudiants catholiques : *C'est la Mère Michel qui a perdu son chat !* En revanche, alors qu'elle avait un pied sur la marche du wagon qui la ramenait en France, des femmes du peuple lui offrirent des œillets rouges et embrassèrent le bas de sa robe noire.

En septembre, elle accepta, après mûre réflexion, d'aller tenir à Versailles une réunion qui avait un fort relent de défi, voire de provocation. Elle s'était mis en tête d'aller s'incliner sur les lieux d'exécution des communards, comme elle l'avait déjà fait à Satory et devant le mur des Fédérés, au Père-Lachaise. La police évita de peu une bagarre générale.

Mise en appétit par cette ambiance tumultueuse qu'elle affrontait comme les tempêtes de Calédonie, elle décida d'aller prêcher la bonne parole dans cette terre d'évangélisation : la Bretagne. Clemenceau tenta de l'en dissuader :

— Louise, c'est plus qu'une démarche inutile : c'est une dangereuse sottise. Je connais bien ces gens : ils vont vous écharper. Pour eux, vous êtes l'ennemie à abattre !

Elle avait gardé en mémoire l'image des redoutables mobiles bretons conduits par Trochu dans la défense de l'Hôtel de Ville, ces rudes gars blonds aux yeux bleus, prêts à tirer sur la foule et à se sacrifier plutôt que de désobéir aux ordres. Elle voulait les voir de près, les affronter, savoir de quel métal ils étaient faits, connaître les raisons de leur obéissance inconditionnelle.

Alors qu'elle venait de se décider, Clemenceau revint à la charge, criant qu'il avait déjà prévu les termes de son éloge funèbre. Sagement, elle renonça :

— Vous avez raison, Georges. Inutile d'aller si loin pour affronter la bêtise humaine. On la trouve à tous les coins de rue, à Bruxelles comme à Paris…

Elle assistait, de temps à autre, à des rencontres entre anarchistes, qualifiées de « réunions familiales ». Elles avaient lieu soit dans l'arrière-salle d'un bistrot, soit chez un camarade, parfois, par beau temps, sur un bord de Seine. Elle ne trouvait là que des groupes de dimensions modestes mais soudés par une volonté politique sans faille. On y préparait par la parole le « Grand Soir », la Révolution universelle. On évoquait avec émotion les événements du 1er mai, en Amérique, où des syndicalistes avaient été condamnés à mort, et le mouvement socialo-anarchiste qui se développait en Russie, où les idées révolutionnaires germaient sous une pluie de sang et les galops de la cavalerie cosaque.

Elle apprit, au cours de ces rencontres, une chanson, *La Dynamite*, qu'elle fredonnait sur le chemin du retour :

Nos pères ont jadis dansé
Au son du canon du passé
Maintenant, la danse tragique
Veut une plus forte musique
Dynamitons ! Dynamitons !

C'est au cours d'une de ces « réunions familiales » qu'elle rencontra quelques jeunes anarchistes qui avaient par avance fait le sacrifice de leur vie à la cause : l'ouvrier teinturier François Claudius Koenigstein, originaire de Saint-Chamont, qui se faisait appeler Ravachol, Auguste Vaillant, natif de Mézières, qui avait exercé diverses professions et sortait de prison pour vol et mendicité, Émile Pouget, syndicaliste originaire de l'Aveyron, journaliste par haine de l'armée et anarchiste « par désillusion », Émile Henry, né en Espagne, fils de communard et employé de commerce... Ils avaient un point commun : un esprit porté à la chimère, allié à une abnégation inconditionnelle.

Entre une tasse de café et un verre d'absinthe, ils entonnaient en chœur la *Chanson du père Duchesne* :

Si tu veux être heureux
Nom de Dieu !
Pends ton propriétaire
Coup' les curés en deux
Nom de Dieu !

Retour de son exil à Londres et à Bruxelles, Jules Vallès avait de nouveau plongé dans le combat révolutionnaire. Louise l'avait rencontré à l'occasion des obsèques d'Auguste Blanqui, en compagnie de Rochefort. Apprenant qu'elle se mêlait aux anarchistes qu'il n'aimait guère, il lui avait dit d'un ton rogue :

— Je ne te suis plus, Louise. Tu vas trop loin. Je te défendrai, quoi qu'il arrive, mais sache que je condamne ces illuminés qui ne rêvent que de dynamiter la société au lieu de la combattre avec les armes de la pensée. J'exècre l'assassinat politique sous toutes ses formes. Il suffit de lire mon journal, *Le Cri du peuple*, et mon livre pour s'en convaincre. Je ne crois pas que le salut des pauvres tienne à la mèche d'une bombe. Nous avons livré trop de batailles au grand soleil pour accepter ces excès de l'ombre…

La mère de Louise trouvait ce changement de domicile à son goût. De la fenêtre de sa chambre, elle apercevait la colline de Montmartre où se développait un immense chantier : celui de la basilique destinée à honorer la mémoire des victimes des communards, ce qui soulevait des vagues d'indignation dans la gauche révolutionnaire. Ses chats sur les genoux, elle mâchonnait ses souvenirs du temps de l'école de la rue Houdon, quand Montmartre avait encore l'apparence d'un village et Louise celle d'une grande fille sage qui ne se mêlait pas trop encore de politique.

Louise accueillait fréquemment, rue Polonceau, des prisonniers libérés ou des compagnons sans logis traqués par la police. Ils mangeaient à sa table, dormaient sur un matelas jeté sur le parquet, repartaient pour laisser la place à d'autres exclus.

Marianne bougonnait entre ses gencives nues :

— Quand cesseras-tu de m'amener ces mendiants et ces crapules ? Ils mangent notre pain et sentent mauvais. Si tu entendais les voisins…

Lorsque sa fille se trouvait en déplacement en province ou que la police l'hébergeait, elle dictait à une voisine, Mme Biras, qui l'avait prise en pitié, des lettres incohérentes. Incarcérée pour six ans à la prison de Clermont, dans l'Oise, Louise eut du mal à laisser croire à sa mère qu'elle se reposait dans une résidence agréable, entourée d'un grand jardin plein d'oiseaux et de fleurs, et qu'elle en sortirait bientôt. Ce qu'elle voulait lui cacher, d'autres s'attachaient à le lui révéler en envoyant des crieurs de journaux sous sa fenêtre, afin de lui donner indirectement des nouvelles de la prisonnière. Comme Marianne était un peu sourde, ces révélations lui échappaient. À défaut d'agresser la vieille dame qui ne bougeait plus de son fauteuil, de bonnes âmes s'en prirent à Mme Biras : un jour, retour du marché, elle se fit accoster par des inconnus qui la laissèrent pantelante sur le trottoir au milieu de ses légumes.

L'emprisonnement fut épargné en partie à Louise, car elle avait été victime d'une manifestation qui avait dégénéré. Le 9 mars 1883, le syndicat des menuisiers avait invité les chômeurs à un rassemblement suivi d'un défilé qui, de la Bastille, devait se diriger vers le boulevard Saint-Germain. En cours de route, il se grossit d'autres mécontents et de loustics prêts à faire du tapage et à piller quelques boutiques, si bien que le cortège prit des allures de grande manifestation populaire. Aux alentours de la place Maubert, les manifestants se trouvèrent face à un barrage de policiers en tenue.

En tête du défilé, Louise Michel et Émile Pouget. Tenant chacun le drapeau noir de l'anarchie, ils menaient la manifestation d'un pas ferme, portés par le grondement des chants révolutionnaires montant d'un bout à l'autre de la marée humaine. Lorsque la police chargea, le cortège se défit, la plupart des manifestants se dispersant dans les rues voisines. Presque seuls, Louise et Pouget s'éclipsèrent en direction de Saint-Germain. Alors qu'ils se trouvaient rue des Canettes, des éléments du dernier groupe qui les accompagnait dans leur fuite pénétrèrent dans une boulangerie proche de la rue du Four, exigèrent du pain et se livrèrent au pillage et au saccage.

Des témoins affirmèrent par la suite avoir aperçu une femme en noir, une meneuse, brandir un pain en criant : « Vive la Sociale ! » au milieu d'un groupe qui venait de saccager, place Saint-Sulpice, une boutique d'articles de piété, en hurlant : « Du pain, du travail ou des balles ! »

Elle parvint à s'arracher à l'émeute et à regagner son domicile sans être inquiétée. Apprenant que Pouget et une poignée de leurs sympathisants n'avaient pas eu cette chance, elle résolut d'aller se livrer à la Préfecture de police. On l'accueillit avec des sarcasmes et des rires :

— Vous prétendez être Louise Michel ? Moi, je suis le président Jules Grévy !

Éjectée de la Préfecture, elle revint à la charge sans plus de succès. On lui rit au nez :

— Tiens, revoilà notre folle ! Ma bonne dame, notre chef ne peut vous recevoir, mais si vous voulez lui laisser un mot… On vous fera signe.

Elle jeta sur le registre qu'on lui tendait son identité et les motifs de sa démarche et disparut, la rage au cœur. Le lendemain, elle fit paraître dans la presse son nom et son adresse, en invitant la police à venir l'arrêter. Ce qu'elle ne manqua pas de faire.

Conduite, menottes aux poignets, au commissariat le plus proche, Louise ne put nier sa participation au défilé, non sans se défendre d'avoir incité au désordre.

— Pourquoi avoir brandi le drapeau noir ? lui demanda le commissaire. Il me semble que c'est celui de l'anarchie plus que celui des syndicats…

— Parce que, répliqua Louise, c'est le seul drapeau sous lequel, désormais, puissent se ranger les misérables privés de travail et de pain. Dois-je vous rappeler que c'est celui qui a guidé les canuts lyonnais dans leur révolte, il y a cinquante ans ?

— D'ordinaire, c'est le drapeau rouge que l'on brandit dans ce genre de manifestation.

— Sans doute, monsieur le commissaire, mais le drapeau noir est celui de l'ombre, de la misère, des esclaves, des enfants perdus de la société. Le drapeau rouge ne fait plus peur à personne et ne convient plus à nos idées.

Lorsque le commissaire, se référant à certains témoignages, l'accusa d'avoir incité au pillage de la boulangerie, elle regimba : cette initiative n'était pas de son fait. Les chômeurs, à bout de ressources qu'ils étaient, avaient pris le pain où il s'en trouvait.

— Monsieur le commissaire, vous auriez fait de même si vos enfants étaient sur le point de mourir de faim ! Relisez les romans de Victor Hugo : *Claude Gueux* et *Les Misérables*. Vous apprendrez que voler du pain ne peut être tenu pour un crime.

Une perquisition au domicile d'Émile Pouget avait permis de l'inculper de complot contre le gouvernement. On avait découvert une importante livraison d'un pamphlet antimilitariste qui énumérait les mesures à observer par les soldats en cas d'insurrection : incendier les casernes, faire des brûlots avec des matelas, des réserves de paille et de foin, faire exploser les conduites de gaz, massacrer les officiers et marcher contre les forces de l'ordre…

Lorsque Louise, qui avait refusé le service d'un avocat, Émile Pouget et quelques complices comparurent devant les assises de la Seine, le président s'étonna de l'activité politique de la prévenue :

— Vous prenez donc part, madame, à toutes les manifestations de ce genre ?

— Hélas, oui, répondit Louise. On me trouve toujours du côté des malheureux.

— Vous avez éclaté de rire pendant qu'on pillait des boutiques. Des témoignages en font foi.

— Je le nie, monsieur le Président. Qu'est-ce qui aurait pu provoquer mon hilarité ? La misère et la colère du peuple n'ont rien de risible. Ce ne sont pas des voleurs de pain que l'on poursuit aujourd'hui, mais des idées et des symboles. Vous voulez à tout prix étouffer l'anarchie, mais vous n'y parviendrez pas. Vous m'avez reproché de montrer de l'insensibilité ? J'ai vu tant de souffrances et d'injustice durant la Commune qu'il en faudrait bien davantage que le vol de quelques livres de pain et quelques bris de vitrines pour m'émouvoir. Nous sommes, dit-on, en république, mais ce n'est pas la République. On nous parle de liberté, mais on punit ceux qui veulent en profiter. Le peuple n'a même plus le droit de dire qu'il a faim ! Eh bien, moi, ce droit, je le prends et je brandis le drapeau noir.

Elle reprit d'une voix plus calme :

— Tel est mon crime, messieurs. Vous le jugerez comme vous l'entendrez. Dites-vous bien que, si l'anarchie gagne du terrain, c'est qu'il y a de plus en plus de gens écœurés par le triste spectacle que nous donne le gouvernement. Vous me reprochez de faire figure de chef ? Je récuse ce jugement, car tout chef est en passe de devenir un despote. On me reproche d'être ambitieuse ? Si je le suis, c'est pour mes frères…

Le verdict fut sévère : six ans d'emprisonnement à Saint-Lazare, puis à Clermont, au nord de Senlis. Rochefort réagit violemment dans son journal, *L'Intransigeant* : *Cette femme qui est le dévouement, la loyauté, l'honneur même, va, de par la volonté de M. Waldeck-Rousseau, notre ministre de l'Intérieur, subir sa peine au milieu de misérables qui, eux, ont volé et tué !*

Louise avait refusé, par fierté autant que par défi, toute mesure de grâce personnelle. Ses amis intervinrent pour obtenir sa libération, en vain. Ils lui rendirent visite, lui apportèrent ce qui lui manquait le plus : du papier, de quoi écrire, du café dont elle faisait une grande consommation. Clemenceau obtint qu'on la laissât s'absenter de temps à autre pour se rendre au chevet de sa mère. La renommée de la détenue touchait à la célébrité. Victor Hugo avait composé pour elle un poème : *Viro Major.*

La santé de Marianne empirait de jour en jour. Il lui venait encore des accès de lucidité qui lui permettaient de dicter à Mme Biras des lettres pour sa fille. Elle lui écrivit un jour :

> *Écoute bien ce que je vais te dire et tâche de t'en souvenir. Ne me reparle jamais de la journée du 18 mars, qui nous a été fatale... Il faut que tu sois folle pour oser croire que je peux t'approuver. Pour ton procès, ce n'est plus la même chose : tu as été forcée. Tu peux t'attendre à quelque chose de beau si, quand tu seras de retour à la maison, tu me ramènes tes voyous. Le premier de ces mendiants qui viendra, je te le jette à la rue la tête la première, tu verras...*

Le 18 mars auquel Marianne faisait allusion était le jour où, à Montmartre, les factieux avaient massacré les généraux Lecomte et Thomas.

Le régime de Clermont était plus rigoureux que celui de Saint-Lazare. Les détenus ne pouvaient correspondre qu'avec leurs proches, et leur courrier passait par les mains du directeur. Les visites n'avaient lieu qu'une fois par semaine et ne concernaient que la famille. Louise se pliait sans rechigner à cette discipline, si bien que le directeur, prévenu contre elle, n'en croyait pas ses yeux. À croire, disait-il, que le diable s'était fait ermite...

La vérité, peu à peu, se faisait jour sur l'affaire de la rue des Canettes. Rochefort avait découvert que l'émeute était l'œuvre de la police placée sous la direction de Camescasse, remplaçant d'Andrieux. C'est un nommé Bruelle qui avait été chargé de l'organiser, avec quelques acolytes armés de cannes plombées destinées à briser les vitrines.

Le journaliste lui avait montré, alors qu'elle n'avait pas encore quitté Saint-Lazare, un poème que lui avait dédié Verlaine :

Elle aime le pauvre âpre et franc
Ou timide ; elle est la faucille
Dans le blé mûr pour le pain blanc
Du pauvre, et la sainte Cécile
Et la muse rauque et gracile
Du pauvre, et son ange gardien
À ce simple, à cet indocile
Louise Michel est très bien...

Louise, l'ayant lu, se demanda combien le « Pauvre Lélian » avait dû absorber de verres d'absinthe pour accoucher d'aussi mauvais vers. Rimbaud, qu'elle avait croisé dans les allées de la Commune, aurait sans doute fait mieux…

Elle faisait bon ménage avec les religieuses auxquelles la liait la même volonté de célibat et de prosélytisme. Ces braves filles n'avaient pas tardé à constater que la « sultane anarchiste », comme l'avait surnommée l'avocat général au cours du procès, n'était pas la tarasque qu'on leur avait dépeinte dans la presse bourgeoise.

Le directeur de la maison centrale de Clermont était un vétéran des troupes versaillaises. Amputé d'un bras, il s'était dit qu'il allait en faire voir de cruelles à l'une des plus célèbres pétroleuses de la Commune, mais il s'était heurté au stoïcisme olympien de Louise : elle décourageait les insultes, les menaces, les brimades des gardiens et des droit-commun. Toutes proportions gardées, cette prison était à Saint-Lazare ce que l'île Nou était à Bourail, en Calédonie : une sorte de bagne. Lorsque Louise écrivait à sa mère, elle prenait soin de découper l'en-tête du papier à lettres et lui laissait croire qu'elle se trouvait encore à Saint-Lazare, au milieu des fleurs et des oiseaux. Clemenceau rendait visite, plusieurs fois par semaine, à la vieille dame, et Rochefort veillait à ce qu'elle ne manquât de rien. Louise vivait sa détention de révolutionnaire sous la protection de ces anges tutélaires : un bourgeois et un aristocrate…

Un matin de janvier, le directeur de la prison de Clermont fit appeler Louise : il avait reçu un courrier de Georges Clemenceau lui demandant d'annoncer à la détenue que l'état de santé de sa mère s'était brusquement aggravé, et d'intervenir auprès du ministre pour une libération provisoire.

— Ça n'a pas été facile, ajouta le directeur. Cette requête est allée jusqu'à la présidence de la République, qui a donné son accord. Vous pouvez donc vous préparer à partir. Il va sans dire que vous serez accompagnée et surveillée.

Lorsque Louise arriva rue Polonceau, elle trouva sa mère à l'agonie.

— La pauvre..., soupira Mme Biras, elle va passer sans tarder, mais elle ne souffre pas, à ce que m'a dit le docteur Clemenceau.

Louise s'agenouilla au chevet de la moribonde, lui prit la main, la couvrit de baisers. Cette main sillonnée de grosses veines violâtres, mais aux doigts longs et fins, lui rappelait celles de la *servante au grand cœur* dont parle Baudelaire. Il ne lui vint pas une larme et peu de paroles ; en présence d'une mort naturelle, la douleur reste muette. En revanche, Mme Biras faisait montre d'une loquacité indécente : Marianne réclamait sa fille dans ses moments de lucidité, l'appelait au milieu de la nuit, disant qu'elle voulait se lever pour la rejoindre...

— Elle ne pensait qu'à vous. Elle vous aimait plus que je ne saurais le dire…

Marianne Michel s'éteignit le 3 janvier de l'année 1885, à l'aube, ses yeux morts tournés vers la fenêtre où, à travers un brouillard de neige, se profilaient les premières structures du Sacré-Cœur de Montmartre. Louise réprima un sanglot en abaissant ses paupières et fit appeler Clemenceau par un des policiers chargés de sa surveillance.

On laissa Louise à son domicile le temps des obsèques, tout en lui interdisant d'y assister. Elle régla quelques affaires, chargea Mme Biras de distribuer aux pauvres les frusques de la morte et ses chats à des voisines compatissantes.

Sa permission achevée, on raccompagna Louise à Clermont, et soudain, alors qu'on l'avait crue insensible à la perte qu'elle avait éprouvée, elle se comporta d'une manière étrange : elle monologuait dans sa cellule, s'accrochait à la grille en hurlant, parcourait la cour, durant les promenades, à grandes enjambées, comme si éclataient en elle une douleur et une colère longtemps contenues.

On la reconduisit à Saint-Lazare dans un état second, entre prostration et révolte. Elle eut connaissance par une codétenue, à son arrivée, d'un article que Vallès lui avait consacré dans *Le Cri du peuple*, à la suite de son incarcération à Clermont. Il avait écrit : *Personne ne regarde Louise Michel, cette sainte, comme une coupable. On sait bien et l'on dit tout haut, chez ses adversaires comme chez nous, qu'on a commis un crime en la condamnant avec tant de cruauté.*

Dans sa nouvelle cellule de Saint-Lazare, entourée de religieuses compatissantes, Louise se souvint des propos qu'elle avait tenus aux indigènes de Calédonie, alors que le bateau pour Sydney se trouvait à quai : elle reviendrait, elle fonderait des écoles dans la brousse, ils pouvaient compter sur son amitié et sa fidélité… Cette idée revenait la hanter ; elle s'en ouvrit à Clemenceau qui cacha un sourire derrière sa main et lui dit :

— C'est une promesse qui vous honore, Louise, mais encore faudrait-il que vous fussiez libre. Je ne désespère pas de fléchir le président Grévy. Je dois m'en entretenir avec lui la semaine prochaine.

— N'en faites rien, répliqua Louise, je vous en conjure. Cette grâce particulière, je la refuse. Qu'on me laisse finir mon temps. D'ailleurs je suis à l'aise dans cette prison. Je travaille dans le calme à mes travaux d'écriture : mon roman, *Les Paysans*, qu'il me faut terminer, les contes et légendes de Nouvelle-Calédonie, que je rassemble dans un recueil, mes Mémoires dont j'ai entamé la rédaction…

— Vos Mémoires, Louise ?

— J'ai des choses à raconter sur mon enfance à Vroncourt : le château des Demahis, le vieux piano dont j'ai encore la sonorité dans l'oreille, les gens et les bêtes que j'aimais… Et puis mon apprentissage de la vie, de l'enseignement… Et enfin la Commune… Je n'ai guère de temps à consacrer à la nostalgie des îles. Je ne me pardonne pas d'avoir trahi les promesses faites aux indigènes, mais qu'y puis-je ? Je suis entraînée par le présent comme dans un torrent…

C'est à Saint-Lazare que lui parvint une nouvelle qui la bouleversa : la mort de Jules Vallès.

Elle n'avait pas toujours partagé ses idées, méfiant qu'il était envers les idéaux utopiques de la Commune, et adversaire de la violence, mais il n'avait cessé de vouer à sa compagne une indéfectible amitié et ne lui avait jamais mesuré son appui dans les pires circonstances. Son journal, *Le Cri du peuple*, écrivait en annonçant sa mort : *La Révolution a perdu un soldat et la littérature un maître*. Elle se promit de lire ou de relire ses romans, où il apparaissait sous le pseudonyme de Jacques Vingtras.

Rochefort lui parla des obsèques auxquelles il s'était fait un devoir d'assister :

— Cent mille personnes au moins étaient présentes, Louise ! Un immense cortège entre son domicile du boulevard Saint-Michel et le Père-Lachaise. Et ces gens en larmes… Tous ses amis étaient là. Il ne manquait que toi…

Il lui parla de Victor Hugo qui, à la suite d'une attaque

cérébrale, allait fort mal, au point que ses médecins avaient abandonné l'espoir de prolonger une existence déjà fort longue. Louise ne l'avait pas rencontré depuis son retour d'exil en Calédonie.

— Il a quatre-vingt-trois ans, Louise. Souvenez-vous : *Ce siècle avait deux ans...*

— ... *Rome remplaçait Sparte...* Ce poème, je pourrais vous le réciter par cœur...

Les obsèques de Jules Vallès avaient été suivies par une foule importante ; les funérailles de Victor Hugo furent grandioses. Tout Paris était présent pour contempler le catafalque placé sous l'Arc de triomphe, entre de grandes tentures tricolores. La République, pour cet événement national, avait allumé tous ses lampions, sorti tous ses drapeaux, fait éclater des fanfares funèbres tout le long du cortège. La ferveur populaire avait tourné à l'hystérie. Louise n'en eut que des échos de sa prison de Saint-Lazare et des nouvelles que par la presse. Elle ne pouvait oublier la complaisance dont le grand poète avait fait preuve en encourageant ses balbutiements littéraires, en répondant aux lettres griffonnées dans la fièvre de l'adolescence. Elle ne pouvait oublier non plus la décevante promenade en fiacre au cours de laquelle l'amant putatif avait percé sous le poète.

Lorsque le directeur de Saint-Lazare vint, avec un large sourire, lui annoncer qu'elle était libre, il ne s'attendait pas à l'entendre répliquer :

— Libre, je n'accepterai de l'être que si mes compagnons le sont aussi. Le sont-ils ?

— Cela ne tardera guère, semble-t-il.

— Alors j'attendrai. Je considère comme une indignité toute grâce personnelle.

— Il faudra bien, pourtant, que vous vidiez les lieux. J'ai besoin de votre place pour une autre détenue.

Il fallut l'intervention de deux solides gardiens pour l'extraire de sa cellule. Elle se débattit, brandit son coupe-papier, tandis que les religieuses appelées en renfort rangeaient prestement ses paperasses, ses vêtements et ses godillots de curé dans des caisses en carton et des valises. Elle se retrouva sur le trottoir, le feu aux joues, dans l'attente du fiacre que le directeur avait fait appeler. Peu à peu, sa fureur de femme violentée faisait place à une griserie profonde face au mouvement et aux bruits de la rue. Elle se répéta qu'elle était libre, LIBRE ! Personne ne l'attendait et elle n'attendait personne. Le monde était à prendre.

L'espace qu'elle investit était modeste : les quatre murs de l'appartement de la rue Polonceau, où sa mère était morte et auquel la rattachaient des souvenirs de tristesse et de joie. Comparé à sa cellule, il lui parut immense. Elle y retrouva avec émotion les paillasses roulées dans les coins, dans l'attente des « voyous » que sa mère exécrait, la trace de sang mal effacée qu'avait laissée contre le mur un compagnon de misère tabassé par la rousse, les étagères ployant sous le poids des livres.

Elle s'en prit injustement à Mme Biras qui avait laissé s'accumuler la poussière et les crottes de souris, alors que cet appartement aurait dû être tenu comme un sanctuaire. La pauvre femme fondit en larmes en s'excusant de sa négligence.

— C'est à vous de me pardonner, dit Louise. Au fond, je n'ai rien à vous reprocher, d'autant que cet appartement…

Assise au bord du lit, elle balaya d'un geste large les pièces qui sentaient le pipi de chat et le moisi.

— … d'autant que je ne vais pas m'incruster là. Trop de souvenirs, vous comprenez, mauvais le plus souvent. Le moment est venu de faire le vide dans mes souvenirs.

Louise n'avait pas un sou vaillant et, de plus, devait une mensualité à Mme Biras, qui n'osa la lui réclamer. Une fois encore, Rochefort la tira d'embarras, lui donna l'argent de sa pension, plus une somme modeste, de quoi survivre un mois ou deux en comptant juste. Il lui trouva un petit appartement, au 91 de la rue nouvellement baptisé du nom de Victor-Hugo, et promit d'en régler le loyer.

— Que comptez-vous faire ? lui demanda-t-il.

Prisonnière d'une dramatique vacuité, elle s'interrogeait.

Allait-elle enfin honorer la promesse faite aux Canaques, Rochefort se montrant disposé à assumer les frais de la traversée ?

— À tout prendre, soupira-t-elle, c'est ici, en France, en Europe, que je pourrai être la plus utile.

— C'est la sagesse même, Louise. Vous avez devant vous une tâche énorme. Je suis convaincu que vous allez vous y donner tout entière. La France…

— C'est moins à la France que je pensais qu'à la Russie. À Saint-Lazare, nous en recevions des nouvelles par les journaux. C'est l'avenir du monde qui est en train de se dessiner là-bas.

— La Russie ! rugit Rochefort. Vous déraisonnez, Louise. À la moindre incartade vous seriez envoyée en Sibérie.

— La Sibérie, dit rêveusement Louise. Peut-être y retrouverais-je ma vieille compagne de la Commune, Élisabeth Dimitrieff…

— Vous seriez déçue. Votre amie a dû oublier la Commune. Elle est en train de se prélasser au milieu de ses moujiks, dans sa datcha de Volok.

Il posa ses mains sur les épaules de Louise.

— Cessez de tirer des plans sur la comète, ma chère. La France devrait vous suffire…

Rochefort avait raison.

La France frémissait comme à l'annonce d'un séisme de grande amplitude. Louise ne pouvait s'en distraire. À peine sortie de prison, le sol brûlait sous ses pas et elle retrouvait, à la moindre promenade dans Paris, les exaltations passées. On ne parlait que des scandales qui secouaient la République rongée jusqu'à l'os par la corruption : l'affaire de Panamá, la vente à l'encan des rosettes de la Légion d'honneur par le gendre du président Grévy, Wilson, les massacres d'indigènes dans les guerres coloniales, les fortunes colossales érigées sur l'imposture, les grèves, les attentats, la misère des classes populaires…

La situation des ouvriers empirait de jour en jour. Dix heures de présence dans les usines et sur les chantiers, des femmes embauchées sans limite de temps et souvent logées en dortoir comme du bétail, des enfants mis à la tâche sans souci de leur éducation… Les inspecteurs du travail intervenaient-ils ? leur dossier était classé sans suite. Les syndicalistes se permettaient-ils de hausser le ton ? ils étaient congédiés. Restait le recours aux grèves : on envoyait la troupe pour les juguler.

Le jour où la direction des usines de tissage de Fourmies, dans le Nord, décida, arbitrairement, de baisser les salaires de vingt pour cent, et de faire travailler les ouvriers un jour férié, ces derniers se mirent en grève. Réplique du patron : l'annonce de mesures de répression. Quatre compagnies d'infanterie vinrent occuper les lieux. Aux premiers cris séditieux, les soldats tirèrent sur la foule. Il y eut des morts, parmi lesquels des enfants qui revenaient de cueillir des aubépines.

Couvert par le ministre de l'Intérieur, Constans, ce drame souleva la colère de Clemenceau. Il s'écria, à la tribune du Parlement : « Il y a sur le pavé de Fourmies une tache de sang qu'il faut laver à tout prix ! »

Il en parla avec Louise. Elle avait son idée :

— Pour en finir avec cette république bourgeoise, une seule solution : dynamiter le Palais-Bourbon !

— Comme vous y allez ! Décidément, Louise, vous êtes incorrigible.

— Je le sais et je m'en flatte.

— Pourquoi, tant que vous y êtes, ne pas fusiller les députés acoquinés avec la droite ?

— C'est à envisager. J'ai appris dans la presse anarchiste certaines recettes pour confectionner des bombes. Vous-même me l'avez enseigné, souvenez-vous : les fameuses bombes d'Orsini… Depuis, les méthodes de fabrication des explosifs ont évolué. On utilise le fulmicoton, le mercure, la grenaille de fer… Suivez-moi un jour en banlieue, avec quelques amis anarchistes. Vous y assisterez à nos essais : de beaux feux d'artifice…

Il haussa les épaules, grommela :

— Vous rêvez trop, Louise.

— Et vous, Georges, pas assez. Vos belles paroles, à la Chambre, ne sont que du vent. La poudre, elle, laisse des traces.

« Il était temps que tu te réveilles ! »

Les autorités avaient jeté le voile sur le premier attentat perpétré naguère contre la statue de Thiers, endommagée par du fulminate contenu dans une boîte de sardines. Les anarchistes avaient été mis hors de cause : il s'agissait d'une provocation du préfet Andrieux. L'année suivante, une bombe avait éclaté dans un café de Lyon où perquisitionnait la police : elle avait fait un mort et quelques blessés. Cet attentat avait été suivi de quelques autres dans cette même ville qui semblait se proposer en exemple à la capitale. On avait arrêté une soixantaine d'anarchistes notoires, parmi lesquels un prince moscovite, Pierre Kropotkine. Un journaliste pris dans la nasse avait proclamé : *Les anarchistes sont des citoyens épris de liberté. Les seules limites qu'ils observent ne s'arrêtent que devant le respect des voisins...*

Les prévenus avaient subi de lourdes peines. Kropotkine n'avait purgé que deux ans de prison sur les cinq qu'on lui avait infligés. Il vivait à Londres avec sa famille et, par ses écrits, poursuivait le combat.

12

LES CHEVALIERS DE LA DYNAMITE

Louise écrivait. Elle y passait ses jours et une partie de ses nuits, sans renoncer pour autant à ses activités politiques.

Les Bouffes du Nord avaient présenté une de ses pièces, *Nadine*, qui n'avait pas obtenu le succès escompté. Le roman rédigé en collaboration avec Victoire Tinayre : *La Misère*, connaissait une vente honorable. Un autre ouvrage signé par les deux romancières : *Les Méprisées*, avait suivi, mais c'est Victoire qui avait assumé la plus grosse part du travail. Les *Légendes et chants de guerre canaques*, dus au seul talent de Louise, n'avaient eu qu'un succès d'estime. Quant aux *Paysans*, ils étaient toujours en quête d'un éditeur…

Les querelles qui opposaient Louise à Victoire avaient abouti à une rupture inéluctable.

— Tu te prends pour un écrivain, s'était écriée Victoire, mais tu es incapable d'écrire correctement. Tout ce qui coule de ta plume doit être réécrit. Tu ne fais que brasser des idées plus ou moins saugrenues !

— Si je comptais sur tes idées pour mener à bien un roman, répliquait Louise, nous serions à court d'inspiration depuis longtemps !

Elle rappelait à Victoire que Jules Verne s'était inspiré d'un de ses projets pour écrire *Vingt Mille Lieues sous les mers*.

De temps à autre, elle participait à des meetings. Celui du 3 juin 1886, qui se tenait au théâtre du Château-d'Eau, dans un quartier que Louise connaissait bien, faillit, une nouvelle fois, lui coûter sa liberté. Les sbires de Constans la menèrent en prison ; elle ne dut qu'à l'intervention de ses amis une remise de peine. Une autre réunion publique faillit tourner plus mal encore. Alors qu'elle pérorait dans la salle de l'Élysée, au Havre, un homme, Pierre Lucas, surgissant des coulisses, tira sur elle deux balles dont l'une l'atteignit à la tête, sans qu'on pût l'extraire, ce qui lui occasionna des douleurs lancinantes. Lors du procès que l'on fit à son agresseur, elle réclama sa grâce : « Ne le punissez pas : c'est un pauvre fou… » Louise était ainsi, pétrie de violence et de mansuétude. Le journaliste Léon Daudet disait d'elle : « C'est une sœur de charité en carmagnole. »

Sur dix tournées de conférences qu'on lui proposait, elle en retenait une ou deux. Il s'était créé autour d'elle une sorte d'aura mystique qui en faisait une sainte laïque. Elle parcourut les provinces, la Belgique, la Hollande… Présente à Vienne à l'occasion du 1er Mai, elle fut incarcérée durant deux mois avec quelques compagnons et, fidèle à ses principes, refusa la grâce personnelle qu'on lui proposait. On dut la jeter dehors.

La Bretagne l'obsédait de nouveau, avec cette vieille idée de revanche contre les mobiles de Trochu. En dépit des mises en garde renouvelées de Clemenceau, elle accepta, par pur esprit de provocation, la tournée de conférences qu'on lui proposait.

Rennes… Saint-Brieuc… Lorient… Ses partisans l'acclamaient à la moindre de ses apparitions et lui faisaient une escorte d'honneur, face à la multitude menée par des châtelains et des curés, qui l'injuriaient, lui jetaient des menaces de mort et la lapidaient. À Rennes, la bataille tourna à la guerre de siège : bloquée dans une baraque en planches en présence de quelques compagnons, elle fit face hardiment à la foule surexcitée et s'écria, campée sur le seuil :

— Vous êtes des centaines et nous sommes une poignée ! Oserez-vous nous attaquer ? Quand la Bretagne se ralliera à la révolution, nous nous souviendrons de cette journée qui n'est pas à votre honneur !

Alors qu'elle se trouvait à Hennebont, une vieille femme que l'on avait pris pour elle fut molestée par une foule hargneuse. À Lorient, lorsqu'elle s'y présenta, la ville semblait en état de siège. Louise apostropha un groupe de femmes en tenue bigoudène qui la harcelait :

— Vous avez des enfants, mes amies, leur cria-t-elle. Eh bien, sachez que, si nous sommes ici et que nous nous battons pour nos idées, c'est pour qu'ils deviennent des hommes libres !

Elles assistèrent au meeting qui se tenait en plein champ et l'écoutèrent sans broncher. Quand elle eut terminé, certaines de ces Bretonnes s'avancèrent pour l'embrasser.

Si Louise et Victoire Tinayre s'étaient rencontrées de nouveau après leur rupture, elles se seraient sûrement crêpé le chignon. Louise reprochait à Victoire de tirer la couverture à elle, de la traiter comme une moins que rien, de garder par-devers elle des ébauches de romans et des manuscrits de sa main ; Victoire ne supportait plus la prétention de son ancienne collaboratrice à se dire femme de lettres, alors qu'aucun de ses livres ne témoignait d'une évidente maturité littéraire.

Seule, avec en tête une multitude d'idées et la perspective d'une carrière romanesque, Louise perdit la raison. Elle fondait ses prétentions sur une logique qui n'apparaissait irréfutable que pour elle : elle écrivait et donc les éditeurs devaient la publier. À chacun sa tâche…

Elle se jetait dans la rédaction d'un roman comme on plonge dans une rivière sans trop savoir nager. Jour après jour, nuit après nuit, dans son petit appartement de la rue Victor-Hugo dont Rochefort, imperturbable, continuait à assumer les frais de location, elle se débattait éperdument, jusqu'au bout. Son manuscrit terminé, sans prendre la peine de le relire et de le corriger, elle se précipitait chez Fayard, Charpentier ou Ollendorf, déposait son « ours » sur le bureau directorial et lançait d'un ton péremptoire :

— C'est un livre qui devrait faire du bruit et bien se vendre. Il faut le publier sans tarder.

— Vraiment ? lui répondait-on. Pourquoi êtes-vous si pressée ?

— C'est que j'ai besoin d'argent pour vivre, figurez-vous ! Alors, une petite avance…

— Vous n'avez pas d'argent ? Et celui que vous tirez de vos conférences ?

— Pfuittt… Envolé ! Je le distribue à des amis qui sont plus à plaindre que moi.

Elle entra un jour comme une tornade dans le bureau d'Excoffon qui, quelque temps avant, avait publié un de ses romans. Appuyée des deux mains sur le bureau, elle lui lança :

— Je viens de faire une tournée chez les libraires. Pas une seule de mes œuvres ne figure en vitrine !

Excoffon blêmit devant la charge et protesta mollement : le livre avait été distribué normalement, et…

— La vérité, s'écria la furie, c'est que vous sabotez mon travail, que vous n'aimez pas ce que j'écris, que mes opinions vous dérangent ! Alors, pourquoi me publiez-vous ? Je vais vous le dire : parce que vous comptez sur ma notoriété plus que sur mon talent ! Eh bien, répondez, Excoffon !

Il ne répondit rien, persuadé que, quoi qu'il eût pu dire pour sa défense, elle l'eût réfuté et lui eût peut-être jeté son encrier au visage.

Elle dit à l'éditeur Ollendorf, en déposant un recueil de poèmes sur son bureau :

— Je me contenterai d'une avance modeste. J'ai besoin de cet argent, non pour moi mais pour une parente dans le besoin.

— Des poèmes, madame… Des poèmes… Qui cela peut-il intéresser ?

— Hugo les aimait beaucoup. C'est lui qui m'a suggéré de les faire publier. Il en aurait fait la préface.

— Soit, madame. Cependant…

— Vous n'en voulez pas ? Eh bien, je vais les porter à Lemerre. Il les publiera, lui…

Lemerre ayant repoussé cette proposition, Louise alla présenter le manuscrit d'un roman à Arthème Fayard, qui avait déjà publié des œuvres écrites en collaboration avec Victoire Tinayre. L'éditeur feuilleta la liasse, lut quelques pages, soupira :

— Ma chère, ce manuscrit est illisible. Il est farci de fautes d'orthographe et de syntaxe, avec une ponctuation déplorable et l'absence de majuscules. C'est décourageant. Pourquoi ne prenez-vous pas le temps de vous relire et de réécrire au propre, comme vos confrères ?

— Ce manuscrit ne vous plaît pas, cher monsieur. Eh bien, nous allons lui faire un sort !

Elle lui arracha le manuscrit des mains et le jeta dans la cheminée où les flammes le dévorèrent.

— C'est insensé ! s'écria Fayard. Je n'ai pas dit que je refusais de vous publier, mais simplement qu'il fallait réécrire cet ouvrage au propre. Au moins avez-vous gardé un brouillon, des notes ? L'idée était originale, et…

— Pas de brouillon, pas de notes ! Après tout, je m'en fous ! J'ai d'autres ouvrages en train. Vous ne tarderez pas à regretter vos réserves…

Louise parlait dans les provinces et les bombes éclataient à Paris. C'étaient les mêmes idées, mais exprimées sous des formes différentes.

La police avait arrêté Koenigstein, alias Ravachol, que Louise avait rencontré jadis au cours des réunions anarchistes, en banlieue. Elle ne l'aimait guère : un visage aux traits délicats, au regard vif, mais toujours débraillé et affectant des airs populaciers. Il avait à son actif quelques délits de droit commun comme la fabrique de fausse monnaie et la contrebande d'alcool frelaté, dont il ne s'enorgueillissait pas mais qu'il ne niait nullement. À la décharge de cette tête brûlée, une hérédité suspecte.

À l'époque où Louise l'avait rencontré, il venait d'être renvoyé d'une entreprise de teinturerie, suite à une bagarre avec des collègues qui, se fondant sur son nom à consonance germanique, se plaisaient à le brocarder. C'est alors qu'il avait décidé de changer son patronyme pour se faire appeler Ravachol. Réduit au chômage et soucieux d'assurer la subsistance de sa famille, il vivait d'expédients, de vols principalement. Ses amis politiques disaient de lui :

— C'est un drôle de citoyen ! Fume pas, boit pas. À part la politique, ce qui l'intéresse, c'est la musique et la poésie. Passe son temps à lire…

Travaillé par une foi syndicaliste intense, il avait déclaré, lors d'une réunion d'hommes de peine : « Ce ne sont pas les machines qu'il faut détruire, car elles nous aident à gagner notre pain. Notre premier souci est de casser la gueule des patrons ! »

Que faire pour gagner sa vie sans dépendre d'une autorité supérieure ? Verser dans la délinquance et la clandestinité. Ravachol se lança dans la contrebande d'alcool, qu'il transportait sur lui, dans des poches hermétiques. Ça payait bien, pour peu de risques.

Alors qu'il séjournait dans la région de Saint-Étienne, il s'était épris d'une brunette aux yeux noirs, Bénédicte, qui partageait ses opinions. Il n'eut pas à l'arracher à son mari : elle était consentante. Il connut avec elle une grande passion, faite d'autant d'amour que d'idéologie.

Comme il fallait bien vivre, il se lança dans la fabrication de fausse monnaie, mais l'imitation était si grossière que le délit fut vite éventé. Il n'échappa à la prison que par manque de preuves et se rabattit sur une autre forme de délinquance : le pillage d'une tombe où l'on venait d'ensevelir une vieille baronne, ce qui ne lui rapporta que dégoût ; plus grave, l'assassinat d'un ermite cousu d'or qui lui eût assuré une existence fastueuse s'il avait pu échapper à la police qui guettait ses allées et venues. Il parvint à s'évader et à s'abriter en Espagne.

Louise se posait une question obsédante : qui était réellement Ravachol ? Un bandit, un idéaliste dévoyé ou un champion de ce qu'on appelait dans le milieu anarchiste la « reprise individuelle » ?

Ravachol avait mis à profit son séjour en Espagne pour se perfectionner dans la confection des explosifs. De retour en France, il se dit que le moment était venu de se distinguer dans cette spécialité. Son premier objectif : le commissariat de police de Clichy.

Il mit au point une machine infernale avec le produit de ses vols dans les carrières. Il bourra une grosse marmite de douze cartouches de dynamite, de quatre capsules de fulminate, combla les espaces libres avec de la grenaille, en laissant, pour l'allumage, des mèches dépasser du couvercle. Le commissariat de Clichy étant trop bien gardé pour qu'il pût y déposer son engin de mort, il décida que ce n'était que partie remise et alla le porter au domicile d'un magistrat qui avait condamné ses compagnons politiques. Il se trompa d'étage : l'engin ne fit que des dégâts et un blessé, qui n'était pas la victime escomptée.

— À la réflexion, dit-il, cet engin manquait de puissance. Je vais l'améliorer…

Pour qui cette nouvelle machine infernale, mélange de nitroglycérine, de salpêtre, de charbon en poudre, d'acide nitrique et sulfurique ? Pour la caserne de la Garde républicaine, proche de l'Hôtel de Ville. Opération réussie, sauf que, là encore, il n'y eut que des dégâts et pas de victimes.

Paris vivait dans l'angoisse et la police était sur les dents. Ravachol dut déménager à plusieurs reprises, changeant son nom en celui de Léger. La traque permanente à laquelle il était soumis ne l'empêcha pas de perpétrer un nouvel attentat à la bombe, cette fois contre un autre magistrat, Bulot. Pas de chance ! Là encore, il manqua son coup…

Ce dernier exploit accompli, vêtu comme un bourgeois, Ravachol-Léger s'en fut dîner au restaurant Véry, boulevard Magenta. Imprudence ou provocation ? il demanda au garçon de lui porter une feuille anarchiste, *Le Père Peinard.* Surprise du garçon : cette feuille était interdite ! Plus surprenant encore, ce drôle de client se mêla à la conversation d'autres consommateurs, proclamant sa haine de l'armée et approuvant les attentats qui faisaient trembler Paris.

À quelques jours de là, nouvelle visite de Ravachol au restaurant Véry. Il s'attable, passe commande. Le garçon, nommé Jules Lhérot, comme fasciné, reste le crayon en l'air.

— Eh bien, lui dit Ravachol, qu'avez-vous ?

— Mais rien, monsieur ! Nous avons dit : un poulet froid et une salade…

Il se dirige vers les cuisines en titubant, glisse un mot à l'oreille du patron qui demande à une serveuse d'aller prévenir la police. Lhérot, alors qu'il prenait la commande, avait remarqué que son client portait à la main gauche une cicatrice identique au signalement qu'en avait donné la presse. Il ne pouvait croire à une coïncidence, d'autant que ce personnage correspondait au portrait qui figurait dans les journaux.

Alors que Ravachol se lève pour se retirer, il a un sursaut : un commissaire de police accompagné de deux sergents vient de surgir. Il tâte ses poches pour y trouver son revolver, mais il n'a pas le temps de s'en servir : le commissaire lui a mis le sien sur la tempe. Il se débat comme un beau diable mais ne peut empêcher qu'on lui passe les menottes. En quittant l'établissement, il interpelle les passants :

— Vive l'anarchie ! Vive la Révolution sociale ! À bas la bourgeoisie !

Entraîné de force, roué de coups de matraque, il est conduit à la Conciergerie. Dans la presse, c'est du délire : elle fait ses choux gras de l'événement. Dans ce concert d'alléluias, une voix discordante : celle de l'écrivain Octave Mirbeau. Il écrit : *C'est la société qui a engendré Ravachol. Elle a semé la misère ; elle récolte la révolte. C'est juste. L'heure que nous vivons est celle du réveil populaire...*

Le restaurant Véry, à la suite de cet incident, est devenu le lieu le plus visité de la capitale, après les chantiers de la tour Eiffel et du Sacré-Cœur. Lhérot (le « héros », dit-on) pose pour les photographes, signe des menus contre quelques sous, trinque avec les clients, lit les lettres de félicitations qu'on lui envoie de France et de l'étranger et empoche l'argent qui parfois les accompagne. Une lettre anonyme l'a fait blêmir. Elle disait : *Notre malheureux frère a des amis. Ton compte est bon. Il sera réglé sous peu.*

À la Conciergerie, Ravachol joue les prosélytes : il explique aux gardiens, médusés, ce que sont les anarchistes et pourquoi il l'est devenu. Il n'a qu'un grief envers eux : ils font trop de bruit dans le couloir avec leurs godillots ferrés ; il leur suggère de porter des pantoufles.

Les magistrats instructeurs mirent les bouchées doubles : en moins d'une quinzaine, ils avaient réuni six cents documents à charge. Le procureur général demanderait la tête du condamné, mais elle ne lui était pas acquise d'avance, car les jurés vivraient ce procès dans la crainte des représailles. Le gouvernement observait la même réserve : Ravachol exécuté deviendrait un martyr qui crierait vengeance.

Le patron du restaurant Véry n'avait pas jugé bon de fermer son établissement. Il ne tarda pas à le regretter : une bombe y explosa et lui fracassa les jambes, ce dont il mourut. Paris, qui chansonnait le moindre événement, chanta *La Ravachole*.

Le jour fixé pour le début du procès, la capitale était en état de siège et la salle d'audience transformée en forteresse. Ravachol fit des aveux complets mais refusa de dénoncer ses complices, disant qu'il avait agi seul. Appelé à justifier les attentats contre les deux magistrats, il prétendit qu'il s'agissait de la vengeance d'un « défenseur de la société ». Des témoignages lui furent favorables : Ravachol était intelligent, sympathique, généreux ; il avait l'« âme d'un justicier »…

Le président bondit dans son fauteuil :

— Vous, un justicier ? Vous n'êtes qu'un chevalier de la dynamite !

Les avocats se livrèrent à de belles envolées de manches et de paroles pour démontrer que le coupable était en fait une victime de la société. Ravachol sauva sa tête : le tribunal le condamna à la détention à perpétuité.

Il en alla autrement devant le tribunal de Montbrison, dans la Loire, théâtre de ses premiers exploits criminels.

— J'ai vainement cherché pour vos actes, lança le procureur, des circonstances atténuantes et n'en ai pas trouvé. Vous ne méritez aucune pitié. Fils de Prussien, vous auriez pu vous faire naturaliser, mais vous ne l'avez pas fait. Maigre consolation : au moins, ce n'est pas la tête d'un Français qui tombera sous le couperet !

En fait, Koenigstein n'était pas d'origine prussienne mais hollandaise, par son père. Un détail qui échappa à tous. Les jurés suivirent les conclusions du procureur : la peine de mort.

Dans sa cellule, enchaîné comme un forcené, il rédigea son testament : *Je mourrai courageusement, sans rancune pour personne. Je ne regrette que les innocents morts à cause de moi. Je supplie mes amis de ne pas faire d'autres victimes…* Après avoir refusé son pourvoi en cassation, il se prépara sereinement à la mort.

Les chevaliers de la dynamite

Encadrée par deux compagnies d'infanterie, la guillotine fut dressée sur une place proche du palais de justice de Montbrison, le 11 juillet 1892. Au curé qui se présenta, le condamné riposta : « Je me fous de la religion ! » Lorsqu'on lui lia les mains, il lança en s'esclaffant : « C'est bien inutile, les gars ! Je vais pas m'envoler... » Durant son transfert jusqu'au lieu du supplice, il fredonna un chant révolutionnaire. Sur l'échafaud, il se proposait de haranguer la foule, quand le couperet lui coupa à la fois la tête et la parole.

13

THE FRENCH LADIES

Louise se trouvait à Londres, au début des années 1890, lorsque la vague des attentats déferla sur la France. Elle y vivait en exil volontaire, comme Hugo à Guernesey, et heureuse de sa décision.

En France, l'existence lui était devenue difficile et dangereuse. Elle était lasse de recevoir des injures, des crachats et des pierres. Inquiète des menaces de mort qui pleuvaient autour d'elle. Excédée par la surveillance constante de la police. Choquée par les propos équivoques de la presse bourgeoise qui écrivait : *Rien de plus singulier que de voir et d'entendre cette vieille femme en grand deuil, d'un extérieur de duègne, aux pommettes roses, débiter avec sa voix douce de sanglantes balivernes ! On dirait Sarah Bernhardt jouant Doña Sol au milieu d'une troupe de cabotins sans ouvrage…*

Ses attitudes vis-à-vis des événements ne laissaient pas de surprendre. Interviewée au sujet d'un problème grave : la séparation de l'Église et de l'État chère à son ami Clemenceau, elle avait déclaré : « Je suis contre cette loi car je ne reconnais ni l'Église ni l'État. Nous, anarchistes, apprenons au peuple à se passer de l'une et de l'autre. » Elle se réjouit publiquement en apprenant la défaite de l'armée au Tonkin, à Lang Son, qui avait entraîné la chute de Jules Ferry, lui interdisant du même coup l'accession à la présidence de la République.

— Partez pour l'Angleterre si cela vous tente, lui avait dit

Clemenceau, mais j'estime que vous avez tort. Votre place est à Paris…

À d'autres amis qui lui reprochaient cette décision, elle répondait :

— Il s'agit d'un exil *volontaire*. J'aurais pu choisir la Russie, les États-Unis, ou même de revenir en Nouvelle-Calédonie, mais ces voyages m'auraient fatiguée et, avec le mal dont je souffre – cette balle dans mon crâne –, je n'aurais pas tenu longtemps. Londres est plus proche et des amis m'y attendent. Le prince Pierre Kropotkine et Rochefort notamment…

L'incident qui l'avait incitée à prendre cette décision s'était produit au cours d'une conférence. La salle était surchauffée ; elle avait réclamé un verre d'eau qu'elle avait bu d'un trait, malgré son goût singulier. Quelques instants plus tard, elle devait s'interrompre, prise d'un malaise. Un policier chargé de la surveillance s'écria :

— Regardez cette pocharde ! Elle peine à tenir debout…

Elle fut conduite sous les lazzis de la foule au commissariat. Sur la main courante on écrivit : *Cette ivrognesse irresponsable a fait du scandale dans un lieu public.* On ne tarda pas à la relâcher, mais le mal était fait : certains journalistes se hâtèrent de proclamer que Louise Michel n'était pas la sainte que l'on croyait.

De retour à son domicile, un policier chargé de sa surveillance lui glissa à l'oreille :

— Restez sur vos gardes, madame. J'ai appris qu'un de mes collègues s'apprête à venir loger dans votre immeuble, avec une mission : y allumer un incendie et vous en rendre responsable, de manière qu'on vous enferme pour folie dangereuse.

— Je vous sais gré de cette révélation, dit Louise, mais qu'est-ce qui vous y a incité ?

— La haine de l'injustice et du mensonge, madame. Quand je vous regarde, il me semble voir ma mère…

Louise quitta Paris pour Londres en compagnie d'une jeune militante qui s'était attachée à elle depuis peu : Charlotte Vauvelle. Fille d'un typographe anarchiste réfugié en Angleterre, rien ne la retenait en France. Cette jolie femme, brune et mince, se vouait, dans l'orbe de son idole, à des tâches subalternes, comme « faire les entrées » des conférences, au risque de se faire agresser, ce qui d'ailleurs lui arriva à diverses reprises. Contrairement à sa compagne, Charlotte avait la tête froide et les pieds sur terre.

Les frais de leur voyage avaient été pris en charge par une mécène du mouvement anarchiste : Caroline Baudouin. Ses libéralités, s'ajoutant à celles de Rochefort qui avait fait à Louise une pension à vie, étaient les bienvenues : leurs finances se réduisaient à leur subsistance immédiate.

Caroline Baudouin avait rencontré Louise et Charlotte au cours d'une conférence à Levallois. Cette ancienne enseignante, anticléricale et érudite, devenue le modèle de son mari, artiste peintre de modeste renommée, consacrait une partie de sa fortune à aider le mouvement anarchiste. Louise et Caroline faisaient fréquemment appel à sa générosité et trouvaient toujours bourse ouverte.

Les deux exilées pourraient se loger gratis chez le père de Charlotte, qui n'occupait qu'une partie de son appartement d'East Dulivich avec son fils, Achille. Elles les verraient rarement, pris qu'ils étaient le jour par leur travail et une partie de leurs nuits par des réunions.

Louise, à peine débarquée à Victoria Station, consacra sa première visite à Rochefort, exilé lui-même, mais à titre de contumax : il était poursuivi pour avoir soutenu étourdiment le général Boulanger, cet ambitieux à tête creuse qui se croyait appelé aux plus hautes destinées politiques. Il vivait dans une superbe demeure de Clarence Terrace, un exil doré comparé à celui de la plupart des proscrits.

Informé de sa venue, il était allé l'attendre à la gare, vêtu comme un milord, et lui avait tendu une carte portant son adresse. Quand il la vit surgir, flanquée de Charlotte Vauvelle, accompagnée de porteurs chargés de ses bagages et de sa ménagerie, il eut un hoquet de stupeur : Louise avait renoncé à se séparer de son chien, de ses quatre chats et du perroquet dont elle avait fait la récente acquisition et qui, au moindre propos qu'on lui adressait, répondait : « Vive l'anarchie ! »

— Louise, dit-il sur un ton de reproche, qu'allez-vous faire de ces pauvres animaux ?

— Quelle question, mon ami ! Les garder avec moi, bien sûr. N'est-ce pas, Coco ?

— Vive l'anarchie !

Elle ajouta :

— Personne n'a trouvé incongru de me voir embarquer et débarquer avec eux. Les Anglais, à ce qu'on dit, aiment plus que nos compatriotes les animaux de compagnie. S'il vous plaît : veuillez régler les porteurs et le fiacre qui nous conduira à notre appartement. Nous n'avons que de l'argent français, et fort peu…

L'appartement d'East Dulivich comportait quatre pièces, dont deux, indépendantes, où logeaient le typographe et son fils. Côté Tamise, il donnait sur un entrepôt d'alimentation, d'où montaient des odeurs fortes accrochées au brouillard et drainées par la pluie. Un lamento de misère coulait du côté opposé, dans une rue peuplée de chômeurs, d'ivrognes, de prostituées, de femmes enceintes qui mendiaient, le ventre en avant, et exhibaient leur dernier-né, de galopins coupeurs de bourses, comme dans les romans de Dickens…

— Nous ne resterons pas longtemps là ! bougonnait Charlotte. Il faudra trouver à nous loger plus convenablement. Cela convient sans doute à mon père. Pas à moi !

Elles firent le ménage, traquèrent puces, punaises et blattes avec des solutions chimiques, retapissèrent les cloisons et se meublèrent à la brocante grâce aux subsides du marquis.

Louise avait dit à Rochefort :

— Je respire enfin. Ici, au moins, je n'ai rien à craindre de la police.

— Détrompez-vous, ma chère. Elle est partout. Il y a des « mouches » françaises jusque dans les bureaux de Scotland Yard.

Elle en eut la confirmation à quelques jours de là. Un garçon, qui se disait ami des anarchistes exilés, vint déposer à leur domicile un colis mal ficelé, disant qu'il s'agissait de brochures à caractère politique, dont un autre personnage viendrait prendre livraison. Intriguées, elles défirent le colis et y découvrirent non des imprimés politiques, mais un petit attirail de faux-monnayeur, qu'elles se hâtèrent de dissimuler dans la cave. Le lendemain, un policier vint frapper à leur porte : il avait été informé d'un trafic de fausse monnaie dans lequel deux dames françaises récemment débarquées étaient impliquées. Il demanda à visiter l'appartement, puis l'immeuble, en commençant par la cave, où il découvrit le pot aux roses.

— C'est un piège ! s'exclama Louise. On a voulu me faire payer mes opinions politiques !

L'aide de Rochefort, une fois de plus, lui fut précieuse. On la relâcha, à peine l'avait-on arrêtée, tant la ficelle était grosse. L'auteur de cette machination fut pris peu après et condamné à six mois de prison.

— Que cet incident vous incite à la prudence, lui dit le marquis. Vous n'êtes guère plus en sécurité ici qu'à Paris. Vos faits et gestes sont surveillés en permanence.

La générosité de Rochefort et de Caroline Baudouin n'étant pas sans limites, il fallut trouver des subsides, ne serait-ce que pour lutter contre l'ennui consécutif à l'inaction. Des conférences, des cours de dessin, de musique et de français à l'intention d'enfants de proscrits, leur permettaient de vivre chichement, mais l'argent partait aussi vite qu'il arrivait : il y avait toujours quelque misère à soulager, comme si les voyageurs de l'exil s'étaient donné le mot : révoltés de Barcelone, révolutionnaires italiens, indépendantistes cubains venaient fréquemment frapper à leur porte et repartaient rarement les poches vides.

Elles avaient pris, à quelque temps de leur débarquement, une mauvaise habitude : l'alcool. Louise pour atténuer ses douleurs crâniennes ; Charlotte pour tromper l'ennui qui commençait à la ronger. Il y avait toujours dans l'appartement d'East Dulivich une bouteille de gin ou de whisky qui ne faisait que passer…

Louise ne partageait pas les réserves de sa compagne quant à la vie qu'elles menaient. Elle aimait cette ville jusque dans les laideurs et la tristesse de ses spectacles : la Tamise lourde et brumeuse, parcourue d'embarcations aux flancs délavés, à l'aspect de vieilles ferrailles flottantes, les rues sinistres comportant peu de commerces, d'échoppes d'artisans, d'établissements publics, la noria bringuebalante des omnibus à étage... Dans les quartiers pauvres, l'exubérance ne faisait pas, comme à Paris, écho à la misère ; on n'y rencontrait pas la moindre réplique des gavroches et des poulbots qui brocardent les passants. Lorsque la nuit, telle une chape de plomb, tombait sur la ville, on errait dans les rues sombres comme à travers une nécropole hantée par les dangereuses créatures de l'ombre.

Vallès, qui détestait l'Angleterre, lui avait dit, parlant de sa cuisine :

— Un désastre, Louise ! De tout le temps que je suis resté à Londres j'ai gardé la nostalgie de celle qui nous est familière : bien *casserolée*. Quant aux dimanches anglais, ce sont des déserts : ils donnent des idées de suicide.

Il ne s'était diverti qu'à des spectacles violents, comme les matches de boxe, et à des visites au British Museum, où il avait passé des journées.

Louise avait mis dans ses projets une visite à Karl Marx, mais elle avait appris qu'il était mort quelques années auparavant, dans sa grande villa de Maitland Park. En revanche, Pierre Kropotkine était bien vivant. Désireuse de le rencontrer, elle lui écrivit et obtint un rendez-vous par retour du courrier.

Le train la déposa à la gare de Bromley, une localité du Kent proche de l'embouchure de la Tamise. Le cottage habité par la famille de celui qu'on appelait le « Prince noir » portait le nom de *Viola* à son fronton. Il était situé à l'extérieur de la ville, au milieu des champs de houblon. Elle s'y rendit dans une voiture de location. La grille ouvrait sur un jardin précédant une habitation de modeste apparence. Elle héla le jardinier occupé à tondre la pelouse, lui dit qu'elle avait rendez-vous avec le maître des lieux.

— Vous l'avez devant vous, lui dit Kropotkine.

De taille inférieure à la moyenne, trapu, chauve, doté d'une barbe broussailleuse, le prince avait piètre apparence, en dépit du regard pétillant d'intelligence derrière ses lunettes cerclées de fer. Il précéda Louise jusqu'au hall, appela son épouse, Sophie, une grosse femme aux allures de matriochka, aux yeux d'un bleu fané, qui déboucha dans le salon, porteuse du samovar.

— Nature ? Lait ? Citron ? demanda le prince.

— Citron, dit Louise.

— Vous avez fait le bon choix. Ce sont les barbares qui mélangent le lait au thé.

Un large sourire découvrit ses gencives veuves. Louise lui donnait soixante ans, mais il avait à peine passé la cinquantaine. En apparence, presque un vieillard. Il avait perdu ses dents à la suite d'une atteinte de scorbut consécutive à une longue captivité dans les geôles du tsar ; cela donnait à sa voix une lenteur et une tonalité singulières. Il parlait l'anglais à la perfection, mais avec un léger accent dont il semblait user comme d'une coquetterie.

En coupant les rondelles de citron avec minutie, il ajouta :

— Vous avez manqué de peu Errico Malatesta, le plus actif de nos amis politiques. J'ai d'excellents rapports avec lui, bien que je le trouve un peu exubérant. Il est originaire de Naples, ce qui peut expliquer ce bouillonnement d'énergie en lui.

Il s'essuya les mains à une serviette et se leva avec vivacité, bras ouverts, en s'écriant comme devant une apparition inattendue :

— Louise, je vous présente notre petite Alexandra ! Savez-vous qu'elle est pleine d'admiration pour vous ? Elle a dans sa chambre un portrait découpé dans une gazette, qui vous représente au cours d'une manifestation, debout et brandissant le drapeau noir…

L'adolescente ébaucha une génuflexion et s'assit près de son père sans quitter des yeux l'illustre visiteuse.

— Louise, ajouta le prince, il va sans dire que vous ne retournerez pas à Londres ce soir. Vous resterez ici… Si… si… j'y tiens. Nous avons tant de choses à nous dire. Vous coucherez dans la chambre d'ami, celle que vient d'occuper Malatesta.

— Pardonnez-moi, dit Louise. Ces vitrines… Vous permettez

que j'y jette un œil ? Je m'intéresse à l'histoire naturelle, tout comme vous. En Nouvelle-Calédonie…

— Je sais, dit-il. J'ai lu le récit que vous avez fait de votre séjour là-bas. Cela figure dans vos *Mémoires*, autant qu'il m'en souvienne…

Elle se leva, se dirigea vers la cloison entièrement meublée de vitrines et d'étagères, parcourut du regard les collections de papillons, d'insectes divers, de minéraux rares, d'articles d'artisanat rapportés par Kropotkine de ses explorations des lointains territoires de la Russie, dans sa jeunesse.

Il dit, en essuyant ses lunettes avec la serviette :

— Chacun de ces objets se rattache à un souvenir. Ces papillons reflètent la beauté du monde, ces minéraux en sont la mémoire, et ces objets témoignent de l'habileté des peuples primitifs.

Il ajouta avec un rire aigrelet :

— Malatesta me reproche de prendre trop d'intérêt au passé. Si je l'écoutais je jetterais au feu toutes ces reliques, mais je m'en garderai bien. Contrairement à lui, je ne vois aucune incompatibilité entre cette innocente lubie et mes activités politiques et sociales. Qu'en pensez-vous, Louise ?

— Je pense comme vous, Pierre. L'histoire de l'humanité est indivisible. Mais… qui est cette personne, dans ce cadre ?

— Ma mère, princesse de Smolensk. Jadis ma famille régnait sur la principauté de Kiev. Et aujourd'hui… aujourd'hui je ne suis qu'un vieux proscrit rabâcheur et misérable.

Sophie interrompit la conversation pour servir le thé.

Ils passèrent le reste de l'après-midi à converser autour d'une bouteille de vodka à laquelle Louise fit honneur. De temps à autre, Sophie se levait pour aller faire la causette avec un voisin, derrière le portail, et caresser les roses de l'allée. Le prince buvait son thé, tasse après tasse, avec un bruit de lèvres disgracieux, bâillait sans retenue, comme assailli par les prémices de la sieste. Louise se sentait mal à l'aise, sa douleur crânienne l'ayant reprise. Elle se disait : « Est-ce là le philosophe qui a écrit dans le journal d'Élisée Reclus,

La Révolte, qu'il fallait diffuser la propagande anarchiste par la parole et l'écrit, mais aussi par le poignard, le revolver et la dynamite, car *tout ce qui est illégal est bon pour la cause* ? »

Elle se souvint de ce que Rochefort, informé de ce projet de visite, lui avait dit :

— Kropotkine a mis beaucoup d'eau dans son vin. Il ne reste que peu de chose en lui de l'anarchiste pur et dur que j'ai connu. Il vieillit mal...

Kropotkine aimait parler, et sur les sujets les plus divers : de la situation de la société française notamment, qui le fascinait. Il s'était passionné pour la Commune, avait fréquenté à Paris, dans les années qui avaient suivi, les milieux révolutionnaires, mais se déclarait choqué par la vague d'attentats à la bombe qui secouaient la France. Il avait rangé dans son grenier poignard, revolver et dynamite, sans oublier la finalité de sa mission : répandre les idées révolutionnaires à travers le monde.

— Je vous concède, dit-il, que ces actions individuelles témoignent d'un certain courage, mais font-elles avancer nos idées ? Elles font peur, même au peuple. Croyez-vous qu'une poignée d'individus porteurs d'explosifs ont quelque chance d'ébranler des institutions enracinées depuis des siècles ? Ces conceptions du combat révolutionnaire sont erronées. C'est par l'écrit que nous remuerons les masses.

Plus qu'au mouvement anarchiste, auquel il avait consacré le meilleur de sa jeunesse, il croyait désormais à une forme un peu floue de syndicalisme révolutionnaire, auquel il s'attachait à donner des assises solides. Louise avait, en l'écoutant, l'impression de le voir flotter au milieu de courants contraires qui le projetaient vers une rive puis l'autre. Il avait jadis rompu avec l'Internationale pour chercher sa voie dans l'anarchie. Et voilà qu'il réprouvait la violence physique, principe de base du mouvement ! Seules certitudes au milieu de ces contradictions : son antimilitarisme et son attachement au peuple.

— Pas plus tard qu'hier, dit-il, je me suis pris de querelle avec Errico. Cet énergumène proclamait sans rire qu'il faudrait faire sauter la planète au nom de ses idées. Quand nous serons retournés au néant, il sera bien avancé ! Il convient en premier lieu de faire pénétrer la croyance en la révolution universelle dans la tête et dans le cœur des hommes, viser à l'instauration d'un royaume de Dieu…

Louise sursauta : *un royaume de Dieu* ! Elle avait cru mal entendre. Ce pauvre homme disait n'importe quoi. Elle aurait aimé en avoir le cœur net, mais il avait déjà sauté sur un autre thème de discussion.

— Notre mot d'ordre, Louise, doit être : ex-pro-pria-tion. Je parle d'une mesure générale contre les exploiteurs du peuple, les industriels qui préparent la guerre. Ex-pro-pria-tion…

Il martelait lentement le mot en frappant du poing sur son genou comme sur une enclume, pour se persuader lui-même que cette conception de la société future ne relevait pas de l'utopie. En bon théoricien de la révolution qu'il voulait être, il avait prévu tous les obstacles.

— J'en parlais récemment avec mon ami Bernard Shaw. Il m'a demandé comment je comptais financer cette expropriation. Je lui ai répondu : par le travail, le travail de tous. En échange des avantages que le nouvel ordre social leur procurera, les hommes valides devront s'engager à travailler cinq heures par jour, de vingt et un à cinquante ans. Pour un travail qu'ils auront choisi librement, cela va sans dire…

Éberluée, un peu noyée dans les vapeurs de la vodka qui avait succédé au thé, Louise bredouilla :

— Cela va de soi… bien entendu.

Kropotkine bascula de joie dans son fauteuil, tapota de la main le genou de sa visiteuse. Il paraissait tout illuminé d'enthousiasme et de vodka.

— Je constate avec plaisir, bredouilla-t-il, que nous nous comprenons. En revanche, je n'ai pu parvenir à convaincre Bernard Shaw. Les voisins devaient se demander si nous étions en train de nous battre tant nous mettions d'ardeur dans notre controverse. Il cherchait à me convaincre que son dernier ouvrage : *The Impossibilities of Anarchism*, était dans le vrai, alors qu'il s'agit d'une monumentale imposture ! Pour apaiser l'ambiance qui aurait pu tourner au tragique, Sophie nous a joué un morceau de Haendel au piano. J'adore le piano. J'en joue moi-même, depuis mon plus jeune âge. Chopin est mon musicien préféré. Je vous jouerai à la veillée quelques mazurkas.

— Nous jouerons à quatre mains, dit Louise.

Oubliant les motifs de sa querelle avec Bernard Shaw, sur laquelle Louise eût aimé le voir plus loquace, il lui parla, avec des sanglots mal étouffés, de sa famille, de sa mère qui régnait sur cinquante domestiques dans sa résidence de Kalouga, de son père qui faisait travailler au knout un millier de moujiks sur ses immenses terres à blé. Sa mère était une sainte et son père une brute ; il l'avait abandonnée pour une gourgandine…

Il ravala ses larmes, s'ébroua comme au sortir d'un orage, avala une gorgée de vodka et, ex abrupto, ajouta :

— En choisissant de vous réfugier en Angleterre, vous avez fait le bon choix, *my dear lady*. Lorsque j'y suis arrivé, il y a près de dix ans, le contraste était flagrant entre l'Europe livrée au désordre, et l'Angleterre où régnaient l'ordre, la tolérance et la démocratie. On respire dans ce royaume un air de liberté que vous chercheriez en vain ailleurs, sauf en Suisse, où j'ai longtemps séjourné, pauvre mais heureux, et où ma famille et moi subsistions avec les meubles que je fabriquais, comme ceux que vous voyez autour de nous…

Il se leva en titubant, ajusta ses lorgnons et alla se camper devant la porte ouvrant sur le jardin enveloppé d'une dentelle de pluie. Il murmura :

— Toute médaille a son revers, chère amie. Dans une société où règnent tolérance et démocratie, il est difficile de manifester des opinions destructrices. Beaucoup de nos amis, qui sont arrivés à Londres la rage aux dents, sont aujourd'hui subjugués par le travaillisme. L'anarchie a perdu du terrain au profit d'un socialisme moins agressif. Le véritable combat, c'est aujourd'hui en Russie qu'il se poursuit. Les nihilistes font trembler le trône de Nicolas. Un jour, peut-être…

— Un jour ? répéta Louise.

— … un jour je retournerai en Russie, non pour retrouver nos terres et nos moujiks d'Ukraine, mais pour me mêler à cette révolution qui m'obsède. C'est un monde nouveau qui est en train de naître dans le sang, comme un accouchement aux forceps. J'imagine le spectacle fascinant de milliers de moujiks et de travailleurs d'usine, brandissant le drapeau rouge et chantant *L'Internationale*, cet hymne des temps nouveaux dont vos compatriotes ont fait cadeau à la révolution. Oui, mademoiselle, je crois que c'est là-bas, dans mon pays, que je finirai mes jours. Peut-être dans un bagne de Sibérie ou dans cette forteresse Pierre-et-Paul qui m'est familière. En attendant… en attendant, je continuerai à défendre nos idées par des articles, des livres et des conférences. Comme vous, Louise, comme vous…

Les nouvelles des attentats perpétrés en France arrivaient à Londres comme les échos d'un orage lointain. Les anarchistes exilés pavoisaient ; Louise demeurait songeuse. Le souper qu'elle avait partagé avec le prince Pierre Kropotkine, les visites qui avaient suivi, l'avaient rapprochée de ce révolutionnaire et convaincue que les bombes offraient en holocauste à la cause trop de victimes innocentes.

Charlotte lui tendit un exemplaire du *Times* que son père avait laissé sur la table avant de se rendre à son imprimerie.

— Lis cet article, dit-elle. Tu verras qu'en France ça va de mal en pis.

Un jour de novembre, à Paris, on avait découvert sur un trottoir, avenue de l'Opéra, devant le siège de la direction des Mines de Carmaux, dans le Tarn, une grosse marmite enveloppée de papier journal. En usant de précautions, les sergents de ville l'avaient transportée au commissariat des Bons-Enfants, où elle avait explosé.

Les raisons de cet attentat manqué, à cet endroit précis, furent bientôt révélées au public.

Un contremaître des Mines de Carmaux, délégué syndical influent, Calvignac, avait osé se présenter à l'élection du conseil municipal, sans en référer à la direction. Colère du patron, le baron Reille : quelle ambition nourrissait ce moins que rien ? Calvignac fut élu conseiller, puis maire. Un affront pour Sa Majesté qui fit renvoyer son employé, sous un prétexte fallacieux : ses fonctions municipales étaient incompatibles avec son activité dans l'entreprise.

La riposte partit de la base et fut sévère : une grève générale. Calvignac était devenu le héros du jour et le baron Reille un tyranneau. Il fallut l'intervention du président du Conseil, Émile Loubet, pour faire cesser les émeutes qui accompagnaient la grève et les désordres qu'elle suscitait en de nombreuses localités, notamment à Paris.

Destinée à endommager le siège des Mines de Carmaux, la bombe avait fait des dégâts et des victimes dans le commissariat, malgré les précautions prises pour son transport. On retrouva dans les débris de l'immeuble cinq cadavres affreusement mutilés ou méconnaissables.

Provocation de la part des poseurs de la bombe ? Le journal qui l'enveloppait, *Le Temps*, évoquait la récente arrestation puis la remise en liberté de deux frères, Fortuné et Émile Henry, qui, pouvait-on lire, se livraient à de *suspectes études de chimie*. La police se rua sur cette piste mais échoua : les deux frères étaient absents de Paris le jour de l'attentat.

De nouveau la peur secoua Paris. On surveillait les passants louches du coin de l'œil ; on voyait un anarchiste derrière chaque arbre, dans chaque latrine publique ; des restaurants, des cafés, des théâtres fermaient leurs portes. Des lettres anonymes pleuvaient sur le bureau des commissaires et du ministre : on accusait les anarchistes de méditer le dynamitage du Sacré-Cœur et de la tour Eiffel, de verser de l'arsenic dans les réservoirs d'eau…

— Nous voilà revenus au Moyen Âge ! s'écria Louise. La chasse aux anarchistes est ouverte après celle des sorcières et des hérétiques. D'ici que l'on dresse des bûchers en place de Grève et que l'on restaure l'Inquisition…

Le journaliste du *Times* concluait son article en annonçant que l'affaire avait été classée provisoirement, mais que le dossier restait entrouvert : il faudrait trouver le coupable…

En attendant, l'opinion, en Angleterre comme en France, se passionnait pour une affaire d'un autre genre : le scandale de Panamá. On avait relevé dans les finances un trou à la dimension du canal. Qui en était responsable : Ferdinand de Lesseps ? Gustave Eiffel ? Floquet, président de la Chambre, qui avait, dit-on, empoché une fortune en pots-de-vin ? Des actionnaires ruinés se suicidèrent. Le poète réactionnaire Paul Déroulède accusa son ennemi personnel, Georges Clemenceau, d'avoir lui-même baigné dans le scandale ; le duel était inévitable : on échangea six balles sans résultat.

Dans un pamphlet intitulé *Leurs figures*, Maurice Barrès parut se rapprocher des anarchistes, mais retira vite ses doigts de la flamme.

— Émile Henry, dit Louise, je le connais. Ils ne l'auront pas.

Il se trouvait à Londres peu après l'attentat du commissariat des Bons-Enfants. Louise avait rencontré chez Malatesta ce jeune homme un peu souffreteux, l'air d'un adolescent poussé trop vite. Né à Barcelone, dans une famille de bourgeois modestes, il avait fait ses études à Paris et, à dix-sept ans, était admissible à Polytechnique, mais était resté sur le seuil, afin de ne pas apporter sa caution à des institutions qu'il réprouvait. Louise l'avait écouté avec intérêt, Charlotte avec passion. Elles apprirent avec stupeur que l'auteur de l'attentat, c'était lui. Sa bombe déposée avenue de l'Opéra, il avait déguerpi et pris le premier bateau pour l'Angleterre. Il ne tarderait guère à repartir pour se faire oublier. Très loin…

— Très loin ? demanda Charlotte. C'est-à-dire où ?

— Je n'en sais rien encore. Il faut que je trouve de l'argent.

— Tu partirais seul ?

— Qui voudrait m'accompagner ? Je suis un loup solitaire.

— Moi, Émile. Oui, moi. J'aimerais te suivre.

Il éclata de rire, l'embrassa.

— M'embarrasser d'une femme, même aussi séduisante et compréhensive que toi ? Il ne saurait en être question. Pardonne-moi.

De retour à East Dulivich, Louise avait explosé.

— Qu'est-ce qui t'a pris ? Es-tu devenue folle ? Tu t'es couverte de ridicule auprès de nos amis. Ils doivent en rire encore.

Charlotte se jeta dans ses bras, implora son pardon, disant qu'elle était un peu ivre et que la vie qu'elles menaient lui était devenue insupportable. Louise, après l'avoir grondée, la consola :

— Nous rentrerons bientôt, ma Charlotte. La France me manque autant qu'à toi.

Émile Henry quitta l'Angleterre pour une destination inconnue, peu de temps après leur entrevue. Elles n'en eurent plus de nouvelles de quelque temps.

Elles vivaient au jour le jour, et rien n'annonçait une amélioration de leurs conditions d'existence. Chaque matin, Charlotte sondait la boîte à thé où elles rangeaient leur argent.

— Combien nous reste-t-il ? demandait distraitement Louise.

— Pour ainsi dire rien. Juste de quoi acheter du bacon, du pain et une bouteille de gin. J'ai l'impression que mon frère a tapé dans la caisse. Ce ne serait pas la première fois. Il faudra trouver une cachette plus sûre.

Elles avaient renoncé, par manque de moyens, à changer de domicile pour un lieu moins sinistre et plus convenable. Louise faisait mine de se plaire à East Dulivich, mais elle supportait de plus en plus mal l'odeur de misère qui suintait de cette bicoque et du quartier, surtout après s'être baignée dans l'ambiance bourgeoise de Clarence Terrace où le « Prince de l'anarchie » l'accueillait au milieu de ses livres et de ses plantes grasses. Charlotte luttait contre la vermine, les souris, les odeurs de moisi ; l'air qu'elles respiraient sentait la vieille saumure, la bière aigre et le pipi de chat.

Les mandats émanant de Caroline Baudouin tardaient à se manifester. Elles n'avaient plus de nouvelles d'une autre mécènc, la duchesse d'Uzès, Marie Clémentine de Rochechouart-Mortemart, rejeton excentrique d'une vieille famille limousine. Louise avait rencontré ce personnage singulier à Paris, lors d'une distribution de soupe à la « Marmite populaire », et elles avaient fraternisé. La duchesse militait dans les milieux royalistes, tout en restant ouverte aux opinions les plus extrémistes, sans exclure l'anarchie. Elle avait dit à Louise :

— Si vous avez quelque besoin en matière d'argent, n'hésitez pas à venir me « taper ».

Louise avait usé et abusé de cette permission, sans jamais trouver porte close. Marie Clémentine avait suivi sa protégée au Havre et, lorsque Louise avait été blessée à la tête, avait pris soin d'elle comme une fille le ferait de sa mère, lui proposant même de l'héberger à Paris, dans son hôtel particulier, ce que Louise, soucieuse de son indépendance, avait refusé.

La disette menaçait le couple, et il ne pouvait compter sur le père Vauvelle et son fils Achille pour la leur éviter ; elles n'avaient avec eux, d'ailleurs, que des rapports distants. Demander de l'aide à leurs amis politiques eût été vain : ils souffraient du même mal : l'impécuniosité. Les secours de Rochefort ne suffisaient plus. Kropotkine avait du mal à faire vivre sa famille. Elles en étaient au point où elles songeaient à subvenir à leurs besoins alimentaires en fréquentant le « Bouillon des Proscrits ».

Restaient les subsides que Louise tirait de ses cours et de ses conférences. Les premiers se faisaient rares ; quant aux conférences…

Les journaux les annonçaient volontiers et en donnaient des comptes rendus impartiaux, très éloignés des diatribes et des sarcasmes de leurs confrères parisiens. S'exprimant dans les quartiers huppés, la conférencière déconcertait souvent son auditoire : il attendait une tigresse révolutionnaire, une harengère mal embouchée et provocatrice ; ils découvraient une vieille femme digne, à l'allure sévère dans sa robe de veuve piquée d'une fleur rouge, qui s'exprimait sans jamais hausser le ton. Des journaux aristocratiques, comme le *Pall Mall Gazette*, lui tressaient des louanges sans provoquer l'affluence attendue.

Louise écrirait, en complément à ses *Mémoires* :

Les gens de Londres qui m'ont témoigné de la sympathie se souviendront de ces soirs d'hiver noir sur lesquels flottait un linceul de brume tombant par gouttes incessantes, de ces soirs glacés dans une vaste salle froide, emplie d'un auditoire correct et froid d'un grand quartier aux immenses palais, sous lesquels des misérables ont des trous pareils à ceux des bêtes... Ceux qui se trouvaient là ne partageaient pas mes opinions, mais ils étaient de bonne foi et, je ne sais pourquoi, me firent, graves et glacés comme ils sont, l'effet d'une famille...

Elle admirait une institution qui n'avait pas son équivalent en France : ces *work houses* où l'on accueillait les malheureux et les vieillards. Elle revint de celle de Lambeth bouleversée par l'abnégation et le dévouement des dames de la bonne société londonienne.

Elle devait ajouter à ses *Mémoires* ces quelques lignes :

Pour que leurs institutions surannées durent plus longtemps, les Anglais se réchauffent avec l'enthousiasme de leurs femmes. Elles dirigent les Work Houses *; elles siégeront bientôt au Parlement... Les Anglais n'imitent pas les bêtises qu'ils ont vu faire aux autres peuples : ils feront tout en une seule fois. Albion se lèvera soudain, secouera la poussière de sa robe blanche et allumera le feu sacré que les vents du large activeront au lieu de l'éteindre, et en feront une autre aurore...*

Un jour de décembre, Charlotte, partie faire les courses, revint en brandissant le *Times*. Elle le déplia en jurant :

— Nom de Dieu, il s'en passe de belles à Paname !

Louise, occupée à dépiauter des harengs, s'essuya les mains et se saisit du journal. Une bombe venait d'éclater, et pas n'importe où : au Palais-Bourbon, durant une séance. Il n'y avait pas de morts mais environ quatre-vingts blessés parmi les parlementaires et le public, l'engin, lancé d'une galerie, n'étant chargé que de clous. Il y avait eu, disait le journal, un éclair bleu suivi d'une déflagration et d'une épaisse fumée roussâtre. Saisis de panique, le public et les députés s'étaient rués vers les sorties ; des femmes s'étaient évanouies dans la bousculade. On avait transformé en infirmerie la salle des Pas-Perdus. Les derniers blessés évacués, le président Dupuy, lui-même blessé à la tête, s'était écrié :

— Messieurs, la séance continue !

Dans les minutes qui avaient suivi l'explosion, les questeurs avaient fermé les issues du Palais-Bourbon et rameuté les policiers présents pour une vérification d'identité et une fouille générales. Ils avaient vite repéré un homme d'une trentaine d'années, nommé Auguste Vaillant, qui, blessé à la cuisse, portait sur ses vêtements des traces de poudre. Il n'avait fait aucune difficulté pour passer aux aveux et paraissait même fier de son acte. Il en précisa les finalités : son intention n'avait pas été de tuer des gens mais de lancer un avertissement à la société. On lui avait demandé s'il avait de la famille : il confia à la police qu'il vivait en concubinage avec une jeune femme et leur fille, Sidonie.

— Les pauvrettes, dit-il, qu'est-ce qu'elles vont devenir ? Quand je les ai quittées, ce matin, mon cœur s'est serré en me disant que je ne les reverrais sans doute plus…

Vaillant avait passé ces dernières années à l'étranger, au Gran Chaco, un désert situé à la frontière de l'Argentine et du Paraguay. Il avait créé, dans cette contrée inhospitalière entre toutes, une sorte de phalanstère composé d'une tribu d'Indiens abrutis par la misère et la faim. Jugeant utopique de vouloir impliquer ces malheureux dans ses idées de révolution universelle, il avait décidé de revenir en France.

Le *Times* faisait état d'une déclaration du député socialiste Jules Guesde, personnage réputé favorable à la Commune puis aux idées anarchistes : *Des actes comme celui-ci sont en dehors de l'humanité. Les socialistes que nous sommes n'ont pas attendu l'attentat de ce jour pour répudier ce que certains anarchistes appellent la « propagande par le fait »…*

L'instruction fut menée au pas de charge. Un mois après l'attentat, Auguste Vaillant comparaissait en cour d'assises.

— C'est la guillotine qui l'attend, soupira Louise. Les juges voudront faire un exemple.

Elle eut, par le *Times*, les détails du procès. Vaillant avait comparu en traînant la jambe à la suite de sa blessure, revêtu d'un manteau bleu à col et poignées d'astrakan, la barbe soignée, plus semblable à un fonctionnaire qu'à un poseur de bombe. Il avait pour le défendre un jeune avocat, Fernand Labori, qui allait acquérir une flatteuse renommée en plaidant pour Émile Zola dans l'affaire Dreyfus. Il demanda un verdict modéré, Vaillant, dit-il, étant « un exaspéré de la misère ».

Lorsqu'on demanda à l'accusé de se justifier, il déclara :

— J'ai la satisfaction d'avoir, par cet acte, blessé cette société maudite. Si j'avais voulu tuer, j'aurais employé une autre méthode. Si vous pensez que je dis cela pour sauver ma tête, vous vous trompez ! Mon acte n'est pas seulement un cri de révolte : c'est la protestation d'une classe qui revendique ses droits et joindra bientôt le geste à la parole.

Bien que n'ayant tué personne, Auguste Vaillant fut condamné à mort et exécuté place de la Roquette en présence d'un service d'ordre impressionnant. On avait pris soin de bloquer les rues aboutissant au lieu de l'exécution. Le condamné refusa le verre de rhum, la cigarette et le secours du prêtre. Au pied de l'échafaud, il s'écria : « Vive l'anarchie ! Mort à la société bourgeoise ! » Le lendemain de son inhumation dans la fosse consacrée aux suppliciés, dans le cimetière d'Ivry, on trouva un écriteau portant ces quelques mots : *Gloire à toi qui fus grand ! Je ne suis qu'une enfant, mais je te vengerai.* On pensa que cette protestation ne pouvait être que de la main de sa fille, Sidonie.

La duchesse d'Uzès allait prendre soin de celle qu'on appelait la « Dauphine de l'anarchie », ainsi que de sa mère, avant de les confier à Sébastien Faure, une des têtes de l'anarchie en France.

Pour Louise et Charlotte la vie devenait de plus en plus difficile.

Rochefort cédait aux demandes d'argent du couple, mais protestait auprès de ses amis qu'elles lui coûtaient plus cher qu'une danseuse de l'Opéra. Louise avait publié dans un journal français, *L'Égalité*, un feuilleton populiste, mais n'en avait pas tiré le moindre argent. Elle avait placé son espoir dans la publication en anglais de ses *Mémoires*, mais le projet avait échoué. Ses conférences étaient de moins en moins fréquentées et les cours devenaient rares. Quant à l'aide promise par la duchesse d'Uzès, autant valait y renoncer.

Louise s'en prit aigrement à Charlotte :

— C'est à toi de te débrouiller pour renflouer nos finances !

— De l'argent… Où veux-tu que j'en trouve ? Il faudrait peut-être que j'aille mendier à Saint Paul, chanter dans les rues ou faire le trottoir à Soho ! Le mieux serait de retourner en France.

Revenir à Paris, Louise y songeait sérieusement. Elles étaient depuis cinq ans à Londres et elle avait l'impression d'avoir perdu son temps, d'autant que rien ne l'y retenait. Un matin, alors qu'elles n'avaient plus de quoi s'acheter une bouteille de gin, elle dit à Charlotte :

— C'est décidé : nous allons rentrer. Continuer cette vie de patachon nous mènerait tout droit à la *work house*. À soixante ans, j'aspire à une vie moins difficile.

— Et l'argent du retour ? Y as-tu songé ?

— Rochefort nous le donnera. Trop heureux de se séparer de nous…

— Tes bestioles, qu'est-ce que tu vas en faire ?

— Quelle question ! Elles nous suivront, tiens. Pas vrai, Coco ?

— Vive l'anarchie !

L'attentat du Palais-Bourbon avait laissé les Parisiens dans les transes avec, à la suite de l'exécution du coupable, une dose de mauvaise conscience. On parlait avec une sinistre ironie de la « soupe aux clous » mitonnée dans la marmite de Vaillant ; on allait en pèlerinage sur la tombe du martyr de la société bourgeoise ; on y déposait des fleurs et des inscriptions : *Dors d'un sommeil calme, tu seras vengé…*

La vengeance ne se fit guère attendre.

Une semaine après l'exécution de Vaillant, au café Terminus de la gare Saint-Lazare, un jeune homme bien mis prit place sur une banquette et resta un moment à contempler les allées et venues des clients, en écoutant, devant son verre de vermouth, les valses viennoises égrenées par l'orchestre.

Il se dressa soudain, tira de sa poche une boîte de conserve qu'il lança en direction des musiciens. L'engin, sur sa trajectoire, accrocha un lustre et explosa avec un bruit de tonnerre, renversant les tables et faisant éclater les vitres et les glaces. Des gens affolés couraient en tous sens comme une fourmilière défoncée. On retira des débris un cadavre et une vingtaine de blessés qui gémissaient et hurlaient.

Un des garçons s'écria :

— C'est le jeune homme à barbe blonde ! Il était assis là, sur cette banquette...

On courut pour le rattraper. On ne put l'appréhender qu'au bout de la rue Saint-Lazare et le maîtriser qu'après un pugilat. Menottes aux mains, il fut conduit au commissariat.

— Votre nom ? lui demanda le commissaire.

— Je me nomme Émile Henry.

La stupeur des Parisiens fut d'autant plus intense que, si les attentats de Ravachol et de Vaillant n'avaient visé que des magistrats, une entreprise et des parlementaires, celui-ci avait fait des victimes parmi des particuliers, donc des innocents.

Apprenant ce nouvel attentat, Louise fut doublement consternée : cet acte était d'une monstrueuse cruauté et le coupable lui était connu. Elle ne pouvait oublier le garçon un peu souffreteux rencontré chez Malatesta ; il l'avait séduite par la fermeté de ses convictions, son érudition et l'aura de mystère dont il aimait s'entourer.

Mis en présence du juge instructeur, Émile Henry avait avoué qu'il avait, par son acte, voulu venger Auguste Vaillant. Il en avait fait le serment et ne pouvait s'y dérober. Il ajouta qu'il s'en était pris volontairement à des « gens de l'autre camp », ces petits-bourgeois qui écoutaient de la mauvaise musique germanique. De la part d'un homme qui aurait pu entrer à Polytechnique, cet acte parut insensé. On avait trouvé dans son bagage un poème de sa main : *Rêves étoilés*.

Alors que l'instruction tirait à sa fin, une bombe avait éclaté, au restaurant Foyot, rue de Vaugirard, à l'angle de la rue de Tournon. Un inconnu avait placé sur le rebord d'une fenêtre un bouquet cachant un engin explosif, à l'heure où la belle socété se pressait autour des tables. La déflagration n'avait fait qu'un blessé, le poète et polémiste Laurent Tailhade, qui ne cachait pas ses sympathies pour l'anarchie. Parlant de l'attentat de Vaillant, il avait déclaré : *Qu'importe qu'il y ait des victimes si le geste est beau...*

La presse londonienne donna des détails abondants sur le procès d'Émile Henry. L'interrogatoire avait de quoi surprendre :

— Pourquoi, demanda le président, avoir attendu une heure à votre table, avant de lancer votre engin ?

— Pour qu'il y ait le plus de monde possible.

— Vous avez donc le mépris de la vie humaine ?

— De la vie humaine, non. De celle des bourgeois, oui.

— Mais vous avez pris la fuite pour sauver la vôtre !

— J'en conviens, mais avec l'intention de recommencer.

— Pourquoi portiez-vous dans votre poche des balles *mâchées* ?

— Pour faire le plus de mal possible.

— Messieurs les jurés, voilà un bel exemple de cynisme !

— Non, monsieur le Président, c'est de la conviction.

— Qu'avez-vous fait durant les quelques mois qui ont précédé votre acte ?

Devant le mutisme de l'accusé, le président perdit patience :

— Prenez garde à votre silence, Henry !

— Pourquoi y prendrais-je garde, puisque, quoi que je dise, c'est la peine capitale qui m'attend ?

Comme on procédait à l'audition de quelques victimes du Terminus, le président, interloqué par l'indifférence du prévenu, lui lança :

— Ces dépositions vous laissent froid, à ce qu'il semble.

— Parfaitement. De même que vous l'êtes pour la misère du peuple, que j'ai connue de près, moi qui vous parle !

— Vos mains, Henry, sont couvertes de sang !

— Comme l'est votre robe rouge, monsieur le Président...

Henry répudia le témoignage favorable du médecin de famille qui tenta de le faire passer pour un déséquilibré, voire un fou. Il refusa de même que l'on fît comparaître sa mère : elle n'aurait pas supporté un interrogatoire. Défendu par Me Hornsbutel, un avocat qui plaidait comme un acteur du Théâtre-Français, Henry réagit par un sourire sarcastique.

Il déclara pour sa défense :

— Je ne demande aucune pitié dans la lutte que nous menons contre la société bourgeoise. Si nous donnons la mort, nous savons la subir. J'attends votre verdict avec indifférence… Vous ne pourrez anéantir l'anarchie car ses racines sont profondes. Née d'une société pourrie qui se disloque, elle finira par vous vaincre et vous tuer.

Georges Clemenceau reçut une invitation au spectacle de choix que constituait une exécution capitale. Il en revint bouleversé, en compagnie de Maurice Barrès, qui l'était tout autant. Ils avaient serré les dents en voyant surgir Émile Henry entravé, livide, criant d'une voix étranglée, au pied de l'échafaud :

— Courage, camarades ! Vive l'anarchie !

Maurice Barrès dit à Clemenceau, dans le fiacre qui les ramenait à leur domicile :

— Cette exécution est une faute psychologique. On a procuré à Henry la fin qu'il attendait et que peut-être il espérait. Il a agi pour ses idées et l'on a fait en sorte qu'il meure pour elles. En desservant la société, cette exécution a servi la révolte.

— Avez-vous remarqué, dit Clemenceau, le comportement de la foule, alors que le fourgon contenant le corps partait pour le cimetière d'Ivry ? Elle a salué la dépouille du malheureux. Le président Sadi Carnot a eu tort de refuser la grâce. Cette sévérité pourrait lui coûter cher…

Elle lui coûta la vie.

Quatre mois après l'exécution d'Émile Henry, alors qu'il se rendait en landau à l'inauguration de l'Exposition universelle de Lyon, un jeune homme s'approcha de la voiture que la foule couvrait de fleurs, tira de sa poche un poignard et, sautant sur le marchepied, le plongea dans le ventre du président en criant : « Vive la révolution ! » Tandis que l'on emportait Sadi Carnot à l'hôpital, la foule faillit lyncher le criminel, un anarchiste d'origine italienne :

Sante Geronimo Caserio, ouvrier boulanger de Milan, ancien enfant de chœur révolté par l'injustice sociale universelle.

Un orage d'une rare violence éclata au moment de son exécution. Il sembla à l'assistance que la foudre s'était abattue sur la guillotine, ce qui ne l'empêcha pas de remplir son office. Lorsque la tête du condamné tomba dans la panière, les spectateurs applaudirent.

Ce n'était qu'un Italien…

Plus rien ni personne ne retenait Louise en Angleterre, et nul ne s'opposait à son retour, à condition, lui avait-on fait comprendre, qu'elle se tînt tranquille. Peu à peu s'infiltraient en elle ennui et nostalgie : Londres lui était devenue insupportable et elle guettait avec une impatience accrue de jour en jour les nouvelles de France.

Elle avait rencontré à Clarence Terrace, chez Rochefort, Paul Reclus, frère du géographe anarchiste Élisée, et lui avait dit en sirotant un gin :

— Au début de mon séjour, j'éprouvais une impression de liberté. Je respirais mieux qu'en France, je pouvais exprimer mes idées sans crainte de me retrouver en prison ou exilée aux antipodes. Et puis, peu à peu, j'ai éprouvé la curieuse impression de me trouver sur une vieille frégate du temps de l'amiral Nelson, avec l'envie, j'en demande pardon à Sa Majesté la reine Victoria, de prendre la première chaloupe en partance.

— Pour Calais ?

— Non, pour New York.

Il sursauta. Elle ajouta :

— J'ai bigrement envie de revoir la France, mais j'aimerais aller voir ce qui se passe en Amérique. Les groupes anarchistes commencent à s'y organiser depuis cette affaire du 1er mai qui a fait des victimes. Je pourrais leur être utile.

— La police aussi est bien organisée et ne badine pas avec la politique, surtout quand elle menace le régime. Mon frère pourrait vous renseigner mieux que moi : il a vécu quelque temps là-bas pour sa *Géographie universelle*, qu'il vient de terminer avant de tenir une chaire à Bruxelles.

La nouvelle que Louise allait se rendre en Amérique ne tarda pas à être connue des milieux anarchistes français. Alors qu'elle était occupée, avec Charlotte, à étudier des itinéraires sur la carte du Nouveau Monde, avec autant de confiance que si elles allaient visiter l'Auvergne, l'un des chefs de l'anarchie, Sébastien Faure, se déclara surpris de la décision de Louise et lui dit en frottant son crâne prématurément dégarni :

— C'est un projet hasardeux, Louise. Au moins as-tu là-bas un correspondant qui puisse t'accueillir et te guider ?

— Personne, répondit Louise d'un air désinvolte. Nous débarquerons sous la statue de la Liberté comme des migrantes venues d'Italie ou d'Irlande. Rochefort nous a promis son aide, et nous attendons des subsides de la duchesse d'Uzès, du directeur de journal, Vaugham, et de quelques autres mécènes…

Sébastien Faure sursauta, avala d'un trait le verre de gin que Charlotte lui avait servi et s'écria :

— Des promesses ! Vous allez vous embarquer riches seulement de promesses ! Eh bien, mes chéries, je vous souhaite beaucoup de plaisir. Autant vous le dire crûment : sans pognon, vous êtes foutues. L'Amérique va vous dévorer. Tu risques de finir dans un bouge, Charlotte, et toi, Louise, à la morgue. Nom de Dieu, vous êtes folles !

Il arpentait le salon en frappant du poing contre les murs, conscient du saccage qu'il venait d'opérer dans ce beau jardin d'illusions.

— Alors, bredouilla Charlotte, aidez-nous, monsieur Sébastien… Votre famille a du bien…

— Avait ! Elle s'est ruinée dans le commerce du ruban, au point que j'ai failli me faire curé, moi qui vomis toutes les religions ! Vous aider… vous aider… La bonne blague !

— Votre *Almanach anarchiste* vous rapporte des sous ?

— Autant que des petits pains rassis, c'est dire ! Quant à mon journal, *Le Libertaire*, il a sombré, faute de lecteurs, depuis les fameuses « lois scélérates » dénoncées par Clemenceau, qui visent à museler la presse.

Il ajouta, en se rasseyant et en tendant son verre à Louise :

— Tu me demandes de t'aider à partir pour l'Amérique, et moi je te dis : rentre en France et aide-nous. Nous avons besoin de toi. Tes conférences pourraient nous permettre de renflouer nos finances qui sont au point mort. Tu pourrais opérer avec Jules Guesde : il a donné son accord pour une tournée que nous avons mise sur pied. C'est pas l'Amérique, mais ça te fera voir du pays, nom de Dieu ! et ça te procurera un peu de galette.

Louise restait songeuse en repassant du revers de la main un pli de la carte d'Amérique.

— Tu parais bien sûr de ton affaire, dit-elle. Qui te dit que je vais accepter ?

— Tu accepteras parce que tu ne peux pas te passer longtemps de l'ambiance des conférences, des réunions publiques, des meetings. Parce que tu es faite pour te battre, et ça jusqu'à la mort. C'est pas pour New York que tu vas prendre le bateau, mais pour Calais. S'il le faut, je vous ramènerai par la peau des fesses, toi et ta… ta gouvernante !

Charlotte buvait du regard et des oreilles ce joli garçon un peu déplumé, mais séduisant et qui parlait avec tant d'énergie.

— Par la peau des fesses ! s'esclaffa-t-elle. Ma foi, ça ne me déplairait pas…

Sébastien Faure les invita à souper dans un modeste restaurant proche de leur demeure, donnant sur la Tamise lointaine et crépusculaire. Il leur parla de Georges Clemenceau, qui était devenu le leader de l'opposition, et dont Louise n'avait de nouvelles que par les journaux français qui passaient le *Channel*.

— Je le plains, dit-il. Comme le roi Jean le Bon à la bataille de Poitiers, il doit faire face à la fois à la droite et à la gauche. Il proclame que la Révolution doit constituer un bloc, mais il ne peut que constater qu'elle se fissure. On fait courir sur lui les pires calomnies, jusqu'à l'accuser d'être un espion de la reine Victoria !

Lui, un espion… Depuis qu'il a perdu son mandat de député du Var, il est devenu hargneux et, pour tout dire, il est dans la mélasse.

— Il aurait pu reprendre sa blouse de médecin, hasarda Louise.

— C'était pas sa véritable vocation. Clemenceau est un lutteur, comme toi, et, comme toi, il se bat à mort contre l'injustice sociale.

Il avait fallu mettre une sourdine aux excès de la presse anarchiste, non seulement en raison des « lois scélérates », mais parce que les attentats choquaient l'opinion, même celle des gens du peuple les plus misérables. Sébastien Faure soupira en repoussant son assiette de pudding :

— Je te cache pas qu'il va falloir ramer à contre-courant et y mettre toute notre énergie. Tu seras pas de trop sur le banc de cette galère. J'ignore si tu en as conscience, mais ton exil volontaire en Angleterre a fait de toi une sorte d'héroïne, comme Hugo quand il séjournait à Guernesey.

Il commanda une dernière chope de bière et bâilla à maintes reprises en la buvant. Charlotte contempla d'un œil attendri le liséré de mousse qui restait sur sa moustache et rêva de l'essuyer d'un coup de langue.

— Fatigué…, dit-il d'une voix éteinte. Dix rendez-vous dans la journée, et autant demain, avec Malatesta, Pouget, Maloto et quelques autres. Toi, tu vas me faire le plaisir de rayer l'Amérique de la carte. Je peux payer votre retour à toutes les deux… si Rochefort ne le fait pas. Bonne nuit, camarades…

Alors qu'il prenait son chapeau et s'apprêtait à lever l'ancre, Charlotte, la voix enrouée de sommeil, d'alcool et de bonheur, le retint par la main.

— Sébastien, dit-elle, emmène-moi.

— Non ! dit Louise d'un air sombre. Tu es ivre et tu ne tiens plus debout. Tu vas rentrer avec moi. Va demander une voiture.

Charlotte se leva et riposta vertement :

— Tu n'es pas ma mère, que je sache ! Laisse-moi vivre ma vie comme je l'entends.

— Oh, après tout…, soupira Louise.

Leur arrivée gare Saint-Lazare ne passa pas inaperçue. Outre des panières de livres, de paperasses et de linge, elles traînaient avec elles leur vieux chien en laisse, la cage au perroquet et celle réservée aux chats. L'affluence causée par le débarquement à Calais, les interminables formalités douanières avaient excité ce vieux bavard de Coco qui, à chaque attention qu'on lui témoignait, lâchait sa proclamation anarchiste.

Louise ne s'attendait pas à trouver sur le parvis de Saint-Lazare une foule comparable à celle qui l'avait accueillie à son retour de Nouméa. Sébastien, entouré de quelques camarades, les attendait avec deux bouquets à la main : un pour elle, l'autre pour sa compagne. Une jeune femme, que Louise n'eut pas de mal à reconnaître, s'était jointe à eux : Caroline Rémy, épouse du docteur Guebhard. Journaliste et femme de lettres, connue sous le pseudonyme de Séverine, elle avait collaboré avec Jules Vallès pour les romans autobiographiques de l'écrivain : *Le Bachelier* et *L'Insurgé* notamment, et veillait sur sa mémoire comme une vestale sur le feu sacré. Elle était plutôt petite, rondelette, avec un visage d'une beauté sensuelle fascinante, un peu chafouin sous des cheveux coupés court. Son regard dilué dans de l'eau de mer contrastait avec sa bouche aux lèvres charnues. Elle respectait les anarchistes ; ils la vénéraient.

La jeune femme aborda Louise avec une familiarité révolutionnaire :

— Heureuse de te revoir, camarade ! Je suis ravie, comme nous tous, que tu aies préféré la France à l'Amérique. Il y a de la belle ouvrage à faire chez nous, tu verras. Ça va faire cinq ans que tu es partie, et pourtant nous ne t'avons pas oubliée.

Elles s'embrassèrent. Sébastien Faure et ses compagnons aidèrent Louise, sa compagne et leur ménagerie à se propulser tant bien que mal vers un fiacre.

— Ernest Vaugham, dit Sébastien, te prie de l'excuser. Il s'occupe de la réception qu'il organise pour demain soir à *L'Intransigeant*, en l'honneur de ton retour. Tu te mettras sur ton trente et un : il y aura du beau linge…

Louise et Charlotte passèrent une journée entière à nettoyer l'appartement de la rue Victor-Hugo de la poussière et des toiles d'araignées qui y avaient proliféré. Le linge abandonné dans l'armoire sentait le moisi et l'humidité suintait des murs. Sous le ciel bas de novembre, sur les hauteurs de la Butte, se dressait la silhouette du Sacré-Cœur qui avait suscité tant de sarcasmes et de critiques dans la presse libertaire. La pluie parisienne ne ressemblait pas à celle de la Nouvelle-Calédonie ni à celle de Londres : elle était plus légère, comme si elle hésitait à toucher terre, et ne donnait pas l'impression de menacer le monde d'un déluge.

En allant faire pisser son vieux chien qui traînait la patte, Louise retrouva ses vieilles connaissances : le proscrit de Nouméa qui passait ses journées à lire les journaux, le sergent de la Garde nationale, amputé d'une jambe durant la Semaine sanglante, la vieille pétroleuse qui rêvait de mettre le feu au Sacré-Cœur, le curé qui, à son approche, changeait de trottoir, les loupiots qui avaient grandi, les femmes qui avaient forci, la concierge qui vitupérait les drôlesses faisant la retape sous son porche…

Charlotte insista pour accompagner Louise à la réception de Vaugham. La nuit qu'elle avait passée en compagnie de Sébastien l'avait laissée sur sa faim, ivres qu'ils étaient tous deux, et elle rêvait de le retrouver. Elle aurait aimé que Louise se montrât dans une tenue élégante, mais elle essuya un refus catégorique. Sa compagne revêtirait sa tenue habituelle : la robe noire époussetée et repassée, le voile de veuve, une cocarde rouge côté cœur. Charlotte choisit chez une amie couturière la robe la plus seyante, agrémentée de quelques franfreluches et de bijoux en toc.

— Tu es superbe ! s'exclama Louise. Si Sébastien ne tombe pas amoureux de toi, c'est à désespérer de son goût pour les belles créatures. Deux conseils, si tu permets : évite de te farder, il déteste ça, et ne bois que modérément du champagne, tu sais où ça te mène…

Il fallut serrer des mains, recevoir ou élaborer des compliments, boire du champagne, affronter les regards narquois d'élégantes qui toisaient cette vieille femme mal fagotée qui semblait se prendre pour Jeanne d'Arc, écouter des discours et y répondre… Cette corvée, Louise s'en serait bien passée, mais un refus eût chagriné ce pauvre Vaugham qui s'était dépensé pour la réussite de cette réception, et l'autre directeur du journal, Rochefort, son bienfaiteur et ami.

La duchesse d'Uzès arriva en retard, lui tomba dans les bras, versa quelques larmes sur son épaule, lui promit de veiller à ce qu'elle ne manquât de rien. Séverine s'amusait de la gêne de Louise et se tapotait les lèvres avec son éventail replié.

Charlotte s'était éclipsée pour rejoindre Sébastien. Elle s'accrochait à lui ; il paraissait sensible à cette exubérance de sentiments et fier comme un coq de se montrer à ses amis avec cette créature belle à faire damner un saint. Ce soir-là, et quelques autres dans les semaines qui suivirent, elle ne rentra pas rue Victor-Hugo. C'était peut-être, songeait Louise, le début d'un grand amour et elle ne se sentait pas le droit de le contrarier.

À quelques jours de la réception à *L'Intransigeant*, une première réunion publique fut organisée en l'honneur du retour de l'enfant prodigue. Elle eut lieu dans la vaste salle de l'Élysée-Montmartre. La presse d'opposition avait bien fait les choses : on refusa du monde.

De sa voix douce et pénétrante, celle de l'institutrice qu'elle avait été, Louise évoqua sa vie à Londres, l'ambiance de fervente amitié qui régnait dans le milieu des proscrits. Lorsque le service d'ordre fut venu à bout de quelques trublions, la réunion se termina dans l'enthousiasme, et sans le moindre incident. La police s'était montrée discrète.

Alors qu'elle descendait de la tribune, Louise fut abordée par une jeune femme en voile noir, aux traits sévères, qui arborait, comme elle, une cocarde rouge, et tenait par la main une adolescente.

— Vous ne me connaissez pas, dit-elle, moi si. J'ai lu votre dernier recueil de poèmes : *À travers la vie*, que vient de publier Fayard. J'en avais les larmes aux yeux. Je suis Marie Marchal, l'amie d'Auguste Vaillant, et voici sa fille, Sidonie, que Sébastien Faure a prise sous sa protection. Sidonie a beaucoup d'admiration pour vous.

Elle dit à sa fille :

— Sidonie, donne ta lettre à Mme Louise Michel.

L'adolescente tendit à Louise une enveloppe contenant une copie de la dernière lettre que son père lui avait adressée de sa cellule, la veille de son exécution.

Louise l'embrassa et lui dit :

— Je lirai cette lettre dès ce soir. J'ai peu connu ton père mais la nouvelle de sa mort, que j'ai apprise à Londres, m'a bouleversée. C'était un saint laïque, un martyr de sa foi. Quoi qu'on puisse dire de lui, ne l'oublie jamais.

Organiser une tournée de conférences à travers la France n'était pas une sinécure.

Tout se préparait dans le bureau du journal de Sébastien Faure, *Le Révolté*. Louise y faisait, en compagnie de Charlotte, de fréquentes visites. On attendait d'elles un travail sérieux et une ponctualité rigoureuse. Il convenait d'écrire ou de répondre aux camarades de province chargés de l'organisation matérielle, de leur fournir des informations sur les sujets à traiter, de leur confier les fonds nécessaires pour retenir une salle, héberger la conférencière et son entourage, effectuer la publicité nécessaire…

— Nous ne devons rien laisser au hasard, insistait Sébastien. La moindre négligence risquerait de transformer une conférence en champ de bataille. Nous avons déjà réussi à collecter mille francs. Ce n'est pas le Pérou, mais cela nous permettra de démarrer dans de bonnes conditions.

Il revenait souvent sur un regret lancinant : il n'avait pu assister au congrès libertaire qui, deux ans auparavant, s'était tenu à Chicago. La police était intervenue avec sa violence habituelle et avait dispersé un meeting à coups de matraque. Les militants avaient trouvé refuge dans le logis d'un ancien chef sioux, au milieu d'un bric-à-brac digne d'un wigwam. Ils y restèrent une semaine pour tenir leurs assises dans le secret.

Louise était lasse : ses soixante-cinq ans lui pesaient, et la balle de Lucas, logée sous son crâne, lui rappelait douloureusement sa présence. Clemenceau lui avait suggéré de se faire opérer ; elle s'y était refusée, par crainte qu'une maladresse d'un chirurgien ne la rendît infirme jusqu'à la fin de ses jours.

— Tu en fais trop ! lui reprochait Charlotte. À ton âge... Cette tournée de conférences me fait peur.

— Et à moi, donc ! répliquait Louise. Tu seras là pour veiller sur moi, ma chérie. Au retour, je te promets de me reposer un mois ou deux.

— Te reposer, toi ? Je n'en crois rien...

Louise avait adressé à Sarah Bernhardt, à son retour de Londres, le manuscrit d'un drame intitulé *Prométhée*. Elle y avait joint un exemplaire de ses *Mémoires*, avec une dédicace en forme d'alexandrin : *Toutes deux nous aimons les grands fauves superbes*. Elle attendit longtemps la réponse : la grande tragédienne était trop sollicitée pour répondre à toutes les lettres que lui adressaient ses admirateurs.

Déçue, elle se dit qu'elle ne devait penser à rien d'autre qu'à sa tournée qui, étape par étape, constituerait le couronnement de sa carrière de militante et une sorte de testament politique. Elle y passait ses journées, parfois une bonne partie de ses nuits, ne s'interrompant que pour sortir son chien, soigner ses chats et faire des câlineries à Coco. Son chat préféré, chef de la tribu féline, le Marbré, étant mort de vieillesse, elle l'avait enterré dans un coin des fortifications, proche du bastion où elle avait jadis tenu tête au général Galliffet. Il lui restait seulement cinq chats : les trois qu'elle avait ramenés de Londres et deux autres qu'elle avait recueillis à son retour.

Avant de s'embarquer pour la tournée, Charlotte dit à Sébastien Faure :

— Je viens de me disputer avec Louise. Cette folle prétend se présenter à la tribune avec sa vieille défroque de veuve qu'elle porte depuis près de vingt ans, qui est rapetassée, tenue par des épingles, et qui pue. Et ses chaussures ! Tu as vu ses chaussures ? Des godillots mal ressemelés, qui ont traîné sur les barricades et dans la boue de Londres ! Elle se néglige de plus en plus, va faire ses courses en savates, coiffée d'un chapeau avachi et verdâtre ramené de Vroncourt, et elle porte pour ses visites l'affreuse cloche de fourrure offerte par Rochefort il y a dix ans !

— Laisse-la s'habiller à sa manière, bougonna Sébastien. Tu ne la vois tout de même pas se présenter à un public populaire vêtue comme la duchesse d'Uzès ! Son public ne la reconnaîtrait plus. Consciemment ou non, elle s'est fait d'elle l'image d'une veuve. Elle ne s'est jamais consolée de la perte du seul amour de sa vie : Théophile Ferré. C'est dans cette tenue qu'on l'attend et qu'on la reconnaît. C'est dans cette tenue qu'elle restera dans l'histoire…

Avant de s'engager dans la « grande errance », de faire, comme elle disait, le « phénomène de foire », Louise demanda audience à Georges Clemenceau, qu'elle n'avait pas revu depuis son retour de Londres.

— Si j'ai accepté de te rencontrer après ton long silence, lui dit-il, c'est à un double titre : d'ami et de médecin. Il me reste là quelques instruments. Enlève ta robe, je vais t'examiner.

Elle ne put s'empêcher de sourire : il la tutoyait comme une vieille copine retrouvée.

— Est-ce bien nécessaire ? dit-elle. Je ne suis pas malade.

— Ce sera simplement utile. Pardonne-moi, mais je te trouve une drôle de frimousse…

Elle s'exécuta de mauvaise grâce, libéra de son linge défraîchi sa poitrine de vieille guenon, son dos maculé de taches rosâtres, son épine dorsale saillante.

— Ben ! dit-il, t'es pas belle à voir. Maigre comme un échalas…

Elle riposta jovialement :

— Si tu crois que tu as embelli, mon pauvre Georges… Tu as vu ta mine ? Jaune comme un coing. Tu ressembles de plus en plus à un Mongol qui ferait la gueule parce que sa femme le trompe !

— Il y a du vrai dans ce que tu dis ! Pour avoir été trompé, je l'ai été, et plus que le plus complaisant des Mongols ne pourrait le supporter. Mais il n'est pas question de moi. Je n'aime guère toutes ces taches sur ton dos.

— Des piqûres de puces. Mes chats et mon chien en sont farcis, et ils dorment souvent dans mon lit.

Il lui ausculta le cœur, fit la moue.

— Pas fameux, bougonna-t-il. Évite les excès de zèle, les émotions, les efforts. Cette tournée que tu vas entreprendre m'inquiète. Faudra prendre les remèdes que je vais te prescrire.

— Tes remèdes, tu peux te les fourrer où je veux dire. Je te répète que je me porte comme un charme.

— Soit… Eh bien, tant pis pour toi. Je t'aurai prévenue…

Ils s'attablèrent devant une absinthe, évoquèrent le passé, comme deux anciens combattants. Le passé, mais aussi le présent, et cette affaire Dreyfus qui secouait la France entière, des palais aux chaumières, de Lille à Perpignan. Louise se trouvait à Londres quand elle en avait eu les premiers échos. Comme beaucoup de gens de l'opposition, trompée par la version officielle, elle avait maudit ce juif, espion de l'Allemagne, puis elle avait viré de bord, persuadée qu'il s'agissait d'une monumentale imposture.

— Je vais défendre Dreyfus, dit-elle. Ce sera une partie de mon combat d'aujourd'hui.

— J'ai commis la même erreur, dit-il, mais j'ai vite

soupçonné la machination sous les versions du gouvernement et de l'armée. J'ai compris que le tort de cet officier était d'être juif.

On avait découvert, dans la corbeille à papier de l'attaché militaire de l'ambassade d'Allemagne à Paris, un bordereau anonyme mentionnant l'envoi de documents d'une importance capitale. L'écriture ressemblait à s'y méprendre à celle du capitaine Dreyfus. De là à l'accuser d'espionnage, il n'y avait qu'un pas, qui fut franchi allègrement. La découverte remontait à la fin septembre 1894 ; elle ne fut livrée à la presse qu'à la fin octobre. Celle de droite se déchaîna contre le « youtre » ; celle de gauche manifesta quelque réticence. Le journal du polémiste Édouard Drumont, *La Libre parole*, n'attendait que ce signal pour partir en guerre contre la « juiverie » qui pourrissait et trahissait la France.

— À travers ce malheureux Dreyfus, dit Clemenceau, c'est la condamnation des juifs que visent le gouvernement et l'armée. Sans preuve formelle, sans que le capitaine ait eu accès au dossier, on l'a dégradé et condamné au bagne. Nous allons nous battre pour dénoncer l'imposture. Émile Zola est des nôtres.

Elle lui demanda des nouvelles de sa femme, Mary : elle était repartie pour les États-Unis avec son amant et les enfants qu'elle avait eus de Georges. Il avala une gorgée d'absinthe et fit la grimace.

— J'ai choisi de l'oublier. Elle est belle, mais c'est une gourde. Je ne lui en veux pas. Je l'ai trompée, elle me l'a rendu. Bon vent !

Il égrena un rire grinçant sous ses moustaches de félin.

— Imagine un peu : elle s'est mis en tête de vouloir faire des conférences. Sur ces affiches, elle a fait imprimer : *Mary Plumer, ex-femme de Georges Clemenceau* ! Nous avons décidé de divorcer, puisque la loi nous le permet désormais.

Depuis la séparation, il vivait dans son appartement de la rue Franklin, dont il venait de faire l'acquisition. Il le partageait avec sa cuisinière, Marie, une Vendéenne comme lui, son valet de chambre, Pierre, et sa bonne, Thérèse. Domaine interdit, sauf pour quelques créatures qui n'y étaient admises que pour une nuit. Il n'observait pas des mœurs de cénobite ; il courait les théâtreuses, les filles de ballet, et des « cochonnettes », comme disait Flaubert, sans identité précise. Si tant est qu'on ne prête qu'aux riches, on lui attribuait volontiers des pratiques de satrape.

Et l'amour, dans ce fatras ? On lui prêtait des idylles invérifiables avec la poétesse Anna de Noailles, la comtesse d'Aulnay, femme d'un ami diplomate, la cantatrice Rose Caron… Ses amours tantôt tenaient le haut du pavé, tantôt traînaient les pieds dans le ruisseau.

Son domicile de la rue Franklin se situait dans le beau quartier de Passy. Il y avait aménagé un bureau-bibliothèque meublé d'une étonnante table de travail à demi circulaire ; il écrivait là avec une plume d'oie et, à la place du buvard, utilisait, comme jadis, de la poudre. Il était vêtu d'une robe de chambre en laine des Pyrénées et coiffé d'une casquette à carreaux. Levé chaque matin à l'heure du laitier, il préparait lui-même sa soupe à l'oignon qui faisait office de petit déjeuner depuis son enfance vendéenne. Il ne manquait que rarement la sieste. Des manies de célibataire…

Pour faire plaisir à Louise, il lui parla de ses livres qu'il avait lus. Lui-même avait écrit un recueil de nouvelles : *Le Grand Pan*, qui venait d'être édité et révélait chez l'auteur une érudition prodigieuse dans le domaine de l'Antiquité grecque. Ce recueil succédait à un pamphlet, *La Mêlée sociale*, où il exposait sa philosophie matérialiste et son anticléricalisme congénital.

— J'ai lu ce livre, dit Louise, et j'en ai gardé au moins une phrase en mémoire : *Nous devons agir, puisque notre mérite consiste à protester par notre action contre la déchéance des faibles...*

— Compliments pour ta mémoire, dit-il. À ton retour, reviens me voir si tes excès de langage ne t'ont pas conduite au ballon. Nous dînerons en tête à tête. Tu aimeras sûrement la cuisine de Thérèse…

14

LE GRAND CIRQUE

Récit de Charlotte Vauvelle

Il faut être de bonne composition, comme je le suis, pour supporter les humeurs et les caprices de ma vieille compagne. Je ne sais si je tiendrai longtemps le rythme de cette ronde infernale, digne du Walpurgis, dont Goethe parle dans *Faust*, que Louise m'a fait lire.

Je n'ai pas trente ans, elle en a près de soixante-dix, et je peine à la suivre, avec, de temps à autre, des envies de tout envoyer promener.

De quoi est faite Louise ? De quelle chair ? De quel métal ? De quelle matière dont le secret nous échappe ? J'ai parfois l'impression d'une dualité de sa nature : une part vouée à ses activités : conférences, articles, travaux littéraires, correspondance (ah ! le courrier de Louise...) ; l'autre consacrée à secourir ses amis dans le besoin et à aider sa famille, qu'elle connaît à peine mais qui la harcèle de demandes de secours.

Paul-Victor Stock me disait récemment, de derrière son bureau sur lequel je venais de déposer les épreuves de *L'Histoire de la Commune* :

— Comment ai-je pu lier des rapports amicaux avec cette ancienne pétroleuse ? C'est, je crois, parce que j'ai été sensible à la bonté incommensurable qui l'habite. Votre amie est une sorte de sainte. Avez-vous conscience de votre chance ? Être sa compagne, la suivre où qu'elle aille…

De la chance ? Ah, ouiche ! Quelle chance merveilleuse de vivre en présence d'une folle ! Une folle ? c'est ce que je me dis parfois. Elle est habitée par une sorte de génie qui peut s'apparenter à la démence. Du génie, Louise ? Je ne saurais l'affirmer, mal placée que je suis pour la juger. Diderot disait : *On n'est jamais un génie pour son valet de chambre.* S'il est une forme de génie que personne ne peut nier, à commencer par moi, c'est sa bonté. Une sainte ? Stock avait peut-être raison.

La mort de Paul Verlaine a été une épreuve douloureuse pour ma compagne. Elle ne peut oublier que le « Pauvre Lélian », comme Hugo, lui a dédié un poème. Nous avons conservé la lettre que la maîtresse du poète, Eugénie Krantz, a adressée à Louise pour lui annoncer la nouvelle et lui réclamer un peu d'argent : *Monsieur Verlaine vous aimée quelques jours avans de mourire il me disait qu'il revée que vous lui servier de témoin à son nouveau mariage. Madame je n'ai plus d'argent, pas d'ouvrage je n'ai que quelques sonnet que Paul Verlaine ma fait je suis bien en peine de les vendre et trois portraits…*

Louise est plus malade qu'elle ne veut bien le reconnaître. À Londres, à la sortie d'une soirée chez Malato, elle a refusé de prendre un fiacre pour rentrer à notre hôtel d'Albion Villas Road, dans le quartier de Sydenham, après avoir renoncé à être hébergées chez mon père, où elle ne se plaisait plus. Il pleuvait à verse. Résultat : une pneumonie accompagnée d'une forte fièvre. Le médecin a ordonné un repos complet d'une semaine et des médicaments que, faute d'argent, je n'ai pu acheter. Elle a dû se contenter de tisanes.

Le lendemain, elle a voulu se lever, mais, à peine hors du lit, ses jambes l'ont trahie. Elle a larmoyé dans mon épaule en balbutiant :

— Charlotte, qu'allons-nous devenir ? Toute cette correspondance qui nous attend…

— Je la lirai et j'y répondrai.

— Et les conférences, tu les feras à ma place ?

Elle dormait ou faisait semblant. Nous nous surveillions mutuellement. Elle ne sortait de sa léthargie que pour me donner des ordres, comme si j'étais sa bonne, alors qu'elle me présente comme sa secrétaire, sa collaboratrice. Quand je renâclais, elle piquait des colères noires, menaçait de me renvoyer et m'humiliait. Si elle-même avait trouvé à se marier, le mariage n'aurait pas tenu bien longtemps. Mais quel homme aurait voulu d'elle ?

Je crois qu'elle est un peu jalouse de moi, mais sans raison. Mon idylle avec Sébastien Faure, mes aventures sans lendemain avec quelques amis, certains soirs de fièvre militante, l'indisposent ou l'exaspèrent. Elle s'écrie :

— Après tout, va coucher avec qui tu voudras, ça m'est bien égal ! Tu finiras tes jours dans un bordel !

Et je ne dis pas le pire…

D'autres fois, elle était tout amour, elle me cajolait, m'offrait mon gin ou mon whisky préférés, qu'elle m'aidait à licher, plaisantait sur les avances de l'épicier amoureux de la *pretty french woman*, la *little lady*…

Elle est restée alitée trois jours seulement. Ses traits s'étaient creusés, de vilaines taches brunâtres étaient apparues sur sa peau, une légère poussière noire s'était amassée au creux de ses rides, ses cheveux grisonnaient sur son front, encore ample et superbe, un peu d'écume lui venait aux commissures des lèvres. Elle ne me parut jamais aussi laide. Et pourtant, qu'elle se redresse contre ses oreillers, qu'elle se mette à parler, à plaisanter, à faire étalage de ses humeurs, bonnes ou mauvaises, et le charme opérait et en faisait une autre créature, vive et ardente. J'ai souvent décidé de la quitter mais, au dernier moment, j'ai renoncé : je lui dois trop.

Elle s'est donc levée après trois jours de lit. Je l'ai aidée à faire sa toilette dans le tub et à s'habiller, car elle est encore faible. Elle ne voulait pas manquer un rendez-vous que lui avait fixé le prince Kropotkine, et comptait lui faire lire sur épreuves son *Histoire de la Commune*.

Nous avons pris le train pour Bromley. Kropotkine somnolait

dans son fauteuil, entre ses papillons et ses insectes, Sophie lui jouant au piano du Tchaïkovski, je crois. J'ai tout de suite aimé ce village perdu comme une île dans un océan de brume et de pluie, l'atmosphère tiède et odorante, le murmure des conversations entre le maître de l'anarchie et la muse révolutionnaire, avec, parfois, entre eux quelques éclats.

Elle me disait en bâillant :

— Quel temps, ce matin, Charlotte ?

— Quel temps veux-tu qu'il fasse à Londres, en novembre ?

Elle soupirait, les yeux clos, renversée sur son oreiller :

— En novembre, à Nouméa...

Et ça repartait ! J'avais mon content pour une heure au moins de mer éblouissante entre les cornes de la baie, de chants canaques qu'elle avait appris par cœur, de jeux des petits indigènes au seuil des paillotes...

— La Calédonie..., soupirait-elle. Il faudrait bien que j'y retourne. Je l'ai promis à mes amis canaques. Je suis persuadée qu'on peut faire le bonheur de ce peuple en donnant aux nouvelles générations l'instruction nécessaire, en créant des écoles dans la brousse. Les colons se gardent bien de le faire : ils redoutent trop que leurs esclaves s'affranchissent et leur demandent des comptes...

Nous sommes restées trois jours à Bromley. Trois jours de bonheur, au milieu des plantes vertes et des papillons. Trois jours, pour ma compagne, à relire ses épreuves, le maître, derrière elle, bougonnant :

— Trop *brouillon*, ma chère, trop long... Vous devriez couper ce chapitre... Ce terme est impropre... Et la ponctuation ? vous l'avez oubliée, là et là... Et ces poèmes que vous semez un peu partout ! Trop de poèmes. Il faut penser aux lecteurs qui souhaitent simplement s'informer des événements... Et toutes ces digressions inutiles...

Elle ronchonnait mais s'exécutait. Parfois aussi, elle montait sur ses grands chevaux :

— Dites tout de suite que ce livre est une merde !

— Allons, ma chérie, ne vous fâchez pas ! Tout est dans ce livre des événements de la Commune, mais en vrac. Il restera comme une somme.

Je le trouvais bien indulgent. Ce livre, je ne l'aime guère. Il ne témoigne d'aucune maîtrise. En revanche, Louise raconte bien ce qu'elle a vécu. Et c'est déjà beaucoup.

Au cours de nos allées et venues entre Paris et Londres, qui ont succédé à l'exil volontaire du début, Louise recevait des nouvelles de ses éditeurs. Des mauvaises surtout, notamment de Stock, qu'on appelle l'« Éditeur des anarchistes » ; il a refusé son dernier manuscrit, un roman : *Le Siècle rouge*, en termes catégoriques. C'était non. Elle en a pleuré.

Nous avons déménagé à plusieurs reprises pour des quartiers divers : Chesterfield Grove, Sydenham, Streham, Piccadilly Circus... Bagages à faire, bagages à défaire... Par chance, Louise a renoncé à faire suivre sa ménagerie, du jour où je lui ai lancé : « Tu vas devoir choisir entre ces bestioles et moi ! »

Le bonheur, lorsque je retrouve notre petit appartement de la rue Victor-Hugo, ce havre de grâce : une bénédiction... À peine nos bagages défaits, je m'allonge et je dors en laissant Louise dépouiller le courrier. Un bonheur qui ne dure guère, Louise se sentant, à peine arrivée, des fourmis dans les jambes. On l'attendait à Marseille, à Lille, à Limoges, en Belgique, en Hollande... Elle reçut même un jour des propositions pour des conférences à Chicago ! Elle aurait signé le contrat des deux mains si je n'y avais mis le holà : cette Amérique où l'on pendait les anarchistes ne me disait rien qui vaille, et ce voyage eût été trop dur pour elle.

Et la ronde infernale de continuer...

On reste trois jours à Paris, le temps de taper Ernest Vaugham et la duchesse d'Uzès, de prendre des nouvelles de son *Prométhée* auprès de Sarah Bernhardt qui reste évasive. Jeune que je suis, et d'une santé sans faille, l'aide de mon mieux pour sa correspondance et son budget. J'ai pris en main le contrôle des entrées aux conférences. La fin de la soirée est occupée par une collation au cours de laquelle nous vidons quelques flacons en discutant avec les organisateurs locaux. Nous couchons dans des hôtels minables, par économie, ce qui m'exaspère, surtout quand nous avons fait recette. Elle me rabroue :

— Courage, nom de Dieu ! Ce soir, nous avons fait deux cents francs de recette. Un pactole.

Ce pactole, je sais où il passe : dans les poches de Sébastien qui l'utilise pour financer son journal, et dans celles de quelques camarades mal lotis. Autant dire qu'il ne nous reste que de quoi nous offrir un plat de haricots.

— Imagine, Charlotte, que nous descendions dans des palaces ! La presse bourgeoise n'en finirait pas de gloser, de dire que nous menons un train de princesses avec l'argent du peuple… Combien reste-t-il dans ton porte-monnaie ?

— Cinq francs. Le reste s'est envolé, et tu sais où…

— Faudra faire avec. Va chercher une bouteille de bordeaux. J'ai un coup de fatigue.

Après quelques verres, requinquée, allongée à plat ventre sur le lit, elle chantonne et me lance :

— Demain, changement de sujet ! Je parlerai… je parlerai du mouvement anarchiste en Amérique, tiens…

Parfois elle me réveille en pleine nuit pour me demander où nous sommes, dans quelle ville, dans quel hôtel, et où nous serons demain. D'autres fois elle s'éveille en sursaut, se plaint de ses maux de tête qui la harcèlent de plus en plus violemment. L'aspirine ne lui apporte plus aucun soulagement et lui occasionne des maux d'estomac.

Elle me dit un jour, toute joyeuse, en brandissant une lettre :

— On me propose une tournée en Algérie. Je vais accepter. L'Algérie, Charlotte…

Nous sommes donc parties pour Alger, moi claudiquant dans son sillage, en proie au mal de mer, alors qu'elle courait les ponts, cheveux au vent, passant la nuit dans un transat avec une bouteille à portée de la main, à écrire des poèmes à la clarté d'une lanterne. Des poèmes, à son âge…

Le pays est agréable et chaleureux, plus que le public qui a écouté Louise comme si elle venait d'un autre monde, qu'elle fût l'annonciatrice d'un futur imprécis et inquiétant. Ils devaient attendre un phénomène de cirque, une cracheuse de feu, une spécialiste des pieds au mur.

Alors que nous séjournions à Londres, dans le petit hôtel du 8, Albion Villas Road, à Sydenham, Louise a été de nouveau victime d'une fluxion de poitrine. Elle était allée porter un article à la *Westminster Gazette*, située Tudor Street, et en était revenue à pied, sous la neige. Le soir, elle s'est alitée avec un point de côté et de violentes douleurs de poitrine, « en coups de poignard », disait-elle. J'ai bien cru que c'était la fin.

— C'est grave, a dit le médecin, Edouard Berstein. Pleurésie... La plèvre paraît sérieusement enflammée. Votre *mère* est en danger de mort. Je lui donne une semaine, tout au plus. Allez donc faire brûler un cierge à Saint Paul...

Je lui fis comprendre que Louise Michel n'était pas ma mère et que nous ne croyions pas à ces superstitions. Il eut un sursaut :

— Louise Michel ? Vous dites Louise Michel ? J'ai lu son nom et ses articles dans la presse. C'est donc elle qui...

— C'est elle, et il faut la sauver.

Je me proposai de régler ses honoraires avec l'avance du *Westminster Gazette*. Il refusa. En revanche, on ne me fit pas cadeau des médicaments. Louise était comme paralysée par la fièvre. Elle gémissait, tentait d'arracher les bandages dont j'avais enveloppé sa poitrine. Le pire pour moi était son absence : j'avais le sentiment que, peu à peu, elle s'éloignait de moi et que le moment ne tarderait guère où elle prendrait congé du monde. Cette idée me terrorisait. J'avais du mal à m'imaginer seule dans l'immense ville, cherchant du secours auprès des amis de Louise, préparant avec leur concours le retour de sa dépouille. Lorsque je l'entendais gémir et prononcer des paroles inaudibles, je me disais que sa dernière heure était proche et que mon calvaire allait débuter. J'écoutais son râle profond, respirais avec dégoût le relent fétide de sa sueur. L'idée me vint de porter un cierge à Saint Paul, mais je répugnais à ce genre de superstition et renonçai. Si Louise l'avait appris, elle ne me l'aurait pas pardonné.

Elle est restée une semaine entre la vie et la mort. Le médecin est revenu chaque jour, refusant chaque fois de se faire payer.

— Si elle survit, lui dis-je, ce sera grâce à vous.

— J'en suis le permier surpris, mais elle s'en tirera, car elle a une robuste constitution pour son âge. Vous y êtes pour beaucoup. Merci d'avoir suivi mes prescriptions à la lettre.

Une heure après son départ je recevais une gerbe de roses avec sa carte.

Où étions-nous, Louise et moi, lorsque ce siècle a basculé ?

Autant qu'il m'en souvienne, c'était à Paris. Je garde le souvenir d'une soirée chez Marie Clémentine de Rochechouart-Mortemart, duchesse d'Uzès, notre mécène à éclipse, dans le brouhaha des musiques, des chants et des pétards qui grondait au loin. Louise se remettait difficilement d'une grippe contractée l'été précédent en Bretagne.

Nous avons évoqué l'affaire Dreyfus. Après la révélation du scandale qui avait abouti à son arrestation, il avait de nouveau été condamné par la cour de Rennes à dix ans d'emprisonnement, avec des circonstances atténuantes, mais on se battait déjà, Jaurès et l'avocat Labori notamment, pour sa réhabilitation.

Le siècle s'était mal terminé pour le président de la République, Félix Faure. Le 16 février, alors qu'il se livrait à des débats, qui n'avaient rien de politique, avec sa maîtressse, Mme Steinheil, petite-bourgeoise, mère de famille et épouse d'un peintre connu, il perdit à la fois sa connaissance et sa vie. Embarras à l'Élysée, pieuse affliction de la droite, sarcasmes de la gauche. Au cours de ses funérailles, le piètre poète Paul Déroulède tenta, avec la complicité de l'armée, un coup d'État qui échoua lamentablement. Il aurait dû être passé par les armes ; il fut gracié.

Le président défunt était un brave homme, doué de certains talents en matière de diplomatie et de commerce. Il avait renoué des relations cordiales avec la Russie, au grand dam de l'Empire allemand.

Louise faillit s'étrangler de rage en apprenant que le sinistre général Galliffet avait été nommé ministre de la Guerre, quelques mois après le décès du président Faure. J'ai encore ses vitupérations en mémoire :

— C'est une honte ! A-t-on oublié que cette vieille baderne faisait tirer sur la foule durant la Commune et qu'il a fait massacrer des centaines des nôtres ? Je m'étais juré de le tuer. L'occasion ne s'est pas présentée, et je le regrette.

Sa colère perdit de sa vigueur lorsque je lui appris que Galliffet avait limogé trois généraux du conseil de guerre, antidreyfusards convaincus, et qu'il appuyait une requête auprès de la présidence pour la grâce du condamné.

Nous avons poursuivi nos tournées, Louise s'écartant des problèmes politiques du moment pour se consacrer de plus en plus à l'injustice sociale. *Le Figaro* la borcardait gentiment : *Louise Michel est pareille à ces admirables curés de campagne, à ces saints rustiques inconnus, modestes, toujours trottant pour secourir les malheureux.*

— Tu entends, Charlotte, on me compare aux curés et aux saints ! Il est vrai que Léon Daudet a déjà fait de moi une sœur de charité laïque. Si ces gens s'imaginent que je vais finir mes jours dans un couvent et en odeur de sainteté, ils se gourent. Sers-moi une absinthe, tiens ! Je recommence à avoir mal à la tête.

Clemenceau s'est battu de nouveau en duel, cette fois avec l'ignoble Drumont, pourfendeur des juifs et de la gauche. Ce sera son douzième combat. Chaque fois, il s'en est tiré avec honneur. Drôle d'époque, tout de même, et drôles de mœurs aristocratiques datant d'un autre temps : s'imaginer que la force prime la raison… André Billy a écrit : *Les duels font partie des mœurs, comme l'absinthe, la littérature, les banquets et les récitations politiques.* Drumont et Clemenceau ont échangé trois balles sans atteindre leur cible.

— Décidément, m'a dit Louise, ce pauvre Georges perd la main. Il se fait vieux...

Alors que je lisais *La Dépêche* à une terrasse de Toulouse, mon attention a été attirée par un gros titre : Dreyfus avait été gracié en considération de « circonstances atténuantes ». Je sursautai et fis lire l'article à ma compagne. Elle s'écria :

— Des circonstances atténuantes, ça signifie qu'il était coupable, nom de Dieu ! Et ça veut dire quoi, la grâce ? On ne gracie pas un innocent !

Cette nouvelle injustice parut la réveiller comme une douche froide. De retour à Paris, elle s'en prit à Sébastien, lui reprochant ses hésitations, au début de l'affaire, à Pouget qui s'était attaqué à la *juiverie internationale*, au *youpinisme*, comme il disait dans *Le Père Peinard*. Ils avaient fait amende honorable, mais y avaient mis le temps.

— Sans Zola et son *J'accuse*, vous seriez toujours du côté de Déroulède et de Drumont, du moins pour cet événement.

Elle lui demanda comment il prenait cette curieuse affaire de grâce.

— Nous en réfutons le principe. C'est la cassation qu'il aurait fallu, en bonne logique. Avec Jaurès, le général Picquart et l'avocat Labori, nous avions décidé d'une campagne de presse pour innocenter Dreyfus, mais son frère, Matthieu, nous en a dissuadés : il souhaite qu'Alfred profite de cette grâce pour quitter la prison où il s'étiole. Le président Loubet a décidé que le dossier était clos. Une décision que nous ne partageons pas. Nous voulons que Dreyfus soit *innocenté* !

Il ne l'a été que quelques années plus tard. Louise n'était plus là pour s'en réjouir.

Nous avons profité d'un séjour à Paris, entre deux tournées, pour assister au triomphe de Sarah Bernhardt dans la pièce d'Edmond Rostand, *L'Aiglon*. Nous avons vu la salle debout acclamer cette comédienne géniale. Nous n'avons pas oublié son attachement à la cause libertaire, pas plus que ses mœurs étranges et ses caprices d'hétaïre : elle se promène avec un tigre en laisse et rêve de faire l'amour avec un crocodile ! Louise la voyait par avance jouant, dans son *Prométhée*, le personnage mythique du porteur de feu sacré, revêtue de la chlamyde de léopard laissant une épaule nue, insultant l'aigle qui lui dévorait les entrailles... Sarah a jeté *Prométhée* aux oubliettes.

Pour se faire pardonner son refus du *Siècle rouge*, Stock a proposé à Louise d'écrire sa biographie en une cinquantaine de pages. Elle s'est montrée surprise :

— Ma biographie ? Quelle idée ! m'a-t-elle dit. Les gens qui s'intéressent à ma vie peuvent lire mes *Mémoires*, qui sont suffisamment explicites. Il veut un texte ? je vais lui en torcher un vite fait. Prends la plume. Je vais te le dicter :

Je rêvais tout dans ma jeunesse, et j'étais avide de tout : poésie, musique, dessin. Mais, avec bonheur, j'ai tout jeté en tribut d'amour à la Révolution... la Révolution à laquelle je me suis offerte. Non, écris : *livrée. L'idéal réel de l'avenir, se dévoilant toujours davantage, m'a prise et gardée tout entière... tout entière...*

Elle bâilla, ajouta :

— Suffit pour aujourd'hui, ma chérie ! Ce travail m'emmerde. Nous reprendrons demain, si ça me botte. Je suis fatiguée, même si je ne le montre pas trop. Et dire... dire que, demain, il va falloir repartir pour de nouveaux numéros de cirque, se laisser exploiter ! J'en ai assez, Charlotte !

Nous avons quitté notre logement de la rue Victor-Hugo pour l'hôtel de Cronstadt, 2, rue Jacob. Un caprice de Louise. Elle s'y plaît et je partage son plaisir. Le quartier est à la fois calme et animé : on y trouve beaucoup d'affluence, des clients des libraires et des magasins d'antiquités pour la plupart, mais sans le tumulte des quartiers populaires. Ce sera désormais notre port d'attache.

Notre temps est si chargé en événements qu'on ne le sent guère passer.

Il a donc fallu partir pour une nouvelle tournée de conférences. Non avec Sébastien Faure qui ne s'entendait plus avec Louise, mais avec deux autres *managers* : Ernest Giraud et Émile Jouvion, en qui je n'avais guère confiance, car ils avaient une réputation de margoulins. Cette opération, ils l'ont organisée comme une tournée de cirque ou de théâtre populaire.

C'est au journal *Le Libertaire* que nous avons rencontré Giraud. Cet aimable garçon, aux allures un peu affectées, me plaisait assez, avec ses moustaches à la Clemenceau et ses cheveux longs qui lui donnaient un aspect désuet. Il était un des fondateurs de l'Association internationale antimilitariste et s'apprêtait à créer, à Saint-Germain-en-Laye, une sorte de « colonie communiste », projet utopique, mais qui plaisait à Louise. Il lui avait demandé des notes pour un ouvrage qu'il préparait sur elle et qui s'intitulerait *La Bonne Louise*, un titre un peu peuple, mais efficace. Il avait une épouse, Madeleine.

J'aimais moins Jouvion, et ne suis pas la seule : je le trouvais guindé, froid, pontifiant, rigoureux dans sa tenue comme un fondé de pouvoir. Ses confrères de *L'Aurore* l'appelaient Pisse-Vinaigre. Ce qui plaît à Louise : il fut l'un des fondateurs de la Ligue de l'enseignement libertaire pour le « développement eurythmique de l'être tout entier ». Personnage déconcertant : libertaire, ami des royalistes d'*Action française* et antidreyfusard... C'est à lui que l'on doit l'introduction en France d'une machine à fondre des lignes en plomb, la linotype, qui a révolutionné l'imprimerie.

Nous séjournions à Londres lorsque Jouvion nous proposa une série de douze conférences au mois de mai, à travers la France, jusqu'à Genève.

Ce programme démentiel me laissait perplexe : Louise assumerait-elle cette performance ? Il est vrai que sa santé s'était tant bien que mal rétablie et qu'elle avait de l'entrain à revendre. On aurait dit que le sol lui brûlait les pieds ; il lui fallait toujours un auditoire pour ses exposés, un groupe d'amis pour les controverses dans lesquelles elle se jetait avec passion, des trains à prendre, des hôtels où se reposer.

Louise venait de recevoir, à Londres, une lettre l'invitant en Amérique, tous frais payés. Des féministes de Spring Valley venaient de donner son nom à leur club et souhaitaient sa présence pour l'inauguration. J'eus du mal à la dissuader de prendre le bateau. Elle était convaincue plus que jamais que l'Amérique, comme la Russie, était la terre promise de la révolution universelle.

Elle avait accepté de partager le programme des conférences avec Émile Jouvion et se proposait notamment d'effectuer un exposé sur le peintre Claude Monet, ami de Clemenceau ; elle me chargea de rassembler la documentation nécessaire. D'autres conférences seraient consacrées à un groupe de terroristes espagnols, la Mano negra. Là encore, elle fit appel à moi.

Charlotte par-ci... Charlotte par-là... J'avais, à certains moments, l'impression d'être le Figaro d'un nouveau *Barbier de Séville*. Je supportais en marmonnant toutes ses exigences, mais ma compétence et ma résistance ont des limites, si bien qu'il m'arrivait de demander grâce.

— Oh, toi ! ripostait-elle, tu ne sais que te plaindre. Qu'est-ce que je devrais dire, moi qui pourrais être ta grand-mère ? Tiens, bois un verre, ça te remontera le moral.

Pour ça, je ne me faisais pas prier, et elle m'accompagnait volontiers dans mes libations. Où ces excès allaient-ils nous mener ? Lorsque je me regardais dans la glace, le spectacle n'était pas toujours gratifiant, surtout au réveil, après une soirée de palabres et de beuveries. Je repoussais la perspective de devenir une ivrognesse traînant ses grolles dans le ruisseau. Louise buvait autant que moi, sinon davantage, avec une prédilection pour le vin : une bouteille au cours d'un repas lui suffisait à peine.

La tournée de mai connut des hauts et des bas. Des bas surtout. Certaines conférences furent des échecs retentissants, soit que le public fût réduit à sa plus simple expression, que la présence de Louise suscitât des échauffourées, ou que la police intervînt pour nous interdire la vente de documents antimilitaristes qui traitaient les casernes d'« écoles de la tuerie ». Louise protestait avec véhémence :

— C'est ça, arrêtez-nous si vous l'osez ! Demain, vous aurez un millier de manifestants devant le poste.

Les policiers se contentaient de confisquer nos brochures et nos affiches.

Parfois, d'heureuses surprises nous attendaient : une salle pleine d'un public populaire qui ovationnait la conférencière, la raccompagnait à son hôtel en chantant *L'Internationale*. Au cirque de Rouen, avec sa conférence sur la Mano negra, Louise rencontra un succès sans précédent : plus de douze mille auditeurs ! Un chiffre dont je suis sûre : c'est moi qui délivrais les billets.

— Eh bien, ma Charlotte, s'écria Louise, c'est la gloire ! Jamais vu autant de monde. On a failli donner la conférence à guichet fermé. Tu te rends compte ?

Si je me rendais compte ? Douze mille fois à répéter : « Ça fait vingt centimes… »

Émile Jouvion se frottait les mains. Ernest Giraud venait parfois nous rejoindre. À la fin de la soirée, il m'invitait dans sa chambre d'hôtel, « pour faire les comptes », en fait pour d'autres motifs moins mercantiles. Il me plaisait et je ne semblais pas lui déplaire. Nous y passions la nuit…

Après Rouen, Sotteville et, le lendemain, Le Havre. Il arrivait que le programme portât deux conférences par jour. Louise ne rechignait pas. Une telle énergie passe l'entendement.

Un matin, Louise me confia le courrier qu'elle venait de recevoir d'Ernest Giraud :

Souventes fois vous m'avez dit, Louise, combien vous seriez heureuse d'aller rencontrer de nouveau les gens d'Armor. Voulez-vous que nous nous donnions la main pour courir ensemble le pays des Chouans, auxquels nous parlerons de la révolution et de l'anarchie ?

Je protestai vigoureusement, malgré le plaisir que j'aurais eu à retrouver mon cher Ernest :

— Louise, tu ne peux pas accepter. Trop dangereux. Souviens-toi de l'accueil que t'ont fait les gens de Lorient. Les Bretons veulent ta peau !

— Ils n'auront que ma parole, et je les convaincrai. Les temps ont changé. Nous avons des groupes de camarades dans cette province.

Je suppliai Ernest de renoncer à ce projet, en lui faisant valoir que ce serait trop de fatigue et de danger pour ma compagne. Peine perdue ! Aussi obstinés l'un que l'autre. Quand j'eus connaissance du programme de la tournée, je le trouvai hallucinant : entre le 20 septembre et le 18 octobre, pas moins de vingt conférences. Avec moi toujours au guichet.

J'avais eu raison d'émettre des réserves sur cette tournée : ce fut un désastre.

Un soir, je ne sais plus où, à l'issue de la conférence, des groupes menaçants nous attendaient à la sortie, la canne plombée à la main. Ils étaient environ quatre mille, curés en tête, vitupérant dans leur baragouin et menaçant de nous jeter à la mer. Un groupe de militants nous fit évacuer la salle par l'arrière, mais ces sauvages ne tardèrent pas à nous rejoindre et nous firent escorte à leur manière. Ernest et moi soutenions cette pauvre Louise qui perdait son souffle. Nous parvînmes à atteindre une barque de pêcheur dont le patron accepta de nous prendre à son bord. Nous restâmes là près de quatre heures, sous une ondée, assaillis par une horde d'énergumènes qui hurlaient des insultes, des menaces et entonnaient des hymnes en breton.

De retour à l'hôtel, tard dans la nuit, Louise me dit avec ce flegme qui me désarmait :

— Semer dans la tempête, c'est toujours semer. Nous avons pu nous exprimer : c'est l'essentiel.

Elle ajouta avec un clin d'œil :

— Maintenant, tu peux rejoindre Giraud, pour faire les comptes...

Louise commençait à perdre la mémoire. Il lui arrivait de rédiger deux lettres identiques pour un même destinataire, la même journée. Sa santé s'était de même altérée. Sollicitée par cet exploiteur de Jouvion, elle avait accepté une tournée en Provence, mais écarté l'idée d'une nouvelle série de conférences en Algérie, proposée par Giraud. Elle s'excusa auprès de moi de ce refus :

— Je sens bien que tu meurs d'envie de faire ce voyage avec *ton* Giraud. Eh bien, pars donc et vis ton grand amour sous les palmiers. Tu as ma bénédiction.

— Tu sais bien que je ne partirai pas sans toi. Te laisser seule, dans l'état où tu es, je ne me le pardonnerais jamais.

— Sotte ! Je me porte mieux que toi.

Ernest est parti. Je suis restée.

Dans une des dernières lettres qu'elle adressa à Giraud, elle écrivait dans un style gauche et obscur :

Nous sommes à la veille de grandes choses pour l'anarchie. Quant à nous, ce n'est pas le dernier mot d'une belle propagande qui se termine... Bien des haines se sont envolées. La mort est proche, et c'est bon...

Elle le priait de distribuer l'argent des dernières conférences à des œuvres de propagande, d'éducation et de solidarité anarchistes, ou entre les organes de presse dont il s'occupait.

— C'est très généreux de ta part, lui dis-je, mais de quoi allons-nous vivre ? Jouvion et Giraud s'en foutent. Il va falloir de nouveau taper Rochefort. Nous n'avons même plus de quoi payer le docteur Bertholet qui va venir t'examiner.

— Rochefort ne nous refusera pas cent francs, en plus de la rente qu'il me sert et qui a fondu.

Il accepta, comme toujours.

Dans la salle de la Gaîté, à Montparnasse, Louise parla devant huit cents personnes d'un sujet nouveau pour elle : son expérience au seuil de la mort, souvenir de la fluxion de poitrine qui l'avait abattue à Londres, deux ans auparavant. L'assistance était bouleversée, des femmes fondaient en larmes. Il est vrai que Louise avait vu la mort de près et qu'elle gardait des souvenirs précis de cette expérience.

Malade que j'étais d'une grippe accompagnée d'une forte fièvre, je ne l'ai pas suivie au Havre. J'allai en revanche l'attendre à son retour, une semaine plus tard, à la gare Saint-Lazare. Elle n'avait pour bagage que son sac fourre-tout, quelques livres et des paperasses. Il est loin le temps où nous débarquions avec notre ménagerie. Louise ne parlait que rarement de ses animaux de compagnie qu'elle avait distribués un à un à des âmes compatissantes, mais qui lui manquaient cruellement.

Toulon, Terminus Hôtel : Mme Bèque propriétaire. Table d'hôtes, service à la carte, chambres confortables. En fait, le Terminus est un boui-boui, mais il est bon marché et proche de la gare.

Un matin, Louise me dit de la voix étrange qu'elle prend pour m'annoncer des nouvelles désagréables :

— Charlotte, ma chérie, tu vas m'aider à rédiger mon testament.

Ma réaction fut prompte et vive :

— Quelle idée stupide ! Tu n'es pas à l'article de la mort, que je sache. Tu as d'ailleurs à assumer une autre série de conférences. D'où te vient cette lubie ?

— Ce matin, en me levant, il m'a semblé entendre une voix me disant que je devais m'apprêter à mourir. Je vais donc te dicter mes dernières volontés. Ça n'engage à rien, après tout. D'ailleurs, ce sera bref. Ceux qui comptaient sur un héritage, mes lointains cousins, seront déçus.

Elle prit place dans un fauteuil râpé, près de la fenêtre, s'absorba quelques instants dans le spectacle de la rue, s'éclaircit la voix et me dit :

— Écris, en tête, la date : *16 mai 1904.*

« Moi, Louise Michel, saine de corps et d'esprit... »

Cette formalité accomplie, Louise pensa à autre chose.

Elle écrivit à Stock pour protester de ce qu'on avait du mal à trouver ses ouvrages en librairie. Elle lui demanda quelques exemplaires de ses *Mémoires* pour distribuer à des amis. Son écriture était pratiquement indéchiffrable.

La rédaction du testament était prématurée. À soixante-quinze ans, Louise envisageait l'avenir avec confiance et sérénité, comme si elle ambitionnait de devenir centenaire. Elle me réveillait en claironnant :

— Debout les morts ! En selle, soldats ! Nous avons une rude journée en perspective.

Londres continuait à la fasciner, malgré l'ennui qu'elle y avait éprouvé. Elle souhaitait, avant de mourir, une ultime rencontre avec Kropotkine et quelques amis, des promenades sur la Tamise, des étapes dans les pubs où nous consommions à en être saoules la bonne bière anglaise. Même la pluie et le brouillard lui manquaient.

Giraud nous raconta sa tournée de conférences en Algérie et, de nouveau, sollicita Louise d'y revenir en sa compagnie, disant qu'on la réclamait. Il mit tant d'insistance dans sa requête qu'elle accepta. Je les suivis et n'eus pas à le regretter : Giraud, tout au long de cette tournée, se montra très attentionné envers nous deux, moi principalement. Il ne me parla jamais de ses rapports avec sa femme, mais il était facile de comprendre qu'elle ne lui apportait pas ce que je lui offrais généreusement.

Louise revint dans un état d'épuisement qui nous alarma. Elle avait mal supporté l'ardeur de l'été algérien et la cuisine exotique. Elle accepta néanmoins une série de trois conférences en Provence, pour les mois suivants. C'était de la folie. Je m'en pris à elle et à Giraud, sans succès. Elle était moins solide qu'elle ne voulait le faire croire : il fallait la soutenir quand elle descendait ou montait un escalier, lui demander de hausser le ton à la tribune, car elle avait de plus en plus de mal à s'exprimer. Loin d'irriter le public, ces défaillances l'émouvaient. Des femmes s'avançaient vers elle, lui offraient des bouquets, l'embrassaient. Plus que de l'admiration, c'est de la vénération qu'on lui témoignait. La « Vierge rouge », comme on l'appelait, se découvrait une famille innombrable.

Janvier 1905. Nous étions de nouveau à Marseille. La municipalité socialiste nous ayant refusé une salle, nous avions été contraints de nous rabattre sur un local de fortune, mal conditionné pour une conférence. Il n'y eut que peu de monde.

Après une promenade sur le Vieux-Port, dans l'odeur de la marée, sous une pluie froide, nous nous arrêtâmes dans un café pour y boire un vin chaud. Soudain, Louise me prit la main en me disant :

— Ma chérie, je ne me sens pas bien. Il faut rentrer.

Elle était oppressée et avait du mal à avancer, si bien que je hélai une voiture pour nous ramener à l'hôtel de l'Oasis, où nous avions notre chambre. Je fis appeler un médecin ; il accourut sur-le-champ en apprenant à qui il avait affaire. C'était un jeune praticien maigrichon, aux mains de pianiste, au regard irisé comme l'eau du port. Il répétait comme une litanie :

— Louise Michel... vraiment ? Louise Michel... J'ai lu vos ouvrages, madame, et je puis dire...

Je l'interrompis en lui faisant comprendre que ce que j'attendais de lui n'était pas un éloge de la malade mais un diagnostic. Il demanda à examiner les mouchoirs où elle expectorait et hocha la tête avec une grimace, en murmurant :

— Des crachats *rouillés*, des filets de sang... Pas très rassurant... Est-elle sujette à des affections pulmonaires ?

Je lui confirmai qu'elle l'était : elle contractait souvent des rhumes qui dégénéraient en bronchites ou en maladies plus graves, le plus souvent à partir d'une négligence, Louise étant persuadée qu'elle courait davantage de risques de mourir des suites d'un attentat que d'un rhume.

La fièvre gagna rapidement en intensité. Louise se mit à claquer des dents, avec des frissons qui la contractaient et faisaient grincer le sommier. Le médecin l'observait comme s'il en était à son premier diagnostic. Je le bousculai :

— Mais enfin, docteur, dites-moi quelque chose ! C'est une pneumonie, n'est-ce pas ? Celle-ci est-elle d'une gravité particulière ?

— Je crains qu'elle ne lui soit fatale. Elle a soixante-quinze ans, m'avez-vous dit, et avec les déficiences qu'elle présente, je crains que ce ne soit la fin. Cette pneumonie est de caractère infectieux.

Je m'attendais à ce qu'il me dise, comme le docteur Berstein, à Londres : « À moins d'un miracle… » et : « Faites brûler un cierge à l'église. » Il n'en fit rien.

Il griffonna sur une feuille d'ordonnance en murmurant :

— Repos absolu… Pas la moindre visite… Alimentation légère et salée… Faites-lui boire beaucoup d'eau : elle doit être réhydratée en permanence… Ne vous alarmez pas si elle semble s'endormir. Elle va être durant plusieurs jours dans un état de prostration. Surtout, ne la quittez pas. Il lui faudra toujours quelqu'un auprès d'elle…

L'idée de quitter Louise, ne serait-ce qu'une heure, ne me serait pas venue. Consciente malgré sa léthargie, elle aurait pu se croire abandonnée, aurait tenté de se lever ou de faire je ne sais quoi. Je lui pris la main et murmurai à son oreille :

— Ma chérie, je sais que tu m'entends. Je resterai près de toi jusqu'à l'heure de ta mort. J'ai vécu avec toi les heures les plus exaltantes de ma vie. Je n'aurais rien été sans toi. Tu m'as tout donné. Tu peux encore me donner beaucoup. Alors il faut vivre. Pour moi, Louise…

Le médecin referma sa sacoche et m'annonça qu'il reviendrait le lendemain. Si le mal avait empiré, il serait bon, me dit-il, de la faire conduire à l'hôpital.

— C'est donc la fin, docteur ?

— C'est la fin, oui, mademoiselle.

Lorsque je voulus lui régler ses honoraires, il secoua la tête.

Je prenais la main de Louise, la portais à mes lèvres, caressais son front moite et brûlant, ses cheveux gris raides comme de l'herbe sèche, ses joues cyanosées de traces violâtres, sans tirer d'elle le moindre signe de conscience. Elle était ailleurs : en Calédonie, à Londres, en Amérique ? Peut-être dans ce village de Vroncourt dont elle me parlait souvent avec émotion. Peut-être en Russie où le tsar Nicolas s'apprêtait à faire massacrer les foules dressées contre la misère et la tyrannie.

— Louise, est-ce que tu m'entends ? Si tu m'entends, fais bouger ta main dans la mienne, je t'en conjure.

Parfois elle répondait par une légère contraction, parfois avec l'esquisse d'un sourire sur ses lèvres grises et sèches. Alors je lui parlais comme si de rien n'était :

— Ne sois pas trop déçue de l'insuccès de tes dernières conférences. Nous avons connu pire. Dès que tu seras remise, nous reviendrons à Paris où tu pourras te reposer. Ensuite tu écriras des poèmes, des romans, des articles. Souviens-toi : Rochefort souhaite que tu racontes notre voyage en Algérie pour son journal. Il va falloir aussi que tu relances Sarah Bernhardt pour qu'elle se décide à faire jouer ton *Prométhée*…

Je sentais sa main se crisper à petits coups dans la mienne.

Je ne lui disais pas toute la vérité. Giraud et Jouvion songeaient à arrêter les tournées de conférences dont les recettes parvenaient à peine à couvrir les frais. Finis les *barnums*, comme disait Rochefort ! Un jour prochain, Louise aurait été contrainte de renoncer : elle ne faisait plus recette. La cracheuse de feu ne libérait plus que des cendres. Elle n'avait jamais été aussi seule ; même ses vieux amis, Clemenceau, Rochefort, ne croyaient plus en elle ; ils lui gardaient leur affection, mais elle s'éloignait d'eux insensiblement. La duchesse d'Uzès ne donnait plus de ses nouvelles, trop occupée par ses chasses, ses automobiles et ses excentricités pour se soucier d'elle. Quant à Sarah Bernhardt…

Pourtant, nous continuions à recevoir du courrier : plusieurs lettres par jour, dont certaines anonymes, injurieuses et menaçantes. Rien de comparable avec celui que nous recevions, à Londres ou à Paris, auquel elle répondait par des billets de quelques lignes, écrits à coups de sabre, quand elle ne m'en confiait pas le soin. Les lettres que je recevais à Marseille, après d'interminables cheminements d'une poste à une autre, je les lisais distraitement et les jetais au feu la plupart du temps.

Depuis que nous avions quitté Paris, et après notre retour d'Algérie, la police ne relâchait pas sa surveillance. Alors que Louise entrait en agonie, elle était présente, sous nos fenêtres. Ce petit monsieur élégant qui fumait un cigarillo en faisant mine de lire son journal, j'avais fini par le repérer. Exaspérée, je l'abordai comme une furie, en criant :

— Jeune homme, quand cesserez-vous ce manège ?

— Mais, madame… Quel manège ?

— Il n'y a pas de « mais ». Foutez le camp !

Il replia son journal et décampa en marmonnant. Le lendemain, un autre policier l'avait remplacé, sauf qu'il fumait la pipe et lisait un illustré.

Giraud et Jouvion vinrent nous faire une visite, inquiets de n'avoir plus de nouvelles de la « bête de cirque ». Les pauvres orphelins : ils s'inquiétaient. Je les reçus dans le hall de l'hôtel en leur faisant comprendre que la maladie dont souffrait Louise était contagieuse, ce qu'ils crurent.

— C'est très ennuyeux, bredouilla Jouvion. Nous avons de nouveaux engagements aux Pays-Bas, pour le printemps.

— On l'attend à Toulouse, à Nîmes, à Agen, ajouta Giraud. Les salles sont retenues, et cette tournée…

— Elle se fera sans elle ! Vous l'avez pressée comme un citron. Laissez-la mourir en paix.

Ils échangèrent un regard chargé de stupeur.

— Mourir ? dit Giraud.

— Oui, et par votre faute ! À plusieurs reprises je l'ai mise en garde contre les malandrins que vous êtes, mais elle a préféré vous écouter, vous, les bons apôtres ! Il va falloir trouver un autre phénomène de foire à exhiber.

Giraud me dit en aparté :

— Ma chérie, nous te sommes reconnaissants de tout ce que tu as fait pour elle et pour la cause. Quant à moi, je n'oublierai pas tout l'amour que tu m'as donné. Je regrette de devoir me séparer de toi.

— Eh bien, tu te consoleras avec ta femme ou avec une autre maîtresse.

J'avais éprouvé quelque passion pour Ernest, j'en conviens, mais j'avais de plus en plus le sentiment que je n'étais pour lui qu'une intérimaire sentimentale. Il avait beau me laisser entendre qu'il était déçu de son mariage, que Madeleine et lui ne s'entendaient plus, je n'en croyais rien. Je savais qu'il était trop attaché à elle pour songer à s'en séparer.

Ils repartirent penauds, sans avoir revu Louise. Leurs périples lucratifs terminés, ils devraient trouver d'autres ressources pour prolonger l'existence de leur presse moribonde.

Louise resta quatre jours sans prononcer un mot. Ses lèvres ne bougeaient que pour réclamer à boire. Le jeune médecin revint chaque jour, comme il me l'avait annoncé. Pour rien. Pour constater simplement qu'il n'y avait rien d'autre à faire qu'à attendre le dénouement. Attendre… Je ne faisais que ça ! Je lisais, suivais, à travers les vitres, le manège de la rue, écoutais les appels des marchandes de poisson et de pissaladières.

Le 9 janvier, quand je me suis levée, j'ai cru que Louise était morte. Je la trouvai inerte, toujours brûlante, mais sèche comme du bois. Je tentai de la ranimer, de la faire boire, de susciter une réaction. Vainement. Le cœur battait encore, mais insensiblement.

Le médecin arriva vers dix heures, examina la malade et soupira en ôtant ses lorgnons :

— C'est fini. Elle est morte.

Il s'assit à notre petite table pour rédiger le constat d'une main tremblante. Il me promit de s'occuper de tout, m'aida à faire la toilette de Louise, à la revêtir de sa robe noire, à l'allonger sur le drap. Quand il se fut retiré, je me couchai à côté d'elle. Son corps était encore tiède et souple, son visage avait retrouvé un peu de ses couleurs, ses traits s'étaient décontractés et un sourire s'esquissait sur ses lèvres. Désespérée que j'étais, je pleurai, plus que pour le décès de ma mère. Je me souvenais que Louise ne me parlait jamais de la mort, qu'elle s'y refusait, comme si elle n'y croyait pas, comme si le mythe vivant qu'elle incarnait était éternel.

Je ne fis rien d'autre qu'attendre, insoucieuse des bagages à préparer, des papiers et des livres à entasser dans les panières, des formalités à entreprendre pour ramener le corps à Paris. Dépossédée de l'amour quasi filial que je vouais à cette compagne des bons et des mauvais jours, je n'étais plus que son ombre et l'ombre de moi-même. Même pas une ombre, me disais-je : rien. Mon nom avait été mêlé à celui de Louise dans l'épopée que nous avions vécue. Elle morte, je retournais à l'anonymat d'où elle m'avait tirée. Refaire ma vie, à trente-cinq ans ? je n'y songeais même pas. Puis-je l'avouer ? Tandis que je me vidais de mon chagrin, l'idée me vint de me jeter par la fenêtre. Puis je me dis que peut-être, avec l'argent de la pension servie par Rochefort, je pourrais revenir à Londres, retrouver mon père et mon frère. Peut-être. Mais, dans le désespoir où je me trouvais, le moindre projet semblait dérisoire.

Je reçus le lendemain un télégramme de Rochefort, toujours le premier et le plus efficace. *Occupez-vous de la faire ramener à Paris, je me charge du reste*.

Giraud et Jouvion, qui n'avaient pas quitté Marseille, vinrent faire une ultime visite à leur victime. Je ne pus leur interdire l'entrée de la chambre. Ils étaient accompagnés de quelques camarades : blanquistes, communistes, socialistes, anarchistes : toute la clique ! Ils ne firent que passer. Je surpris le regard d'Ernest lorsqu'il referma la porte : il signifiait que nous ne nous reverrions plus.

Des querelles éclatèrent sur le trottoir, quelques instants plus tard. Je compris que ces bons apôtres se disputaient le cadavre de Louise, comme des enfants qui s'arrachent un jouet. On n'allait tout de même pas la disséquer, comme dans l'ancien temps, pour en donner un morceau à chacun ! Louise n'appartenait à personne, c'était sa coquetterie. Elle avait des sympathies plus ou moins prononcées pour les uns ou les autres, mais aucun mouvement, aucun parti, aucun clan ne pouvait prétendre la revendiquer.

Avant qu'on ne l'emportât, je rangeai ses affaires : ses papiers et ses livres, pieusement. Je retrouvai d'anciens manuscrits, d'autres plus récents, rédigés d'une écriture de plus en plus fine. De son courrier, je n'ai gardé que le plus digne d'intérêt. Le reste n'était bon qu'à jeter au poêle !

Le médecin est resté deux heures, jouant les cerbères, veillant à ce que les policiers et les journalistes ne viennent pas m'importuner. Il s'est assis près de moi, devant la fenêtre entrouverte sur la brise marine, m'a pris la main et m'a dit :

— C'est sur votre santé qu'il faudra veiller à présent. Elle ne semble pas fameuse, et vous allez avoir besoin de force et de courage. Je vais vous prescrire un fortifiant. Il faudra éviter *ça*...

Il me désignait du doigt les bouteilles vides rangées dans un coin.

— Ne vous inquiétez pas pour moi, lui ai-je répondu. Je suis en meilleure santé que vous ne croyez et je ne suis pas une pocharde. Dites-moi plutôt combien je vous dois.

Il haussa les épaules, comme si j'avais proféré une incongruité.

— Vous ne me devez rien, mademoiselle. C'est un honneur pour moi que d'avoir soigné Mme Louise Michel. Mon grand regret est de n'avoir pu la sauver, mais c'était impossible. Vous l'avez compris, et je vous en sais gré.

Je le remerciai et lui avouai que j'aurais été bien en peine de régler ses honoraires après avoir payé les notes de l'hôtel.

— Nous vivions, Louise et moi, au jour le jour. Elle a passé ces dernières années à se faire exploiter par des aigrefins qui raflaient tout l'argent que rapportaient ses conférences, pour « faire vivre leurs journaux », disaient-ils...

Il m'interrompit pour me montrer un groupe qui venait de se porter au-devant de la foule stationnant en silence, de chaque côté de la rue, et jusque dans le petit jardin public, en face de l'Oasis, encadrée par un discret service de police.

— Ce gros homme qui porte une écharpe tricolore, dit-il, est le maire de Marseille, Amable Chanot. C'est lui qui vous a refusé la salle, il y a quelques jours. C'est courageux de sa part d'être venu. Il risque d'avoir des comptes à rendre à son conseil municipal.

Après la levée du corps, on a mené Louise au dépositoire du cimetière, loin du centre, où la foule l'a suivie, dans le même silence respectueux. Quelques jours plus tard, une autre voiture est venue prendre sa dépouille pour la transférer à la gare Saint-Charles et, de là, au cimetière de Levallois, près de Paris, où repose déjà sa mère, près de Théophile et Marie Ferré. Ce fut notre dernier voyage. J'ai veillé sur le cercueil, dans un wagon glacé, jusqu'à la gare de Lyon.

Ce seront mes derniers mots. Je ne peux plus continuer. Qu'aurais-je à dire, d'ailleurs, puisque, désormais, je ne suis plus rien ?

J'ai parfois l'impression de marcher seule dans un désert où je vais me perdre à jamais.

On a couché Louise dans le corbillard de dernière classe, le même que celui qui a fait effectuer à Victor Hugo sa dernière promenade dans Paris. Il y avait, sur le parvis de la gare de Lyon, des dizaines de milliers de personnes. Une trentaine de couronnes et de gerbes dissimulaient le cercueil drapé de rouge et de noir.

Sébastien Faure se démenait, confronté à des groupes porteurs de banderoles, criant qu'il était de la dernière indécence de vouloir récupérer Louise pour telle ou telle cause, qu'elle était à tous et à personne en particulier.

Encadrée par Ernest Giraud et Émile Jouvion qui la tenaient par le bras, Charlotte Vauvelle semblait chercher dans l'assistance les amis de Louise, Georges Clemenceau et Henri Rochefort. Vaugham vint lui dire qu'ils ne seraient pas présents, qu'il ignorait pourquoi, mais qu'ils étaient de cœur avec elle.

Rochefort, comme il l'avait promis, s'était occupé de tout et avait bien fait les choses : toute la presse parisienne avait mentionné l'événement et avait envoyé sur place des journalistes et des photographes.

Si le peuple de Paris avait répondu à ce dernier rendez-vous, la police et l'armée n'étaient pas en reste. Des policiers en civil avaient infiltré la foule et surveillaient les porteurs de banderoles et de drapeaux. Des compagnies de fantassins et un escadron de cinquante cavaliers stationnaient sur le parvis à l'arrivée du convoi, de crainte que l'événement ne fût suivi d'une émeute, alors que l'on se contentait de chanter *La Marseillaise* et *L'Internationale*, sans le moindre esprit de provocation.

Au pas lent des chevaux, l'immense cortège prit la direction de la place de la Nation par l'avenue Diderot, bordée de forces de l'ordre et de cordons de soldats. Fenêtres et trottoirs étaient garnis d'une foule recueillie. En cette année 1905, marquée par des grèves un peu partout dans le pays, les syndicats n'étaient pas présents, mais ils avaient invité les travailleurs à se rendre individuellement aux obsèques ; ils étaient nombreux, la casquette sur la poitrine, une cocarde rouge à la boutonnière.

Au cimetière de Levallois, le cortège funèbre était attendu par le maire et son conseil, tandis que la musique municipale jouait la *Marche funèbre* de Chopin, alternant avec des hymnes révolutionnaires. Une trentaine de personnes seulement, filtrées par un service d'ordre, furent admises à la cérémonie de l'inhumation dans la tombe occupée par Marianne Michel, proche de celle qui abritait Théophile Ferré et sa sœur, Marie.

Vacillante, Charlotte Vauvelle, tenue à la taille par Séverine, portait le voile noir de Louise, qui cachait sa pâleur et ses larmes. C'est Vaugham qui se présenta pour la soutenir, lorsque Séverine fut appelée à prononcer l'éloge funèbre de la défunte, *« cette vieille femme décharnée comme la famine et vibrante comme la révolte »*... Elle fut interrompue par un mutilé, Libertad. Ce personnage pittoresque de vieil anarchiste, qui s'aidait de béquilles pour marcher, avait la réputation de dédaigner les préceptes les plus élémentaires de l'hygiène, et puait comme une sauvagine. Lorsqu'on lui reprochait ses négligences, il répliquait : « Je préfère sentir la merde que le flic ! » Brandissant une de ses béquilles, qu'il utilisait comme une arme dans les manifestations, il s'écria, alors que Séverine évoquait les opinions anarchisantes de la « Vierge rouge » :

— Une « Vierge rouge » de soixante-quinze ans... Laissez-moi rigoler ! Sa virginité, y a longtemps qu'elle l'a perdue. Si vous croyez ça, vous êtes des imbéciles !

On le fit taire, non sans mal, avant de le raccompagner, écumant de rage, jusqu'au portail.

Séverine dit à Charlotte, dans le fiacre qui les ramenait à Paris :

— Louise m'a souvent parlé de son expérience d'avant la mort, qu'elle a tutoyée à plusieurs reprises. J'aimerais savoir ce qu'elle a pressenti ou vu dans son agonie, mais je crois qu'elle est restée plusieurs jours muette.

— Je sais bien, moi, ce qu'elle aurait dit si elle avait pu parler. Deux mots simplement : justice et liberté…

QUELQUES ÉLÉMENTS BIBLIOGRAPHIQUES

Pour la documentation qui lui a été utile à la rédaction de cet ouvrage, le romancier doit beaucoup aux livres suivants, dont il remercie les auteurs :

ARON, Jean-Paul : *Misérable et glorieuse : la femme du XIXe siècle.*
AVRON, Henri : *L'Anarchisme.*
AZEAU, Henri : *Les Ballons de l'espoir.*
BELLET, Roger : *Jules Vallès.*
BLOND, Georges : *La Grande Armée du drapeau noir.*
BRAIBANT, Sylvie : *Élisabeth Dimitrieff, aristocrate et pétroleuse.*
BROCHE, François : *Léon Daudet, le dernier imprécateur.*
Catalogue : *Exposition sur la Commune* (1935).
CORNET, Claude : *La Grande Révolte en Nouvelle-Calédonie, en 1878.*
DUVEAU, Georges : *Le Siège de Paris.*
DUROSELLE, Jean-Baptiste : *Clemenceau.*
FABRE, M.-A. : *Vie et mort de la Commune.*
GIRARD, L., BONNEFOUS, M. et RUDEL, J. : *1848-1914.*
GUILLEMINAULT, Gilbert : *Le Roman vrai de la IIIe République.*
LANOUX, Armand : *Le Coq rouge.*
LECOMTE, G. : *Clemenceau.*
LIGER, Christian : *Le Roman de Rossel.*
MALON, Benoît : *La Morale sociale.*
MANÉVY, Raymond et DIOLÉ, Philippe : *Sous les plis du drapeau noir.*
MARX, ENGELS, LÉNINE : *Sur l'anarchisme et l'anarcho-syndicalisme.*
NATAF, André : *La vie quotidienne des anarchistes en France.*
OUDIN, Bernard : *Léon Daudet (souvenirs et polémiques).*

QUELLA-VILLÉGER, Alain : *Belles et Rebelles (le roman vrai des Chasteau-Tinayre).*
RAGON, Michel : *Georges et Louise.*
RAYNAUD, Ernest : *Souvenirs de police au temps de Félix Faure.*
ROSSEL, André : *La Belle Époque à travers les journaux.*
SAINTE-SOLINE, Claire : *D'amour et d'anarchie.*
SCHNERB, Robert : *Le XIXe siècle.*
SÉNÈS, Jacqueline : *Vie quotidienne en Calédonie, de 1850 à nos jours.*
SERGENT, Alain : *Histoire de l'anarchie.*
SERGENT, Alain et HAMEL, Claude : *Histoire de l'anarchie.*
WINOCK, Michel : *Les Voix de la Liberté.*

Les œuvres poétiques et romanesques de Louise Michel n'ont pas été rééditées, du moins à notre connaissance. Trois ouvrages nous ont été particulièrement précieux :

GAUTHIER, Xavière : *Je vous écris de ma nuit* (correspondance générale de Louise Michel : 1850-1904).
MICHEL, Louise : *Mémoires.*
MICHEL, Louise : *La Commune, histoire et souvenirs.*

J'ai consulté également des périodiques, ainsi que le guide Joanne de Paris (1863), et la série d'André Castelot et Alain Decaux : *Histoire de la France et des Français au jour le jour* (36 volumes).

De l'œuvre écrite de Louise Michel, proprement incommensurable, il ne reste pratiquement rien. Il faut dire que cette militante écrivait sans arrêt. Comme disaient les Latins : *Nulla dies sine linea* (« Pas un jour sans une ligne »). Des premiers poèmes qu'elle envoyait à Victor Hugo, dans sa jeunesse notamment, aux conférences de ses dernières années, en passant par les romans, les essais, les livrets et la musique d'opéras, les articles de journaux, sa correspondance (souvent une vingtaine de lettres par jour !), son œuvre occuperait une bibliothèque.

On connaît les titres de quelques romans : *Les Claquedents*, *La Misère* (en collaboration avec Victoire, mère de Marcelle Tinayre), *Les Paysans* ; de recueils : *Océaniques, Légendes canaques, La Légende du Barde...* Dans cette tempête qu'a été sa vie, de nombreux manuscrits ont disparu, jetés au feu ou inachevés. Ajoutons qu'elle est l'auteur d'une *Encyclopédie enfantine*. Sa pièce de théâtre, *Nadine*, a été un four.

On pourra retrouver dans la presse de l'époque ses articles, innombrables, toujours ou presque polémiques. Elle a inspiré des poèmes à Victor Hugo, Verlaine, Rochefort...

Louise Michel écrivait dans le goût et le style de l'époque. Il y a peu de chances, contrairement à ses activités politiques, que ses œuvres littéraires survivent. On y perdra peu. À leur propos on a parlé sévèrement de galimatias. Mais quelle richesse...

Table

Ouvrages de Michel Peyramaure (suite)

Le Beau Monde, Laffont ; France-Loisirs et Presses Pocket.
Pacifique-Sud, Presses de la Cité ; France-Loisirs et Presses Pocket.
Les Demoiselles des Écoles, Laffont ; France-Loisirs et Presses Pocket.
Martial Chabannes gardien des ruines, Laffont, prix du Printemps du livre de Montaigut ; France-Loisirs.
Louisiana, Presses de la Cité ; France-Loisirs et Presses Pocket.
Un monde à sauver, Bartillat, prix Jules-Sandeau.
Henri IV :
1. *L'Enfant roi de Navarre*, Laffont.
2. *Ralliez-vous à mon panache blanc !*, Laffont.
3. *Les Amours, les passions et la gloire*, Laffont.

Lavalette grenadier d'Égypte, Laffont ; France-Loisirs.
La Tour des Anges, France-Loisirs ; Laffont.
Suzanne Valadon :
1. *Les Escaliers de Montmartre*, Laffont ; Le Grand Livre du mois.
2. *Le Temps des ivresses*, Laffont ; Le Grand Livre du mois.

Jeanne d'Arc :
1. *Et Dieu donnera la victoire*, Laffont.
2. *La Couronne de feu*, Laffont.

Les Chiens sauvages, Laffont.
Vu du clocher, Bartillat.
La Cabane aux fées, Le Rocher.
Soupes d'orties, nouvelles Anne-Carrière.
Le Roman des croisades :
1. *La Croix et le Royaume*, Laffont.
2. *Les Étendards du Temple*, Laffont.

Le Roman de Catherine de Médicis, Presses de la Cité.
La Divine. Le roman de Sarah Bernhardt, Laffont.
Le Bonheur des charmettes, Table Ronde.

POUR LA JEUNESSE

La Vallée des mammouths, Laffont, grand prix des Treize, collection « Plein Vent » ; Folio-junior.
Les Colosses de Carthage, Laffont, collection « Plein Vent ».
Cordillère interdite, Laffont, collection « Plein Vent ».
Nous irons décrocher les nuages, Laffont, collection « Plein Vent ».
Je suis Napoléon Bonaparte, Belfond Jeunesse.

ÉDITIONS DE LUXE

Amour du Limousin (illustration de Jean-Baptiste Valadié), Plaisir du Livre, Paris. Réédition (1986) aux éditions Fanlac, à Périgueux.
Èves du monde (illustrations de Jean-Baptiste Valadié), Art Média.
Valadié (album, Terre des arts).

TOURISME

Le Limousin (Larousse).
La Corrèze (Ch. Bonneton).
Le Limousin (Ouest-France).
Brive-la-Gaillarde (commentaire sur des gravures de Pierre Courtois), R. Moreau, Brive.
La Vie en Limousin (texte pour des photos de Pierre Batillot), Les Monédières.
Balade en Corrèze (photos de Sylvain Marchou), Les Trois-Épis, Brive.
Brive (Casterman).
Les Montagnes du jour, Les Monédières, préface de Daniel Borzeix.
Sentiers du Limousin, Fayard.

Composition : Facompo, Lisieux

Impression réalisée sur CAMERON par

BUSSIÈRE CAMEDAN IMPRIMERIES

GROUPE CPI

à Saint-Amand-Montrond (Cher)
pour le compte des Éditions Robert Laffont
en décembre 2002

N° d'édition : 43315. — N° d'impression : 025699/4.
Dépôt légal : janvier 2003.

Imprimé en France